语言表达基础及其应用

刘晔　杨苏　刘洋　陈煦梅 ◎ 编著

西南交通大学出版社
·成都·

图书在版编目（CIP）数据

语言表达基础及其应用 / 刘晔等编著. -- 成都：西南交通大学出版社，2024.11. -- ISBN 978-7-5774-0193-5

Ⅰ．H0

中国国家版本馆 CIP 数据核字第 202444R6V1 号

Yuyan Biaoda Jichu ji qi Yingyong
语言表达基础及其应用

刘 晔　杨 苏　刘 洋　陈煦梅　编著

策划编辑	胡　军　陈　斌
责任编辑	居碧娟
封面设计	原谋书装
出版发行	西南交通大学出版社
	（四川省成都市金牛区二环路北一段 111 号
	西南交通大学创新大厦 21 楼）
营销部电话	028-87600564　028-87600533
邮政编码	610031
网　　址	http://www.xnjdcbs.com
印　　刷	郫县犀浦印刷厂
成品尺寸	185 mm×260 mm
印　　张	16
字　　数	350 千
版　　次	2024 年 11 月第 1 版
印　　次	2024 年 11 月第 1 次
书　　号	ISBN 978-7-5774-0193-5
定　　价	48.00 元

课件咨询电话：028-81435775
图书如有印装质量问题　本社负责退换
版权所有　盗版必究　举报电话：028-87600562

  《语言表达基础及其应用》是一本针对文艺作品二次创作专业及行业的基础训练应用书。本书旨在为广大读者提供一门关于语言表达的全方位实践与应用范例参考，涵盖播音主持、戏剧语言表达、影视语言表达、新闻传媒等多个领域。

  随着我国文化产业的蓬勃发展，戏剧、影视等的发展欣欣向荣。其作为颇具影响力的艺术表现形式，核心创作离不开语言表达。市面上现有的语言表达教材往往局限于播音专业，然而，影视与戏剧等领域的语言表达同样具有重要价值，相关教材却比较少见。为了填补这一空白，我们精心编写了这本教材，以期为以上各领域的学习者和从业者提供相关指导。

  本书旨在帮助完成了普通话基础训练、具备一定普通话水平的学生掌握科学发声及语言表达的基本技巧，激发和培养对语言艺术的兴趣，提高自我表达能力，学会通过精湛的语言表达使作品具有深刻的内涵、感染力和艺术魅力，为观众带来高质量的文艺佳作。

  本书内容丰富，结构清晰。编者从实际出发，系统地介绍了语言表达的基本理论、技巧和实践方法。通过本书的学习，读者将掌握语言表达的基本要素，提高语言组织、表达和沟通能力，学习如何运用语言表达的相关知识更好地完成对稿件的分析与再塑。此外，在体例设计上本书克服了语言教学长期存在的"重理论、轻演练"的弊端，以提高语言表达能力为目的，把教学内容与专业实践相结合。为此，本书设计了"实例分析""练习稿件"等板块，以便读者更好地理解和运用所学知识。本书还力求以生动形象的案例、贴近生活与情景的活动演练，引导学生思考、分析、归纳语言表达的规律与技巧。

循序渐进、深入浅出地讲解播音主持、影视戏剧等领域的有声语言（俗称"台词"）的基本理论与技能训练方法是本书最大的特色。主持人、影视话剧演员应如何正确认识生活语言与艺术语言的关系？表演艺术与语言艺术是怎样的关系？怎样使自身卓有成效地掌握"气、声、字"基本功技能？如何字正腔圆地说好普通话并熟知其音变规律？怎样把握汉语诗词歌赋韵律之美？如何声情并茂地朗诵散文、小说等文学作品？怎样才能运用语调、重音、节奏等传达出应有的思想感情？如何将自己的心灵、双眸、口语等高度统一于剧作规定情境并使其具有美感？如何呈现人物独白或对白……这些均可从书中一一找到答案。

在编写过程中，我们力求紧跟时代发展，将最新的理念知识融入教材。同时，注重培养读者的创新能力和实践能力，使他们能够在实际工作中运用所学知识，为我国文化产业的发展贡献力量。

本书适用于各类院校的播音主持、戏剧影视、新闻传媒等相关专业的学子，以及相关从业者，也可以作为语言表达能力类培训教材。我们希望这本书能够成为广大读者的良师益友，助力他们在文艺创作领域取得优异成绩。

本教材由西昌学院刘晔，四川传媒学院杨苏，四川广播电视台刘洋、陈煦梅编著，西昌学院韩京佑、蔡佳锐以及成都电视台陈璞参编。其中刘晔为第一编著，负责编写第一、二单元，共计12万字；杨苏负责编写第三单元，共计8万字；刘洋负责编写第四单元，共计5万字；陈煦梅负责编写第五单元，共计10万字。刘晔负责统稿。

最后，我们要感谢所有参与本书编写的同仁们，是他们的辛勤付出使得这本教材得以问世。同时，也感谢广大读者对本书的支持与关注，我们期待着与您共同探索语言表达的无限奥秘。

编　者
2024年2月5日

目录

1 **语言表达概述** ·············· 001
   1.1 语言表达的基本概念 ·············· 001
   1.2 语言表达的基本要素 ·············· 002
   1.3 语言表达的相关训练 ·············· 014
   1.4 语言表达的技巧与策略 ·············· 029

2 **发声基础与语音训练** ·············· 044
   2.1 语音发声概说 ·············· 044
   2.2 语音的基本概念 ·············· 060
   2.3 口腔控制训练 ·············· 062
   2.4 呼吸控制训练 ·············· 079
   2.5 共鸣控制训练 ·············· 095
   2.6 喉部控制训练 ·············· 102
   2.7 科学发声的基本原则和保护嗓音的基本措施 ·············· 107

3 **语言表达技巧** ·············· 112
   3.1 外部技巧 ·············· 112
   3.2 内部技巧（情景再现、内在语、对象感）·············· 125

4 **语言表达与修养** ·············· 159
   4.1 语言表达的道德修养 ·············· 159
   4.2 语言表达的美学修养 ·············· 162
   4.3 语言表达的心理修养 ·············· 191

5 **语言表达的应用** ·············· 198
   5.1 演　讲 ·············· 198
   5.2 采访与报道 ·············· 211
   5.3 戏剧与影视 ·············· 217

参考文献 ·············· 250

1 语言表达概述

1.1 语言表达的基本概念

语言表达的基本概念可以从其定义与作用两个方面来理解。

1.1.1 语言表达的定义

语言表达是通过声音、文字、手势等方式，来传达我们的思想、情感和信息的过程。它是我们与他人交流、沟通的重要工具，也是我们表达自我、展现个性的方式之一。每个人都有自己独特的语言表达方式，这也是我们认识和了解他人的一个重要途径。不仅要做到准确、清晰、流畅地传达信息，同时还要注意语调、语速、节奏等细节，以达到最佳的表达效果。语言表达不仅是一种技巧，更是一种艺术，需要不断地练习和磨砺。

1.1.2 语言表达的作用

作为人类沟通、交流、传递思想、情感和信息的重要工具，语言表达在我们的日常生活和工作中发挥着至关重要的作用，主要体现在以下几个方面：

1. 语言表达是人际交往的基础

社会是一个充满复杂人际关系的大舞台，而语言表达则是我们在这个舞台上沟通、交流的桥梁。通过有效的语言表达，我们可以传递自己的观点和意见，理解他人的需求和期望，化解矛盾和冲突，增进人际关系。相反，如果语言表达不得当，可能会导致误解、隔阂，甚至恶化人际关系。因此，良好的语言表达能力对于我们建立和维护人际关系具有重要意义。

2. 语言表达是知识传播的关键

在现代社会，知识的更新速度越来越快，人们需要不断学习、充实自己，以适应社会的发展。语言表达正是知识传播的重要途径。通过语言表达，我们可以获取各种信息，了解世界的发展动态，掌握先进的科技知识，提高自己的综合素质。同时，我们也可以通过语言表达，将自己的知识和经验传授给他人，发挥自己的影响力。因此，语言表达在知识传播中具有不可替代的作用。

3. 语言表达是文化传承和文化交流的载体

每个民族都有自己独特的文化，而语言表达是民族文化传承的重要手段。通过语言表达，我们可以了解和传承中华民族悠久的历史文化，弘扬民族精神，增强民族凝聚力。同时，语言表达也是民族文化与世界文化交流的桥梁，我们可以通过语言表达，让世界了解中国，增进各国之间的友谊和合作。因此，语言表达在文化传承和文化交流中具有举足轻重的地位。

4. 语言表达是个人魅力的体现

一个人的语言表达能力往往能够反映出他的思维品质、文化素养和道德修养。良好的语言表达能力可以使人在人群中脱颖而出，赢得他人的尊重和信任。反之，语言表达能力欠缺的人可能会在人际交往中显得自卑、拘谨，难以展现自己的才华和魅力。因此，个人魅力的展现离不开语言表达的支撑。

总之，语言表达在人类社会中具有举足轻重的地位。它是人际交往、知识传播、文化传承、个人魅力展现的重要工具，也是国家和社会发展的基石。我们应该高度重视语言表达能力的培养和提高，努力成为具有优秀语言表达能力的人才，为国家和社会的发展作出更大的贡献。

1.2　语言表达的基本要素

语言表达的基本要素包括语音、词汇、语法和语境。

1.2.1　语　音

语音是语言的物质外壳，是词汇和语法的存在和表现形式。人们通过发出不同的声音、音调、语调以及音素的组合来表达各种意义。

根据音素的发音性质，可以把音素分为元音和辅音两类。

元音：元音是发音时声带振动，声音响亮，气流在口腔不受阻碍的音。普通话有10个元音音素。

辅音：辅音是发音时声带多不振动，气流在口鼻腔受到一定阻碍的音。普通话有22个辅音音素。

以下重点介绍这10个元音音素和22个辅音音素。

1.2.1.1 元音音素

1. 舌面央低不圆唇元音 a

口腔打开，舌位降到最低，软腭上升抬起，关闭鼻腔通路。

例 字

阿　巴　辣　怕　达　哈　伐　帕　拿　他　挖　扎
蛙　喀　发　搭　他　沙　砸　擦　坝　卡　挂　大

例 词

马达　拉萨　发达　爸爸　妈妈　砝码　打靶
打发　喇叭　喇嘛　邋遢　哪怕　耷拉　打蜡
沙发　大巴　大厦　八拜之交　八面玲珑
煞费苦心　茶余饭后

绕口令

（1）门前有八匹大伊犁马，你爱拉哪匹马拉哪匹马。

（2）白石塔，白石搭，白石搭白塔，白塔白石搭。搭好白石塔，白塔白又大。

（3）张大妈、夏大妈，你看咱社的好庄稼，高的是玉米，矮的是芝麻，开黄紫花的是棉花，圆溜溜的是西瓜，谷穗长得像镰把，钩着想把地压塌，张大妈、夏大妈，边看边乐不住地夸。

2. 舌面后半高圆唇元音 o

口腔半闭，舌位后半高，舌后缩，圆唇。

例 字

伯　破　佛　波　坡　摸　莫　魔　迫　默　脖　播

例 词

馍馍　剥夺　默默　剥削　玻璃　波浪　脖子
博爱　柏林　迫害　坡度　播种　泼辣　磨灭
泼辣　泼墨　破费　破产　摸底　婆婆　摸索
魔力　摩托　陌路　陌生　波兰　拨款　末尾
磨破　菠萝　迫在眉睫　莫逆之交　波涛汹涌

语言表达基础及其应用

绕口令

（1）马大伯家老婆婆，今年年末八十多，背不驼，腿不跛，为晒太阳爬坡坡，爱吃菠萝、菠菜、胡萝卜。

（2）张伯伯、李伯伯，饽饽铺里买饽饽，张伯伯买了个饽饽大，李伯伯买了个大饽饽，拿回家里给婆婆，婆婆又去比饽饽，也不知张伯伯买的饽饽大，还是李伯伯买的大饽饽。

（3）打南坡走来个老婆婆，两手托着俩筐箩。左手托着的筐箩装着菠萝，右手托着的筐箩装着萝卜。你说说，是老婆婆左手托着的筐箩装的菠萝多？还是她右手托着的筐箩装的萝卜多？说得对送你菠萝和萝卜，说得不对让你扛着筐箩上山坡。

3. 舌面后半高不圆唇元音 e

口腔半闭，舌位后缩，舌位半高，扁唇。

例 字

| 德 | 车 | 特 | 乐 | 哥 | 刻 | 喝 | 撒 | 热 |
| 则 | 涩 | 贺 | 勒 | 鹅 | 合 | 遮 |

例 词

哥哥	苛刻	割舍	特色	客车	隔阂	各色
合格	折射	可乐	色泽	特设	隔热	合辙
瑟瑟	特赦	折合	和气生财	特立独行
择善而行	歌舞升平

绕口令

坡上立着一只鹅，坡下就是一条河，宽宽的河，肥肥的鹅，鹅要过河，河要渡鹅。不知是鹅过河，还是河渡鹅？

4. 舌面前高不圆唇元音 i

口腔微开，舌头前伸、舌位最高、扁唇。

例 字

| 比 | 力 | 米 | 皮 | 你 | 齐 | 衣 | 疲 | 戏 |
| 迷 | 例 | 地 | 洗 | 辟 | 级 | 劈 |

例 词

| 笔记 | 底细 | 激励 | 比例 | 利益 | 立即 | 秘密 |
| 霹雳 | 提议 | 体力 | 极其 | 底气 | 机器 | 地契 |

离奇　　比拟　　体系　　立即　　契机　　嫡系　　遗弃
犀利　　疾言厉色　　离合悲欢　　离题万里

绕口令

王七上街去买席，清早起来雨淅淅，王七上街去买席。骑着毛驴跑得急，捎带卖蛋又贩梨。一跑跑到小桥西，毛驴一下跌了蹄。打了蛋，撒了梨，跑了驴，急得王七眼泪滴，又哭鸡蛋又骂驴。

5. 舌面后高圆唇元音 u

口腔微开，舌位后缩，舌位最高，圆唇。

例　字

不　　扑　　木　　服　　堵　　图　　努　　路　　古
哭　　胡　　猪　　怒　　醋　　胡　　鼓

例　词

补助　　部署　　哺乳　　朴素　　瀑布　　目录　　辅助
服务　　附属　　督促　　突出　　图谱　　夫妇　　酷暑
互助　　祝福　　古今中外　　路不拾遗　　不声不响　　怒目而视

绕口令

（1）鼓上画只虎，破了拿布补。不知布补鼓，还是布补虎。山前有只虎，山下有只猴。虎撵猴，猴斗虎；虎撵不上猴，猴斗不了虎。

（2）山上五棵树，架上五壶醋，林中五只鹿，箱里五条裤。伐了山上树，搬下架上的醋，射死林中的鹿，取出箱中的裤。

6. 舌面前高圆唇元音 ü

口腔微开，舌头前伸，舌位最高，圆唇。

例　字

区　　驴　　局　　女　　吕　　居　　嘘　　鱼　　举
曲　　徐　　域　　桔　　趋　　迂　　铝

例　词

旅居　　序曲　　语句　　女婿　　吕剧　　聚居　　区域
屈居　　曲率　　曲剧　　须臾　　栩栩　　渔具　　玉宇
豫剧　　徐徐　　絮语　　语序

绕口令

（1）这天天下雨，穿绿雨衣的女小吕，去找穿绿运动衣的女老李。穿绿雨衣的女小吕，没找到穿绿运动衣的女老李，穿绿运动衣的女老李，也没见这穿绿雨衣的女小吕。

（2）村里新开一条渠，弯弯曲曲上山去，河水雨水渠里流，满山庄稼一片绿。

7. 舌面前半低不圆唇元音 ê 发音要领

口腔半开，舌位靠前半低，舌尖轻触下齿背，舌面前部隆起，嘴角向两边微展，发声时声带颤动，软腭抬起。

例 字

欸

注：普通话中，ê 只与 i、ü 相拼，构成 ie 和 üe。

8. 卷舌元音 er

卷舌，舌位中央，不高不低，不前不后，舌前部上台，舌尖向硬腭后卷，但不接触，扁唇。

例 字

二　　耳　　尔　　而　　贰　　饵　　洱　　儿

例 词

而今　　而且　　儿女　　儿戏　　儿化　　儿歌
耳目　　洱海　　尔后　　二胡　　耳朵　　耳环
耳洞　　二百　　儿行千里　　尔虞我诈　　二龙戏珠
耳熟能详

绕口令

（1）要说"尔"专说"尔"，马尔代夫，喀布尔阿尔巴尼亚，扎伊尔，卡塔尔，尼泊尔，贝尔格莱德，安道尔，萨尔瓦多，伯尔尼，利伯维尔，班珠尔，厄瓜多尔，塞舌尔，哈密尔顿，尼日尔，圣彼埃尔，巴斯特尔，塞内加尔的达喀尔，阿及利亚的阿尔及尔。

（2）有个小孩儿叫小兰儿，挑着水桶上庙台儿，摔了一个跟头捡了个钱儿。又打醋，又买盐儿，还买了一个小饭碗儿。小饭碗儿，真好玩儿，没有边儿没有沿儿，中间儿有个小红点儿。

9. 舌尖前高不圆唇元音 -i（前）

口微张，嘴角向两边展开，舌尖轻碰下齿背，舌尖前部和上齿背保持适当距离，发音时声带颤动，软腭上升抬起。

注：-i（前）在口语中不会单独出现，它只与声母 z、c、s 相拼成音。

例字

籽　死　泗　磁　次　子

例词

子嗣　自私　刺死　自吹自擂　四平八稳
此起彼伏　慈眉善目

绕口令

（1）一个大嫂子，一个大小子。大嫂子跟大小子比包饺子，看是大嫂子包的饺子好，还是大小子包的饺子好，再看大嫂子包的饺子少，还是大小子包的饺子少。大嫂子包的饺子又小又好又不少，大小子包的饺子又小又少又不好。

（2）桃子李子梨子栗子橘子柿子槟子榛子，栽满院子村子和寨子。刀子斧子锯子凿子锤子刨子尺子做出桌子椅子和箱子。名词动词数词量词代词副词助词连词造成语词诗词和唱词。蚕丝生丝热丝缫丝染丝晒丝纺丝织丝自制粗细丝人造丝。

10. 舌尖后高不圆唇元音-i（后）

口微张，嘴角两边微展，舌前端抬起与上齿龈后硬腭前部保持适当距离。

注：-i（后）不会单独出现，它只与声母 zh、ch、sh、r 相拼成音。

例字

指　释　斥　制　失　石

例词

史诗　失职　日志　咫尺　指鹿为马　痴心妄想

绕口令

（1）知之为知之，不知为不知，不以不知为知之，不以知之为不知，唯此才能求真知。

（2）史老师，讲时事，常学时事长知识。时事学习看报纸，报纸登的是时事，心里装着天下事。

1.2.1.2　辅音音素

普通话共有 22 个辅音。一般是根据阻碍的部位（即发音部位）和阻碍方法（即发音方法）这两个标准分类。

1. 按照发音部位分类

（1）双唇音（由上唇和下唇接触使语流受阻而形成的辅音）

b[p] 双唇不送气清塞音。如：罢、布、办、辨别、标本。

p[pʰ] 双唇送气清塞音。如：怕、铺、盼、批评、偏僻。

m[m] 双唇浊鼻音。如：慢、美满、面貌。

（2）唇齿音（由上齿和下唇接触或接近，使气流受阻而形成的辅音）

f[f] 唇齿清擦音。如：发、父、饭、方法、反复。

（3）舌尖音（由舌尖和上齿龈接触或接近，使气流受阻而形成的辅音）

d[t] 舌尖不送气清塞音。如：度、代、岛、道德、地点。

t[tʰ] 舌尖送气清塞音。如：兔、太、讨、团体、探讨。

n[n] 舌尖浊鼻音。如：怒、耐、脑、牛奶、泥泞。

l[l] 舌尖浊边音。如：陆、赖、联络、力量。

z[ts] 舌尖不送气清塞擦音。如：字、早、宗、自尊、走卒。

c[tsʰ] 舌尖送气清塞擦音。如：次、聪、层次、粗糙。

s[s] 舌尖清擦音。如：四、扫、松、思索、琐碎。

（4）卷舌音（由舌尖向上翘起和硬腭前部相接触，使气流受阻而形成的辅音）

zh[tʂ] 卷舌不送气清塞擦音。如：找、丈、主张、政治。

ch[tʂʰ] 卷舌送气清塞擦音。如：斥、吵、唱、出产、车床。

sh[ʂ] 卷舌清擦音。如：事、少、上、手术、声势。

r[r] 卷舌浊通音。如：日、饶、柔软、容忍。

（5）舌面音（舌面隆起的部分接触或接近上齿龈而形成的辅音）

j[tɕ] 舌面不送气清塞擦音。如：记、街、见、经济、积极。

q[tɕʰ] 舌面送气清塞擦音。如：气、窃、欠、请求、确切。

x[ɕ] 舌面清擦音。如：戏、谢、现、学习、虚心。

（6）舌根音[靠近舌根的舌面上升，靠近或顶住软腭（或硬腭和软腭中间）而形成的辅音]

g[k] 舌根不送气清塞音。如：故、个、高、干、公共。

k[kʰ] 舌根送气清塞音。如：库、课、刻苦、开阔。

h[x] 舌根清擦音。如：户、喝、号、欢呼、辉煌。

ng[ŋ] 舌根浊鼻音，只出现，在音节末。如：东、登、光、长江。

2. 按照发音方法中的阻碍方式分类

（1）塞音：也称为"爆发音""破裂音"发音时，发音器官的某两部分完全紧闭，使气流通路暂时阻塞，然后突然张开，使气流爆发而出成音。如普通话的 b[p]、p[pʰ]、d[t]、t[tʰ]、g[k]、k[kʰ]。

（2）擦音：也称为"摩擦音"。发音时，气流通路没有完全闭塞，但很狭窄，气流是从窄缝中挤出，因摩擦而成音。如普通话的 f[f]、h[x]、x[ɕ]、s[s]、sh[ʂ]、r[r]。

1 语言表达概述

（3）塞擦音：成阻时气流通路先闭塞，而后转为窄缝状态。发音开始时和塞音一样，收尾时和擦音一样，所以叫塞擦音。如普通话的 j[tɕ]、q[tɕʰ]、z[ts]、c[tsʰ]、zh[tʂ]、ch[tʂʰ]。

（4）鼻音：发音时，气流的口腔通路闭塞，软腭下垂，带音的气流从鼻腔流出。如普通话的 m[m]，叫作"双唇鼻音"；n[n]叫作"舌尖鼻音"；ng[ŋ]，叫作"舌根鼻音"。

（5）边音：发音时，用舌头挡着口腔中央部分的气流通路，使气流从舌头的两边流出。如普通话的 l[l]。

3. 清辅音和浊辅音

清辅音和浊辅音，是就发辅音时声带颤动或不颤动而言的。气流呼出时，声带不颤动，因而不带音，这样发出的音叫清辅音。如普通话的 f[f]、s[s]、b[p]、d[t]等。相反，气流呼出时，使声带颤动而带音，这样发出的音叫浊辅音。如普通话的 m[m]、n[n]、l[l]、r[r]。

4. 送气音和不送气音

清辅音发音时，又有送气和不送气的区别。送气音，是指发辅音时，除阻后，有一股显著的气流跟着喷出来。如普通话的 p[pʰ]、t[tʰ]、k[kʰ]。反之，则称为不送气音。如普通话的 b[p]、d[t]、g[k]。塞音和塞擦音的送气或不送气，在汉语里有区别词义的作用。如普通话的"怕—爸""替—第"等。

辅音充当声母时的发音要领如表 1-1 所示。

表 1-1　汉语拼音辅音充当声母时的分解合成

声韵母	阻塞擦边类别	舌位变化	唇形变化	发音器官动作过程及气息的行走	成阻·除阻	字音练习
bo	双唇阻清塞音	平舌→后舌面抬至半高	双唇紧闭→突然开口→圆唇	微弱气流由舌面→双唇送出		白布、辨别
po	双唇阻清塞音	平舌→后舌面抬至半高	双唇紧闭→突然开口→圆唇	较强气流由舌面→双唇送出		批判、偏僻
mo	双唇阻浊鼻音	平舌→后舌面抬至半高	双唇紧闭→圆唇	气流由舌面→鼻腔→鼻孔送出		盲目、买卖

续表

声韵母	阻塞擦边类别	舌位变化	唇形变化	发音器官动作过程及气息的行走	成阻·除阻	字音练习
fo	唇齿阻浊鼻音	平舌→后舌面抬至半高	上齿与下唇内缘接近，中间留一缝隙	短气流由舌面→唇齿缝隙间送出		仿佛、吩咐
de	舌尖中阻清塞音	收上腭→挺舌尖→舌尖抵上齿龈—舌面中部隆起至半高	双唇稍开→开口→椭圆唇	微弱气流由舌尖→口腔送出		电灯、导弹
te	舌尖中阻清塞音	收上腭→挺舌尖→舌尖抵上齿龈→舌面中部隆起至半高	双唇稍开→开口→椭圆唇	较强气流由舌尖→口腔送出		淘汰、铁塔
ne	舌尖中阻浊鼻音	舌尖抵上齿龈，突然下滑→舌面中部隆起至半高	双唇紧闭→开口→椭圆唇	较强气流由舌尖→鼻腔→鼻孔送出		男女、能耐
le	舌尖中阻浊边音	舌尖抵上齿龈→舌的两边略微卷起→舌面中部抬至半高	双唇稍开→开口→椭圆唇	较强气流由两边→口腔送出		罗列、流利
ge	舌根阻清塞音	舌根抬起与软腭前部接触→舌面中部抬至半高	双唇稍开→开口→椭圆唇	微弱气流由舌根→舌面中部→口腔送出		规格、骨干

续表

声韵母	阻塞擦边类别	舌位变化	唇形变化	发音器官动作过程及气息的行走	成阻·除阻	字音练习
ke	舌根阻清塞音	舌根抬起与软腭前部接触→舌面中部抬至半高	双唇稍开→开口→椭圆唇	较强气流由舌根→舌面中部→口腔送出		刻苦、开阔
he	舌根阻清擦音	舌根与软腭间留一缝隙→舌面中部抬至半高	双唇稍开→开口→椭圆唇	微弱气流由舌根→舌面中部→口腔送出		荷花、很好
ji	舌面阻清塞擦音	舌尖抵下齿背下部→舌面前部紧贴硬腭前端→舌面与硬腭间留一缝隙		微弱气流由舌面→口腔送出		积极、间接
qi	舌面阻清塞擦音	舌尖抵下齿背下部→舌面前部紧贴硬腭前端→舌面与硬腭间留一缝隙		较强气流由舌面→口腔送出		气球、欠缺
xi	舌面阻清擦音	舌面与硬腭前端留一缝隙		微弱气流由缝隙间摩擦→口送出		虚心、喜讯
zhi	舌尖后阻清塞擦音	舌尖翘起与硬腭前端有棱的部位接触→舌尖向下前移		微弱气流随舌尖前移→口腔送出		郑重、执政

续表

声韵母	阻塞擦边类别	舌位变化	唇形变化	发音器官动作过程及气息的行走	成阻·除阻	字音练习
chi	舌尖后阻清塞擦音	舌尖翘起与硬腭前端有棱的部位接触→舌尖向下前移		较弱气流随舌尖前移→口腔送出		冲出、城池
shi	舌尖后阻清擦音	舌尖翘起与硬腭前端有棱的部位留一缝隙→舌尖向下向前移		微弱气流从缝隙间摩擦→口腔送出		手术、山水
ri	舌尖后阻浊擦音	舌尖卷起与硬腭间留一缝隙→舌尖向下向前移		微弱气流从缝隙间摩擦→口腔送出		仍然、柔软
zi	舌尖前阻清塞擦音	舌尖抵上齿背形成阻塞→舌均衡地慢慢放松	稍开→开口→扁唇	微弱气流由舌叶与上齿背除阻后的缝隙送出		自尊、祖宗
ci	舌尖前阻清塞擦音	舌尖抵上齿背形成阻塞→舌均衡的慢慢放松	稍开→开口→扁唇	较强气流由舌叶与上齿背除阻后的缝隙送出		层次、猜测
si	舌尖前阻清擦音	舌尖接近上齿背形成间隙	稍开→开口→扁唇	较强气流由缝隙间摩擦→口腔送出		色素、思索

1.2.2 词 汇

任何语言里词汇都是重中之重,是语言的建筑材料。词汇是语言里词和词的等价物的总汇,用来表达概念和意义。作为语言的灵魂,词汇在语言的舞台上扮演着至关重要的角色,诠释着世间万物的概念与意义。

增加词汇量是一个长期的过程,需要不断地学习和积累。

大量阅读经典作品。古人云:"读万卷书,行万里路。"哲人也说:"书籍是人类进步的阶梯。"博览群书,是一个积累的过程,通过大量的阅读,我们可以接触到更多的词汇,并理解其含义和用法。比如当我们读到:"疟疾、登革热和黄热病等热带疾病正在侵袭温带地区,豚草和毒藤也在温室气候里茁壮成长。"在读之前,我们可能并不知道疟疾、登革热以及豚草、毒藤这些词,但通过阅读我们可以大致理解前两个是病,后两个是草,再看见这些词我们能认出来它们。这就是阅读帮助我们提升了词汇量。究其原因,是句中的其他信息为我们提供了线索,我们根据上下文来推测这些词的大致含义。因此,在阅读中,我们完成了对自身词汇库的扩容。

记笔记。好记性不如烂笔头,即便理解了新词汇的意思,但如果长期不使用也很容易忘记。因此,将看到的新词记录下来,并写下它们的定义、用法和例句这一举动是很有必要的。这样也可以方便以后复习和巩固,可以为此准备一个专门的词汇积累本。

查找和使用同义词。当遇到一个新词汇时,可以查找它的同义词,并尝试在不同的语境中使用这些同义词。这可以帮助我们更好地理解词汇的含义和用法。可以多多使用词典,词典包括普通词典和类属词典,普通词典有《现代汉语词典》《汉语大词典》等,类属词典有《现代汉语分类词典》《诗词同义类聚词典》《新编同义词词林》《写作措辞参考词典》(偏成语)等。

1.2.3 语 境

"语境"分为狭义和广义。

狭义上,语境特指语言交际过程中,音位、语素、词汇、短语、句子以及言语作品——话语所处或出现的特定环境。这种环境可以包括音位、语素、词汇、短语、句子等在书面语中的上下文,也可以包括口语中的前言后语。

广义上,语境则包括了所有考察对象(包括非语言事件)所处的环境。这个环境可以被看作"大语境"。

广义语境主要包括以下几个方面:

1. 社会文化语境

该语境可划分为两个主要方面:文化习俗,即广大民众在社会生活中传承不息、沿袭成习的生活模式,表现为一种社会集体在语言、行为及心理上的规范和习惯,对共同体成员具有约束力;社会规范,指的是社会对言语交际活动的各种规定和限制。

社会文化语境范畴广泛,涵盖了我国民众生活的诸多方面,包括传统文化、习俗、宗教信仰、自然环境,以及典故等。

2. 情境语境

情境语境是指从实际情境中抽象出来的，对言语活动产生影响的一系列因素，包括参与者双方、场合（时间、地点）、语言的正式程度、交际媒介、话题或语域。

情境语境旨在使读者能够身临其境地理解作者的意图。情境意义亦称为语境意义"。对句子的理解和记忆，在很大程度上取决于对语境意义的掌握。费罗姆金和罗德曼在《语言导论》中指出："语言并非仅为文人学士或辞书编纂者所制定的一种抽象存在，而是具有坚实基础和广泛应用的产物，它源于人类世世代代的劳动、需求、交往、娱乐、情感和兴趣。"

在语言材料中，作者和读者通常不自觉地运用时间、地点、对象、背景等知识来叙述或论证说理。

3. 认知语境

从认知语言学角度，语境应该是具有认知性的，因为语言的产生和理解要求人与外界的互动，即认知体验。仅仅依靠传统的语境观点即文本语境或者说话人与听话人之间的互动是不足以完全传递信息的。所以要加上人与自身以及人与外界的互动体验。就是说在分析语境的时候，我们可以结合人与周围环境的互动体验进行分析。

4. 情感语境

情感语境是指在交流过程中，表达和理解情感状态、情感需求及情感态度的特定语言环境。它包括情感词汇、情感表达方式、情感限制和情感共识等方面。在不同的情感语境下，我们需要灵活调整自己的情感表达方式，以适应不同的情感需求和情境。

总的来说，广义语境涵盖了更广泛的语言环境，包括社会文化、情景、认知、情感等多种因素，狭义语境则更关注具体语言环境中的词语和句子意义。了解广义和狭义语境有助于提高语言表达和理解的准确性。

另外，文化素养也是语言表达的重要因素。了解不同文化背景下的语言表达习惯和规范，可以避免因文化差异而引起的误解。例如，在一些文化中，直接表达情感和意见可能被认为是无礼的，而在另一些文化中，这样的表达则是被接受的。因此，提高文化素养，了解和适应不同的语境，有助于更准确地理解他人和进行语言表达，避免文化差异导致沟通误解。

1.3 语言表达的相关训练

通过接受系统的语言表达训练，我们可以更好地使用语言来传递信息、表达情感和进行社交互动，这有助于我们在日常生活和社交实践中更加自如和有效。

1.3.1 语言表达需具备的基本能力

1. 表达能力

表达能力又叫作表现能力或显示能力，它是指一个人把自己的思想、情感、想法和意图等，用语言、文字、图形、表情和动作等清晰明确地表达出来，并善于让他人理解、体会和掌握的能力。

2. 逻辑思维能力

逻辑思维能力是指正确、合理思考的能力，即对事物进行观察、比较、分析、综合、抽象、概括、判断、推理的能力。

3. 语境理解能力

语境理解能力是在沟通交流中理解语言表达的情境、背景、目的和含义等方面的能力。提高语境理解能力需要丰富词汇、学习语法、培养逻辑思维、了解文化背景、关注情感表达、加强跨学科学习和实践锻炼。这些将有助于我们更好地把握语言表达的真实意图，避免误解和沟通障碍，从而在实际沟通交流中更加得心应手。

1.3.2 语言表达的训练内容

1.3.2.1 语音训练

该部分包括发音、语调和语速的训练。要清晰准确地发音，并掌握适当的语调和语速，以便更好地表达自己的意思。

稿　件

愿二月，家人康宁、喜乐与共。

家人，如同"一根结实的脊柱骨"，支撑我们在这尘世中奔波前行。可是太多时候，爱得越深，我们越变得小心翼翼，不轻易流露心曲。

如果你有酝酿已久的、想对他们说的话，不妨趁这个假期，好好表达。更多地分享彼此，更多地陪伴左右，一盏灯下长谈的画面，就是幸福踏实可靠的样子。

愿二月，忙里有闲、随性自在。

学会从疲惫的状态中抽离，不必时刻紧绷神经，不必事事感怀忧心。负重太多的人，行不远长路。

找一个自己放松舒服的状态，在那里，多待一会。只有休息好了，情绪释放了，烦恼涤除了，人才能恢复弹性与活力。当你转过身再出发时，内心湛然，则无往而不乐。

愿二月，千帆过尽、得承好运。

日子会有种种不如意，但我们仍可以在放弃与改变中做选择。每一种经历，都在锤炼心灵的韧度；每一次低谷，都是攀高前的沉浮。

所谓"轻舟已过万重山"，无非是驾驭生活的能力和技巧提升后，自然而来的柳暗花明。不放弃努力，锻炼在风雨中屹立，前路上会有接踵而至的好运，告诉你，这份坚持值得的意义。

愿二月，梦之所向、春和景明。

走过艰冷而单调的冬季，二月的好，在于它"春日在望"。户外，无意就会发现欣

语言表达基础及其应用

欣然的春景待从荒芜中萌发：河流悄悄积蓄力量，准备破冰后的第一声清响；草木静静孕育新芽，等候南风吹来第一次破蕊。

哪里都有生机，哪里都给你鼓励。

春天不远了，在希望的季节里，给埋藏的梦想以发芽的机会。你无需怀疑自己，无需胆怯嘘声的质疑，当你把成功看作无数次失败累积出的一点微光，你就能更平和、坦然地耕耘手头的事。

诗人说，如果春天要来，大地就使它一点点地完成。

我们说，如果梦终归要做，那不妨大胆一点，在有限的时空里，去过一种无限广大的生活。

这份稿件的语音训练可以从以下几个方面进行分析：

（1）发音：在朗读时，注意让每个音节清晰准确。此外，注意保持音节的连贯性，使句子读起来流畅自然。

（2）语调：在朗读稿件时，要根据语境和情感变化调整语调。例如，在表达祝福和愿望时，语调可以适当提高，以显得热情和欢快；在描述困难和挑战时，语调可以降低，表达出严肃和认真的态度。

（3）语速：朗读时，要根据内容的轻重缓急调整语速。在表达祝福和愿望的部分，可以适当加快语速，表现出积极向上的气氛；在描述困难和挑战的部分，要放慢语速，使听众更能感受到内容的深度和内涵。

具体训练建议：

（1）发音练习：可以针对稿件中的元音、辅音和音节组合进行单独练习，确保发音准确无误。同时，可以通过对比、模仿优秀朗读者的发音，提高自己的发音水平。

（2）语调练习：在学习朗读时，注意观察和体会优秀朗读者的语调变化，学会根据内容和情感调整自己的语调。可以通过模仿、对比等方式，不断提高自己的语调控制能力。

（3）语速练习：在朗读过程中，学会根据内容的轻重缓急调整语速。可以通过设定速度指标，进行快慢交替的朗读练习，以提高语速控制能力。

通过以上训练，可以更好地表达稿件中的内容和情感，使听众更容易理解和感受到美好的祝愿和期望。同时，这些训练方法也有助于提高自己的语言表达能力，为今后的文艺创作和表演打下坚实基础。

1.3.2.2　词汇训练

扩大词汇量，并熟悉不同词汇的语境使用。可以选择一些常用的近义词和反义词进行比较和辨析，了解其语义差异和使用场景。

字

存—亡　动—静　浓—淡　偏—正　饥—饱　爱—恨

1 语言表达概述

升—降　开—关　始—终　胖—瘦　迎—送　盈—亏
真—假　虚—实　有—无　雅—俗　是—否　稀—密
粗—细　东—西　巧—拙　恩—怨　新—旧　正—邪
通—堵　止—行　古—今　张—弛　大—小　多—少
上—下　左—右　前—后　冷—热　高—低　进—退
黑—白　天—地　男—女　里—外　死—活　公—私
快—慢　矛—盾　宽—窄　强—弱　轻—重　缓—急
松—紧　好—坏　美—丑　善—恶　是—非　闲—忙
输—赢　逆—顺　苦—甜　忠—奸　纵—横　得—失

词

正常—异常　非凡—平凡　特别——般　扫兴—高兴
轻蔑—敬重　开心—苦闷　寻常—异常　违背—遵循
怀疑—相信　强盛—衰败　尊重—侮辱　激烈—平静
嘈杂—寂静　美丽—丑陋　信奉—背弃　失信—守信
率领—追随　退化—进化　凝结—溶解　伟大—渺小
聚拢—分散　增添—减少　活泼—呆板　鲜艳—暗淡
严寒—酷暑　安谧—嘈杂　温暖—凉爽　柔和—严厉
拒绝—同意　清醒—糊涂　荒芜—耕种　清晰—浑浊
坚强—软弱　微云—浓云　纯熟—生疏　陌生—熟悉
平坦—崎岖　光滑—粗糙　慎重—随便　喜欢—厌恶
慌忙—镇定　熟识—生疏　伶俐—笨拙　镇定—慌张

成　语

名副其实—名不副实　　雪中送炭—雪上加霜
歪歪斜斜—端端正正　　风平浪静—狂风恶浪
迷迷糊糊—清清楚楚　　全神贯注—心不在焉
断断续续—连续不断　　赏心悦目—触目惊心
一丝不苟—粗心大意　　力倦神疲—精力充沛
万马奔腾—无声无息　　暖暖和和—冷冷清清
吞吞吐吐—干干脆脆　　毫不犹豫—犹豫不决
别具一格—普普通通　　熙熙攘攘—冷冷清清
心惊肉跳—镇定自如　　理直气壮—理屈词穷

1.3.2.3 语法训练

掌握基本语法规则。可以通过多读、多写来提高语法的准确性和规范性。

语法是语言组合的规律和法则。汉语语法分析可以按由小到大分为五级单位，即语素（字）、词、短语、句子、句群。

以下以几个句子为例分析其成分：

（1）我们在学习。

主语：我们　　谓语：学习　　状语：在

（2）我们热爱中国。

主语：我们　　谓语：热爱　　宾语：中国

（3）我妹妹仔细读了两遍老师今天刚教的单词。

定语：我、老师今天刚教的　　状语：仔细　　补语：两遍

宾语：单词

1.3.2.4 表达技巧训练

包括如何组织语言、如何展开论述、如何使用比喻和类比等修辞手法。可以通过模拟演讲、写作练习等方式进行训练。

稿件一

路这个字，是由足和各组成的，仿佛告诉我们，路在脚下，各自有各自的路。或者是凯鲁亚克《在路上》，我们永远年轻，永远热泪盈眶；也或许是李娟的，沿着慢慢的时光，沿着深沉的威严和恐惧，崎岖至此的道路。

前面，是看得见的世界，后面是回得去的家乡，究竟什么是路，路就是道，道就是规则、法则。道路的故事，充满了人生的经验。没有路的时候，心里会彷徨；路多的时候，心里又会迷茫。走好选择的路，别只选好走的路。

在这个世界上，有多少条路，小路、水路、航路、网络，它们串联起了整个世界，而对于我们每个生命个体来讲，我们也拥有一条属于自己的路，蹒跚起步，便永远无法回头。这条路上，充满欢喜、忧伤、平顺、坎坷、阳光、风雨，这是一条属于我们的人生的路。但是在这个世界上，可能有些路，并不是靠双脚走出来的，就像史铁生，在漫长的轮椅生涯中，创造了自己的文学国度。道路或许不易，命运或许不公，但请你一定依然相信，相信我们能找到热爱、追求卓越。其实人在这个世界上，无论选择哪条道路，都是荆棘和鲜花同在，有晴空也有冷雨。前途很远很暗，但不要怕，不怕的人面前才会有路。就让我们坚定前行吧，相信在路的尽头，总会有梦想挥手相迎的样子。

稿件二

一段岁月，波澜壮阔，刻骨铭心。一种精神，穿越历史，辉映未来。在二十世纪的中华大地上，有一部浩繁的史诗独版上演。它气势雄浑，许多名字和故事如神话般闪现，让全人类的读者为之战栗。这便是那独一无二的红色史诗——长征。

那是一个激情燃烧的岁月，两个春秋，两万五千里，一条地球的红飘带。这红飘带独具曲线之美，因工农红军而红，因信仰之火而赤。

一面旗帜引领一支队伍，一种信念点燃一把火炬。他们用八万双穿着草鞋的脚作笔，用险象环生的大地作便笺，写下了一篇篇壮丽的篇章。无数的生命涅槃重生，无数的英雄在弹雨和火焰中陨落。他们的牺牲浇铸了一轮鲜红的朝阳，让中国踏出了金色的世纪。

雪山、草地、饥饿、战争、红星、火把、马嘶、枪鸣……这些构成了长征的艰苦意象群。这是一场浩浩荡荡、逶迤向北的征程，一直向着北斗的方向前进。历史变换着各种手法，检验这支队伍的含金量。而他们依靠铁质的精神和崇高的理想，将红色史诗推向了辉煌。

他们的伟岸身躯撑起了蓝天。岁月的墙上刻着他们的眼眸，这是一种怎样的沧桑！灵魂的驿站在时代的心中激扬！从他们始终不屈的骨头中，我们看到了共产党人是怎样的特殊材料。那手臂长伸的指向，让我们看见了另一片天空的升起；在他们的脚下，我们看到了阳光的足印在延伸……

让我们以青春为鼓，以生命为歌，奏响大时代最强劲的鼓点和最美妙的乐章。站在世纪的云端，让我们继续铸造东方巨龙的形象，让它成为最高、最美、最强的象征！

谢谢大家！

1.3.2.5　思维训练

提高语言逻辑思维能力，清晰地表达自己的观点和想法。可以通过阅读逻辑学相关书籍、进行逻辑思维训练等方式进行提升。

1.3.2.6　朗读训练

通过朗读文章、新闻、故事等方式来提高语音、语调和语速等方面的能力。同时也可以增加词汇量，提高阅读理解能力。

稿件一

在苍茫的大海上，风聚集着乌云。在乌云和大海之间，海燕像黑色的闪电高傲地飞翔。一会儿翅膀碰着海浪，一会儿箭一般地直冲云霄，它叫喊着，——在这鸟儿勇敢的叫喊声里，乌云听到了欢乐。在这叫喊声里，充满着对暴风雨的渴望！在这叫喊声里，乌云感到了愤怒的力量、热情的火焰和胜利的信心。海鸥在暴风雨到来之前呻吟着，——呻吟着，在大海上面飞蹿，想把自己对暴风雨的恐惧，掩藏到大海深处。海鸭也呻吟着，——这些海鸭呀，享受不了生活的战斗的欢乐：轰隆隆的雷声就把它们吓坏了。愚蠢的企鹅，畏缩地把肥胖的身体躲藏在峭崖底下……只有高傲的海燕，勇敢地、自由自在地，在翻起白沫的大海上面飞翔。乌云越来越暗，越来越低，向海面压下来；波浪一边歌唱，一边冲向空中去迎接那雷声。雷声轰响，波浪在愤怒的飞沫中呼啸着，跟狂风争鸣。看吧，狂风紧紧抱起一堆巨浪，恶狠狠地扔到峭崖上，把这大块的翡翠摔成晨雾和水沫。海燕叫喊着，飞翔着，像黑色的闪电，箭一般地穿过乌云，翅膀刮起波浪的飞沫。看吧，它飞舞着像个精灵——高傲的、黑色的暴风雨的精灵，——它一边大笑，它一边高叫……它笑那些乌云，它为欢乐而高叫！这个敏感的精灵，从雷声的震怒里早就听出困乏，它深信乌云遮不住太阳，——是的，遮不住的！风在狂吼……雷在轰轰响……一堆堆的乌云像青色的火焰，在无底的大海上燃烧。

大海抓住金箭似的闪电，把它熄灭在自己的深渊里。闪电的影子，像一条条的火舌，在大海里蜿蜒浮动，一晃就消失了。——暴风雨！暴风雨就要来啦！这是勇敢的海燕，在闪电之间，在怒吼的大海上高傲地飞翔。这是胜利的预言家在叫喊：——让暴风雨来得更猛烈些吧！……

稿件二

12月15日，共青团第二次代表大会在学生活动中心大礼堂召开。共青团凉山州委副书记马吉石子，学校党委领导班子成员党委学工部、校工会等部门负责人以及各二级学院党委书记、副书记出席开幕式。

大会主题是：高举中国特色社会主义伟大旗帜，以马克思列宁主义、毛泽东思想、邓小平理论、"三个代表"重要思想、科学发展观、习近平新时代中国特色社会主义思想为指导，深入学习贯彻党的二十大、团十九大、省委和学校党委重要会议精神，认真总结第一次代表大会以来团的工作，明确今后五年共青团工作任务，选举产生共青团西昌学院第二届委员会，为团结和带领全校广大团员青年高举旗帜跟党走、牢记嘱托建新功，为在奋力谱写新时代四川现代化新篇章中建设特色鲜明、国内一流的高水平应用型大学贡献青春力量！

共青团党委向大会的召开表示祝贺，并充分肯定了第一次团代会以来学校共青团的工作。他指出，自上一次团代会召开以来，各级团组织和广大团员青年坚持以习近平新时代中国特色社会主义思想为指导，始终铸牢对党忠诚的政治灵魂、聚焦为党育人的主责主业、展现跟党奋斗的担当作为、巩固与党同心的青年基础、保持向党看齐的革命自觉，谱写了共青团事业发展的新篇章，为学校发展和稳定作出了积极贡献。

按照大会议程和选举办法，247名与会代表选举产生了由27名委员组成的共青团第二届委员会，在雄壮的团歌声中，共青团第二次代表大会胜利闭幕。

稿件三

小村庄里住着一对母女，母亲害怕遭窃，总是一到晚上便在门把上连锁三道锁。女儿厌恶了枯燥而一成不变的乡村生活，她向往都市，想去看看自己想象中的那个华丽世界。某天清晨，女儿为了追求那虚幻的梦，趁母亲还在熟睡时偷偷离家出走了。

可惜这世界不如她想象的美丽动人，她在不知不觉中，走向堕落之途，深陷无法自拔的泥污中，这时她才领悟到自己的过错。

10年后，已经长大成人的女儿拖着受伤的心与疲惫的身躯，回到了故乡。她回到家时已是深夜，微弱的灯光透过门缝渗透出来。她轻轻敲了敲门，却突然有种不祥的预感。

女儿扭开门时吓了一跳:"好奇怪,母亲之前从来不曾忘记把门锁上的。"母亲瘦弱的身躯蜷曲在冰冷的地板上,以令人心疼的模样睡着了。

"妈……妈……"听到女儿的哭泣声,母亲睁开了眼睛,不语不发地搂住女儿疲惫的肩膀。在母亲怀里哭了很久之后,女儿突然好奇地问道:"妈,今天你怎么没有锁门,有人闯进来怎么办?"母亲回答说:"不只是今天,我怕你晚上突然回来进不了家门,所以10年来门从没锁过。"母亲十年如一日,等待着女儿回来,女儿房间里的摆设一如当年。这天晚上,母女恢复到10年前的样子,紧紧锁上房门睡觉了。

1.3.2.7 实践训练

通过参加辩论、演讲、写作比赛等活动,将所学知识应用到实际中,提高语言表达能力。同时也可以通过与他人交流、互动来提高沟通能力。

语言表达能力训练是一个综合性、多元化的过程,需要从多个方面进行训练和提升。只有不断地练习和实践,才能够真正提高自己的语言表达能力。

【课后练习】

请同学自行组成一个四个人的队伍,分别为一、二、三、四辩手。同一个队伍自行商量为辩题的正方或反方。

辩题1:
正方观点:雪崩之前没有一片雪花是无辜的。
反方观点,雪崩是一瞬间引起的。
辩题2:
正方观点:青春是追求理想。
反方观点,青春是面对现实。
辩题3:
正方观点,家庭关系是依赖。
反方观点,家庭关系是独立。
辩题4:
正方观点:经济发展应该以经济增长为中心。
反方观点:经济发展应该以社会福利为中心。

1.3.3 表达能力训练方法——即兴评述

即兴评述作为一种高度灵活和实时的语言表达形式,是比较好的表达能力训练方式。在这一过程中,参与者需在有限的时间内,针对给定话题或情境进行即兴创作与表达。这不仅考验语言组织能力,还对思维敏捷性、逻辑性,以及对于语境的理解和把握提出了更高要求。

首先,即兴评述有助于提升语言组织能力。在即兴表达中,我们需迅速梳理思路,找准关键点,并组织恰当的语言进行表达。经过长期的即兴评述训练,语言组织能力将得到显著提升，使我们能在面对各种语言表达挑战时游刃有余。

其次，即兴评述能锻炼思维敏捷性和逻辑性。在即兴表达过程中，我们需快速分析话题或情境，把握核心要点，并以清晰的逻辑进行表达。通过即兴评述的训练，思维敏捷性和逻辑性将得到更好的提升，使我们在面对复杂问题时能迅速找到解决思路。

最后，即兴评述有助于加强我们对语境的理解和把握。在训练过程中，我们需要不断适应不同话题和情境，学会在各异语境中运用恰当的语言表达方式。这将使我们在实际工作中更能准确把握语言表达的时机与方法，提升沟通效果。

总而言之，即兴评述作为语言艺术工作者最佳的语言表达训练方式，既能提升语言组织能力、思维敏捷性、逻辑性，又能帮助我们更好地理解和把握语境，培养自信心和应变能力。

【课堂练习】

一、阅读《这个人·那片湖——专访冰心散文奖获奖作家梁恩明》电台节目文稿（节选），分析主持人的评述部分有哪些，即兴评述部分又有哪些，以及他是怎么引导话题层层深入的

这个人·那片湖
——专访冰心散文奖获奖作家梁恩明

人文情怀——现代社会的沙漠玫瑰。

只需要一滴真实的眼泪，就能花开不败。

《人文四川——寻访传承》，为四川留住人文之美。

主持人：今天的《文艺大家谈》，要从一件四川文艺界的喜事说起，究竟喜从何来呢？前不久，第六届冰心散文奖在山东揭晓了，四川作家梁恩明的《贝加尔湖——原生态的自然就是最好的保护》这篇文章获得了单篇散文作品奖。这位来自乐山的民营企业家，也因此成为获得本届冰心散文奖的唯一一位四川作家。

这篇长达 7000 余字的散文《贝加尔湖》借景抒情，从贝加尔湖地区的优美景致以及相关的俄罗斯历史和人物出发，对环境保护、爱国主义历史问题等等话题，都发表了作者梁恩明独到的见解。

川籍作家梁恩明出生于重庆，现在长期生活在四川乐山，他毕业于四川大学中文系，曾长期担任文学编辑，具有深厚的创作功底。他曾经在《文汇报》《四川文学》《当代文坛》等一些刊物当中发表了大量的文学作品。而梁恩明本人，还有一个很特殊的身份——乐山当地非常知名的一位民营企业家。

了解了梁恩明的情况后，咱们说说"冰心散文奖"。"冰心散文奖"是一项具有权威性的全国性散文大奖，"冰心散文奖"是中国散文学会根据冰心先生的遗愿在2000年创立的，它是我国文学奖项当中最重要的奖项之一，代表了中国散文最高和最专业的水准。在冰心散文奖前五届的评选当中，先后有赫赫有名的铁凝、迟子建、肖复兴、贾平凹等百余名作家获此殊荣。所以，作为川籍作家当中唯一一个在本届冰心奖中获奖的人，梁

恩明获奖的这条消息自然算得上是咱四川文化圈儿的一件好事和喜事了。

而拜访梁恩明先生也就成了《人文四川》寻访的第一站。见到梁老师，我们的话题自然就是从获奖说起了。当梁老师说起获奖这件事，显得非常平静和谦逊，甚至还有着出人意料的淡然。

主持人：冰心奖，它确实是意义非凡！您怎么看待自己的这次得奖呢，之前有没有想过自己会得奖？

梁恩明：嗯，没有，我写文章也就是写着"玩"的，真的是写着玩儿的。我的后记里面也写得非常明白，我不带任何功利，至于（评价）我写得好或不好，那是别人的事，我把我想要写的东西写出来，我的心里面的话说出来，我觉得就足够了。

主持人：但是，您这样说真是一把双刃剑，因为您知道在中国有很多作家"蛰伏"起来积年累月地搞创作，未必有这样的成果，而您以一种"玩"的心态，就拿回这样的大奖，又说得这么淡然？

梁恩明：我认为艺术，不是你刻意追求就能够追求到的。其实每一样事业都是这样，谁不想做得很好？谁不想做得很高？但是你总刻意追求好和高，逼迫自己达到什么高度，往往就把自己给废了。

主持人：所以您用了这样的一种淡然的心态。

梁恩明：实际就是一种心态。玩的时候，你心态放松，那么你对生活的很多触角就被展开了，对生活的认识就有了自己的主张。为什么呢？我不用顾忌别人怎么说，把自己想表达的写出来，好不好由别人说去。

主持人：我特别想知道拿了这个冰心奖之后，您有没有发表获奖感言，您当时说了些什么？

梁恩明：我的获奖感言主要谈这几点：文，想要有形，就要有气——文气。光有形、光有气也不够，还要有意，也就是过去我们经常说的一滴水见太阳，要以小见大。所以我的感言里说，"风骨成就真散文"，文章一定要有骨力。但是要表现风骨不容易，因为风骨需要见识，说功夫在世外，唯文者历练的就是见识，世外是什么？就是见识，横看成岭侧看峰，远近高低各不同，看出去的都不一样，那就是见识不一样，那么你没有见识的话，你在文里面就没有自己的东西，所以我觉得形、情、义，它要融在一起，融在一起，交融在一起，就像三者融合在一起的时候，他就浩然成一起，就一定是好文。

主持人：所以咱们说回到你的文章里头哈，你说这个《贝加尔湖》其实我自己在看完以后，我的感觉你是用一种自我玩味的方式，好像在写自己的旅行日记。但是呢，在这当中透露出很多的人文情怀，我是这么理解的。

梁恩明：其实这个文学是没有国界的。好的东西是世上所有人的东西，不管它在哪一个国家。况且"贝加尔湖"跟我们国家还有渊源的，不是我一个人有这种感情。我们同区的那么多人都有这种感情啊！我写北京来的那个老奶奶是实实在在的。

主持人：就是说那些话的老奶奶，说"早知道这是我们的，我就不来"的那个老奶奶。

梁恩明：我跟你说实话，她说这个话的时候，我的眼泪都流出来了。确实我们的民族，她是爱国的，你说我写到那个地方的时候，这句话我一下就跳出来了，什么是爱国教育，站在别国的土地上，目睹原本是属于自己国家的领土，这就是最好的爱国主义教育。

主持人：看到梁老师非常激动，其实，我也能感觉到贝加尔湖我们通常会说湖面，它都是平静的，原本贝加尔湖那么美，那么平静，但是我觉得您的文字当中透出很多内心的不平静，我觉得这个散文当中，有一个副标题，它是和生态有关的，我觉得这当中有一些对咱们中国的生态开发的一种反思。

……

梁恩明：我不是后头写那个鱼汤吗，对不对？当大家喝第一口的时候，它原有的原始的汤就是浮水浮鱼啊，就是一点盐，哎哟，很鲜很鲜，大家都喊好，这个时候，这瞬间人回归了自然，返璞归真，回归了自然。但是我们多喝几口后，哎哟，该加点葱花，有的人说，哎哟，该加点胡椒，还有的，该回点味精都回出来了，对不对？那么每个人都有每个人的追求，对享受的追求，哎，对生活享受的追求。那么正因为每个人都有对生活享受的追求，所以说，乱七八糟的追求就远离了大自然。那么怎样，人和天，天人怎么合一，那么我们现在，人要来深思这个问题。

主持人：这个文学家，首先是思想家，所以我觉得您这篇《贝加尔湖》当中应该说很多的反思，有人和历史的这种反思、人和人相处的反思，有人和自然的反思。

梁恩明：对！有人和自然的反思。我就说大家都在说，回归自然，我说实话，你回不去的，你要回去的必须两点，对不对？你要在人生中痛苦地磨炼，同时要超越自己的那种欲望，你没有这两点，你就是回去了，也没用，你回不去的哦，大自然。

主持人：所以这篇文章的最后落点，其实有好多的遗憾和无奈，遗憾和无奈之后，我们可以做什么？

梁恩明：大家思索嘛！因为，一个人想不如大家去想，如果大家都在想这个问题的时候，也许我们就做好了。因为大家都觉得这样不对了，那么，大家就往对的去做，那不就解决了吗？所以我只是提出大家都来想。

主持人：我是这么理解你的文字的，咱们中国人讲"言为心之生"。但是我觉得您没有把自己心里面所有的心声尽抒在您的笔头之中，应该说您是有边界、有保留地在表达一些东西或者很多地方您都是点到为止，打下了省略号，这样说合适吗？

梁恩明：合适！因为我只能这么说。因为有很多问题，我也是只是提出来让我们深思的，对不对？你比如说，刚才你谈到的自然保护的问题，这确实是一个问题，对我们现实来说，大家来深思这个问题，它是一个问题，对不对？那对历史的问题，过去贝加尔湖拿来干嘛，全是不毛之地，没用呀！对不对？现在才感觉到资源的匮乏，那么后来我补了一句，首先是短视，然后无能，那我们现在感到了资源匮乏。那么后来我补了一句，如果我们现在不争气，失去的就是我们子孙的未来，我们该争气了。

主持人：说到这个问题，有点沉重哈！咱们换一个稍微温情点的问题吧！在您的这篇文章一开始,您写到您的老师,老师告诉您,这是一个很美的地方,其实您去到这么一个美的地方,其实他也不知道美在哪或者他一辈子也没有去过,然后您去到这么一个美的地方,我觉得这是一条线索和脉络,而且在这个中间,中间的文字,您还提到老师。

梁恩明:你读得太细了!我跟你说,我觉得文呢,它就要跳着走。你看那很多那个名家的东西,尤其是国外的,它是虚线条走,这样它的容量就很大。我一开始就用老师这个东西,我把它提出来,跳到后面来接,然后,又跳到最后,老师当年也没给我讲清楚这个问题,为什么呢?因为老师他也讲不清楚这个问题。

主持人:我们还是说回到老师身上,因为我觉得您在说老师时,在文字里头体现,您对他是有情感寄托的,我认为您之所以会去贝加尔湖或者之后您会去到很多地方旅行,这都是一种人文情怀吧!我特别想知道您的这种人文情怀是用一种什么样的脉络积淀到您的身上,有一种人文情怀的东西,您是需要传承的,您又希望它怎么传递下去。

梁恩明:这个问题,它实际上跟自己的认识是很有关系的。

主持人:分阶段吗?

梁恩明:谈不清楚,因为我在后记里面就有谈到这个问题,我可以把这个后记这几句话念给你听一听,所以说这种情况是矛盾的、复杂的。你看我是这样写的,我们这代的商人是冰火解冻之后,摸着石头下水的商人,既有敏感心思外的气息,身上又带有旧时代的烙印。在商品社会兴起的大潮中,我们时而亢奋,时而困惑,时而感激现在、向往未来,时而又怀念过去的人间真情。漂浮不定的七情六欲,常常自己也理不清、道不明。这些东西在这个时代啊,说实话,(记者:不矛盾啊,在您这个文字里头)就是这样,我是一种真感情,所以说,我刚才跟你谈到情怀的问题是矛盾的。

【歌曲:《贝加尔湖畔》】

主持人:现在听到的这首歌名字叫作《贝加尔湖畔》。贝加尔湖的平静和美丽之下掩饰不住梁恩明老师汹涌的情怀,就像是这样的一首歌曲,听起来它是平静和悠远的,但是歌声里头,却传递出来太多太多难言的情感。在采访的过程当中,梁恩明老师强调了这样一句话:一个好的文学家,首先就应该是一个优秀的思想家。可以说,梁恩明老师的这些话也留给我们太多思索和回味的空间。如果你能够有幸徜徉在梁恩明老师的文字当中,力透纸背的汹涌情感和带有批判精神的文字真的会发人深省。在整个采访过程当中,当梁老师拿出《人生逆旅》这本书念起自己的后记部分的时候,他把一个作家的创作情怀、人文关怀和一个时代紧紧地勾连在了一起。非常感谢今天的节目嘉宾梁恩明老师做客我们的"文艺大家谈"。我们也希望这样的一个平台可以记录下更多的文化人、文艺人和他们内心深处的情怀和故事。感谢嘉宾梁恩明老师,到这里今天的"人文四川"节目也即将结束了,主播艺心感谢您的聆听,亲爱的朋友,下次再会啦!

二、阅读《人文四川 寻访传承》之《沱江号子 乡音绝唱》电台节目文稿,分析主持人的评述部分有哪些,即兴评述部分又有哪些,和上一篇稿件相比有什么不同与相同之处,记者是怎么提问题的

主持人:亲爱的朋友,欢迎您继续锁定四川文艺广播收听"人文四川 寻访传承",

接下来您将听到的是"声音的故事",我们今天为你安排的是本台记者铁明为你采制的录音专题《沱江号子 乡音绝唱》。

【主题片花：混压沱江号子背景音乐】

主持人：千里沱江，浩浩荡荡，流域所在，富庶之乡。传承千载的沱江号子，以磅礴气势、深沉韵律、丰富内涵。彰显了沱江水运事业的繁荣、船工抢滩涉险的惊心动魄以及艰辛。

当年的沱江号子反映了沱江流域的政治、经济、文化、社会风俗和自然风光，也是探究流域历史变迁、社会变革的活化石。在陆路交通还不太发达的时代，内江的糖、自贡的盐，都经水路从金堂县五凤码头送往成都，成都的日用百货则经小东路从五凤码头运往川东，因此留下民谣：

【播配音童谣："五凤溪，一张帆，要装成都半城盐；五凤溪，一摇桨，要装成都半城糖。"】

主持人：被金堂当地人称为沱江号子第一人其实也是最后传人的78岁肖云富老人，就是这段历史的见证者。为了记录下这一快要遗失的声音，记者铁明来到了金堂县，采访了肖老先生，记录了那段声音背后的故事。

【播放采访肖云富录音】

肖云富：我是1956年上的船，上船时我14岁，一点点大的娃儿就只算半个人的钱，拉（船）到（19）66年我就开始撑船，才开始当家长，只是我听了上一辈的喊（号子）呢，我就捡得到，我就学得到，我就学得到沱江号子，我们也是上一代传给我们的，来喊这个号子。

记者：那你有没有往下再传呢？

肖云富：没有船了，哪个拉呢？传不下去喽，莫得人拉了，现在船莫得喽。

记者：那现在已经把它（沱江号子）上升到一个非遗文化了，已经把它上升到一个艺术表现方式了，想想看我们现在虽然没有船拉了，工作上面我们使用不了这个艺术了，那在生活上或者是艺术表现方面有没有想过再寻找其他的传人，把它（沱江号子）当成一种艺术表现形式来进行发展呢？

肖云富：可以啊，但是哪个来学这个呢？也想过。

记者：那你觉得什么样的人才有资格或者你才愿意去教他，是什么样的人想学都可以学的吗？

肖云富：他学不到嘛，他学的做什么呢？现在又没有船拉了，学了用不上了得嘛。

记者：现在会沱江号子的人还有几个呢？

肖云富：多少个啊？只剩我一个咯，我们前头的全部（不能够唱或者过世），你看我都70多咯，我是沱江号子最小的，只剩下我一个（还能够唱的）咯。

记者：据说还有一位90多岁的老人？

肖云富：他在五凤镇住，他叫李义双，我是最小的咯。

记者：现在的重任就落到你的肩上了，再往下传你得挑好传人啦。

1 语言表达概述

肖云富：丢了可惜啦，真的。我一去世就莫得咯，彻底绝种咯。

主持人：从肖老先生的话语当中，说起和他相伴一生的沱江号子，老人既满足兴奋，却又有着掩饰不住的辛酸和落寞。那么沱江号子究竟有着怎样的魅力，让这位耄耋老人依然魂牵梦萦呢？接下来我们有请金堂县著名的文化人李德富先生来为我们介绍沱江号子，希望他的介绍能帮助我们找到答案。

【播放采访李德富录音】

李德富：沱江号子实际上就是沱江上船工的劳动号子，因为这个千里沱江最便利水运，所以船家队伍是非常庞大的，特别像我们五凤溪最多的时候有120艘船以上。这些船工在行船和拉上水船的时候为统一步伐，特别是挣险滩的时候统一步伐、凝聚人心、汇集力量，他们就在劳动中自觉地形成了一种劳动的口号，也就叫号子。

主持人：听完了李德富老师的介绍之后，不知道正在收听节目的听众朋友，您对沱江号子是不是有了新的认识和了解了呢？其实啊沱江号子就是船夫们在拉纤的时候喊唱的劳动号子，而它主要就流行在四川的沱江流域。沱江流域自古水运发达，它有着深厚的码头文化、商贸文化和移民文化的基础，五方杂处的民俗和发达的水运，也使得沿江两岸的码头文化空前繁荣。

然而随着时代的进程和历史的变迁，随着纤夫这个职业的消失和淹没，如今在沱江流域已经很难再找到会完整演唱沱江号子的老船工了。因此，发掘和抢救当年名噪一时的沱江号子也成为当地保护非物质文化遗产的重要内容之一。接下来我们邀请到金堂县古镇文化研究办公室的刁觉民老师，有请他来为我们做介绍。

刁觉民：沱江号子我们收集得非常久了，在2003年的时候，五凤镇党委和政府就把我们的船工，包括有志于这方面收集整理的老师们召集在一起，把它进行了分类、归纳和上报。2008年成都市主办码头文化节的时候，我们又把船工们组织起来进行了一些演绎，在节假日、重大节日和传统节日我们还在县上和五凤做了一些表演。2013年非遗节的时候，把船工们集中在一起在非遗节上进行了表演，群众一看，观众一听，感觉回到了当年那个时代。这么多年，沱江号子在金堂乃至在成都的传承、培训和收集也取得了一些效果。下一步我们准备组织一些老船工，找一些年轻人进行传承和培训，当然这只是打算，这方面的财力还存在很大的问题。刚才喊号子的这位肖大爷也非常热爱这项工作，对他这项工作舍不得，我想有这么多人支持、关注，老祖先留下的劳动号子一定会传承下去的。

【播放主题片花：《劳动的凯歌、历史的印记——沱江号子 乡音绝唱》】

主持人：其实像所有的劳动号子一样，沱江号子也是劳动群众在艰苦劳动的过程当中创造出来的民歌艺术，它的目的是调节情绪、鼓舞干劲，同时也带来身心的愉悦和劳动的快乐。那么沱江号子它究竟有着怎样的唱词和内容呢？船夫们嘴里喊的、唱的究竟是什么呢？带着这样的疑问，我们接下来请文化名人李德富老师继续给大家来介绍沱江号子。

李德富：这个沱江号子它的内容上来讲可以说是包罗万象。在我们收集整理的过程当中我们把它归为四类：第一类为教化众人类。诸如喊《十月怀胎》，号子的歌词当中就让人要尊敬父母，这种尊老敬老的感情就潜移默化了。第二类就属于触景抒情类。船工在挣滩的时候看到这个景物就脱口而出，把沱江沿路的绮丽风光，通过他们那些显得很简单、很粗糙的一些词句当中尽显出来。第三类是比较大类的，叫戏文演绎类。他们把传统的戏曲唱词用他们的语言编成唱词，从号子中反映出来。第四类就是船工在拉船的过程当中抒发人情世故、世态炎凉这类。他们的感悟，把它唱出来，把他们的辛酸血泪唱出来，把他们脚蹬手爬的这种艰辛唱出来。

主持人：听了李老师的介绍之后，我有这样的感受：这些质朴的甚至是简单粗糙的唱词却是船工们最最质朴的声音。这就是劳动者的心声，而这样的心声更是忠实地记录了沱江流域的社会、经济、民风、民俗和文化变迁，所以成都非物质文化遗产"沱江号子"，被誉为川西民族民间音乐的一颗珍宝。

接下来我们一边听李德富老师继续对沱江号子做最专业的解读，另一边我们也将会听到沱江号子目前最后的传人、78岁的肖云富来重现原汁原味的沱江号子。

李德富：沱江号子这个本身尽管它是劳动号子，但由于它在不同的场景当中、在不同的情节当中，它唱的有的是粗犷高亢，有的是绵婉抒情。例如，打活号子，打活号子就是船工们一起都把纤绳套到缆绳上了，这个船就要投入正流的时候了，这个时候就是要凝聚大家，让大家精力集中，所以那一声喊"哟呵呵"（播放打活号子原声，随即入背景）可以说有排山倒海之势，这是第一类叫"打活号子"，它显得是气壮山河。第二类的数板号子，这个船投入水后就开始要冲滩，但是滩开始冲的时候，水流还不是十分湍急，船工还可以一步一步地拉着船跟着领喊号子的一句一句唱词走，他就可以数起板来。（播放数板号子原声，随即入背景）所以数板号子就显得字句沉稳，节奏非常稳妥。但当船一冲到滩头的时候，这时候水流得更急，船工这时已精疲力竭，如果这时候船工的心力不用到一起，这个滩就可能冲不过，船毁人亡的事件就可能在这一瞬间发生，所以领喊号子这时候喊的就是"倒板号子"。"倒板号子"显得节奏急促、声韵铿锵。当把险滩冲完之后，这个船就比较平稳了，就可以说是庆祝胜利了，这个时候就出现了一种抒情味很浓的号子叫作"橹号子"。此时这个"橹号子"就显得绵婉抒情，内容也就更加宽泛，大家心情也就高兴，一块石头落地了（播放橹号子原声和肖云富老人的号子）。

肖云富：演唱 妹娃不吃红海椒，放都跟你放起了。只要把船的插头一抽起来，把碗一上起就把船打活。

主持人：当这位七十八岁的老人说起视之为生命的沱江号子，他仿佛一下子回到了自己的年轻时代，回到了做纤夫的年代。随着时代的变迁和陆路交通、航空事业的发展，纤夫这个职业已经几近消失了。尽管老人唱起号子的时候有着掩饰不住的幸福，但是我们仍然记得老人的无奈：沱江号子需要传承，自己不应该成为这最后的传人。

【播放采访肖云富老人的同期声："只剩我一个咯，我们前头的全部不能够唱或者过世了，你看我都70多咯，我是沱江号子最小的……哪个来学这个呢？丢了可惜咯，真的，再是我一去世就没有了，彻底绝种了……"随后是橹号子片段，入背景】

主持人：不知道听众朋友您有这样的感受吗？当这样汹涌澎湃的水声合着七十八岁的老人沧桑的号子声，水陆交通时代昔日码头上繁茂昌盛的场景，似乎重现在我们的眼前。我们愿意相信肖云富老先生这绝美的号子声不会成为沱江边上最后的绝响。

【播放歌谣："五凤溪，一张帆，要装成都半城盐；五凤溪，一摇桨，要装成都半城糖。"】

主持人：听众朋友，刚才您听到的是本台记者铁明为你采制的"人文四川 寻访传承。声音的故事"之题为《沱江号子 乡音绝唱》的录音专题节目。本次节目主持、编辑陈熙梅，感谢您的收听！

【课后练习】

请每个同学自行选择一个即兴评述题目，做一个三分钟的即兴评述。
1. 如何看待网络暴力现象？
2. 谈谈你对环保问题的看法。
3. 谈谈你对未来教育的看法。
4. 人工智能利大于弊还是弊大于利？
5. 线上社交媒体的发展是否会对当代人们线下沟通造成阻碍？
6. 小学生周末参加课外辅导是未雨绸缪还是做无用功？

1.4 语言表达的技巧与策略

除了必要的练习外，善于使用语言表达的一些技巧与策略也能让你的表达更加清楚高效。

1.4.1 学会明确语言表达

1.4.1.1 明确表达的概念与重要性

明确表达是指以清晰、准确、简洁的方式传达信息和意图。它的重要性体现在能够有效避免误解和沟通障碍，确保信息的正确传递和理解。无论是在个人生活还是职业工作中，明确表达都是一种基本且至关重要的技能，它有助于建立良好的人际关系，提高工作效率，促进和谐的社会环境。

曾有人说："被误会，是表达者的宿命。"这句话道尽了表达者的痛心和无奈。在职场中，当您说的话无法让领导和同事成功接收时，如果您需要经过反复确认"您懂我的意思吗？"说者口干舌燥，听者云里雾里，则两者之间根本无法达成共识。

不善于表达的人，往往是自己都没有理清到底想说什么，想要告诉对方一些什么信息。其本质是自己的逻辑不够清晰，说出来的话不仅冗长啰嗦、而且枯燥乏味，说得自己都累了，对方还是没有听懂您的意思。这就是明确表达与不明确表达两者之间的差别。

明确表达与不明确表达的差别主要表现在以下几个方面：

1. 清晰度

明确表达的语句通常更加清晰、具体，能够准确地传达出说话者的意图和信息。不明确表达的语句则可能含糊不清，让人难以理解或产生歧义。

2. 逻辑性

明确表达的语句通常更有逻辑性，能够按照一定的顺序或结构来表达出完整的意思。不明确表达的语句则可能缺乏逻辑性，让人难以理解其中的因果关系或内在联系。

3. 语言质量

明确表达的语句通常更加注重语言的准确性和规范性，能够使用恰当的词汇和语法来表达意思。不明确表达的语句则可能使用不规范的表达方式或错误的词汇，影响语言的准确性和美感。

4. 说服力

明确表达的语句通常更有说服力，能够清晰地阐述说话者的观点和论据，使听众更容易接受。不明确表达的语句则可能缺乏说服力，难以让听众信服。

5. 语境适应性

明确表达的语句通常更能够适应不同的语境，能够根据不同的场合和受众来调整表达方式。不明确表达的语句则可能难以适应不同的语境，导致表达效果不佳。

总之，不论是在职场中还是生活上，我们都需要逻辑清晰，明确表达出我们想传递的意思。运用逻辑，把握节奏，有效表达自己的观点和诉求。在开始表达之前，明确自己要传达的信息和目的，有助于更有针对性地进行表达。在交流和表达时，我们应注重使用明确表达的方式，以提高信息的准确性和有效性。

1.4.1.2 明确表达的技巧与策略

在实践中运用明确表达的技巧可以帮助我们更好地与他人沟通，避免误解和冲突。以下是一些应用明确表达技巧的方法。

1. 倾听对方的意见和反馈

在交流中，要认真倾听对方的意见和反馈，并给予足够的关注。这有助于建立良好的沟通关系，并让对方感受到自己的尊重和重视。

2. 提问和确认

当我们不确定对方是否理解自己的意思时，可以适当地提问或确认。这可以帮助我们了解对方的想法和感受，同时也可以促进双方的理解和沟通。

3. 使用实例和具体信息

使用实例和具体信息可以帮助我们更好地表达自己的观点和想法，使对方更加清晰地了解自己的意思。同时，也可以增加说服力和可信度。

4. 注意非语言沟通

除了语言之外，我们还可以通过非语言方式进行沟通，如肢体语言、面部表情和声音语调等。这些方式也可以传达我们的意图和态度，因此要注意保持一致性。

1.4.2 学会高效语言表达

1.4.2.1 高效语言表达的概念与重要性

高效语言表达中的"高效"是相对"低效"表达而有的概念。在工作和生活中，我们经常需要简明扼要地表达事情。有些人能言简意赅、三言两语点到事情的本质和要害；有些人顾左右而言他，以为自己说得很清楚、他人却总是领悟不到表达重点。这就是因为有些人掌握了高效表达的诀窍，而其他人只是按照自己的思路瞎讲。现代社会，高效语言表达的重要性愈发凸显。在快节奏的生活中，能否用简洁明了的语言准确传达信息，往往直接影响着个人的工作效果、社交质量和人际关系。

首先，高效语言表达是提升个人能力的关键。在求职过程中，具备良好语言表达能力的应聘者更能吸引面试官的注意，为自己赢得更多机会。在工作中，无论是向上级汇报工作，还是与同事沟通协作，清晰准确的语言都能让工作效率事半功倍。此外，在各种培训、演讲、会议等场合，高效的语言表达更是能够充分展示个人魅力，提升自身影响力。

其次，高效语言表达有助于促进社会交往。在人际交往中，善于运用语言的人往往更能赢得他人的信任和尊重。无论是在朋友聚会、商务洽谈还是国际交流中，简洁明了的语言都能让沟通更加顺畅，增进彼此的了解和友谊。因此，高效语言表达不仅是个人素质的体现，也是社会文明进步的标志。

再次，高效语言表达还能提高工作效率。在企业、机关、学校等组织中，清晰的语言表达能够减少误解，避免不必要的沟通成本，使团队协作更加高效。在项目管理、谈判、营销等活动中，高效的语言表达有助于吸引合作伙伴的注意力，促成共识，实现互利共赢。

最后，高效语言表达有助于增强说服力。在演讲、辩论或广告宣传中，运用得当的语言技巧能够更好地吸引听众的注意力，说服他人接受自己的观点或产品。而在信息传播方面，在媒体、公关等领域，精确的语言表达对于传递信息、塑造形象有着至关重要的作用。在网络时代，这一特点更为突出。一个简洁明了的标题、一句富有感染力的口号，往往能够迅速吸引大众的目光，产生良好的传播效果。

总之，随着社会的发展，高效语言表达的重要性将愈发凸显。不断提高语言表达能力，无论对个人还是对社会都具有重要的意义。

1.4.2.2 高效语言表达的技巧与策略

1. 高效语言表达的技巧

当代表达策略大师米罗佛兰克曾经说过："在现代社会，30 秒是人们听你说话的注意力的极限。"以下六种方法，可助你在 30 秒内高效完成表达。

（1）明确你的目标。

向自己发问：我为什么要开口？我想要达成什么目的？我为什么……

这有助于你更清晰地构思表达内容，避免偏离主题。

（2）深入了解你的交流对象。

背景调研：在沟通前，尽可能了解听众的背景、兴趣、需求和关注点。这有助于你调整语言风格、选择合适的话题和例子，从而更有效地引起共鸣。

同理心：尝试站在听众的角度思考问题，理解他们的立场和感受，这能使你的表达更加贴心和有力。

（3）选好"钩子"。

吸引注意力：一个好的"钩子"能够迅速抓住听众的注意力，激发他们的好奇心和兴趣。它可以是一个引人入胜的故事、一个令人惊讶的事实、一个引人深思的问题等。

句式多样：虽然疑问句是常用的"钩子"形式，但也可以尝试陈述句、感叹句等，根据具体情境灵活选择。

（4）内容布置。

结构化表达：将你的想法按照逻辑顺序组织起来，可以采用"总—分—总"或"问题—分析—解决"等结构。这样可以使表达更加清晰、有条理。

精炼语言：避免冗长和复杂的句子，尽量使用简短、有力的词汇和短语。同时，注意避免行业术语或过于专业的词汇，以免让听众感到困惑。

（5）在合适的时候直奔主题。

把握时机：在引起听众兴趣后，及时切入主题，避免拖沓和偏离。同时，要注意观察听众的反应，灵活调整表达节奏和方式。

明确要求：在表达结束时，明确提出你的要求或期望，让听众明确知道接下来应该做什么。同时，可以通过强调或重复来加深印象。

（6）使表达更动人的四种方法。

形象化：通过生动的描述和具体的例子，让听众能够在脑海中形成画面，从而更深刻地理解你的观点。

明确化：确保你的表达清晰、准确，避免模糊和歧义。这有助于听众更好地理解和接受你的信息。

个人化：分享自己的亲身经历或感受，可以让听众感受到你的真诚和热情，从而更容易产生共鸣。

情感化：通过触碰听众的内心情感，激发他们的共鸣和认同感。这可以通过讲述感人至深的故事、表达真挚的情感等方式实现。

综上所述，高效语言表达需要综合运用多种技巧和策略，包括明确目标、深入了解听众、选好"钩子"、内容布置、直奔主题以及运用形象化、明确化、个人化和情感化等方法。通过不断练习和实践，你可以逐渐提高自己的表达能力，在有限的时间内更有效地传达信息、影响他人。

1 语言表达概述

【课堂练习】

1. 请将下面不明确表达的句子改为明确表达。

不明确表达：我觉得她好像有些不开心，情绪不太好。

2. 请将面下不明确表达的句子进行明确表达。

不明确表达：这个项目不太顺利，进展有些困难。

3. 将以下复杂句子简化。

（1）她是一个非常有才华的艺术家，她的作品充满了创意和想象力，每一幅作品都展现了她独特的艺术风格和审美观念。

（2）在热闹的市场里，琳琅满目的商品吸引了众多顾客的眼球，他们纷纷驻足欣赏、挑选自己心仪的商品。

（3）她是一名优秀的教师，她不仅传授知识，更注重培养学生的思维能力和创造力，她的教学方法深受学生们的喜爱和尊敬。

（4）他通过不懈的努力和刻苦的训练，终于在比赛中获得了冠军，这是他多年来的梦想和追求，如今终于实现了。

【课后练习】

请你写一篇文章，说明你希望在未来的三年内完成的目标。文章中需要包含你的目标是什么，为什么有这个目标，以及你计划如何实现这个目标。字数要求在500字左右。

文章开头示例：

在人生的道路上，我们都设定了自己的目标。有些人追求物质财富，有些人追求精神满足，有些人则是为了实现自己的梦想。在我看来，未来三年是一个重要的阶段，我设定了一些目标，希望能够通过自己的努力和拼搏，实现这些目标。

文章结尾示例：

未来三年，我将坚定不移地朝着我的目标前进。我相信，只要我付出足够的努力和汗水，就一定能够实现我的梦想。在这个过程中，我会不断地挑战自己、突破自己，让自己变得更加优秀和强大。

2. 高效语言表达的策略

1）适应听众

适应听众的表达方式是指根据听众的背景、兴趣和需求，调整说话的内容、语气、语调和表达方式，以达到更好的沟通效果。这种表达方式需要我们关注听众的感受和需求，尊重他们的意见和观点，使用适合他们的语言和表达方式，以达到有效沟通的目的。适应听众的表达方式可以帮助我们建立更好的人际关系，增强沟通效果，提高个人魅力和影响力。

【实例分析】

阅读下面两篇稿件，分析它们针对的听众有何区别。

稿件一

　　观众朋友，大家好，欢迎收看《南充人话南充》。西充县有一个乡，面积不大，人口也不多，但它的名气真的不小。为什么呢？因为这个乡的出名人、古迹很多，是一个有着千年历史的古镇。2012年西充县被正式命名为"中国忠义文化之乡"，这里也就顺理成章地成了忠义文化的发祥地。要想更多地了解这个地方，请各位接着往下看。

　　走古村，进古镇，游不完的古码头。观众朋友，我们今天南充人话南充栏目组，来到了西充县的紫岩乡，新石器时代建镇，已有千年之久。可以说紫岩乡确实是一个名副其实的千年古镇。那么在今天的节目当中，我们就将带领观众朋友一起，跟随我们的镜头走进紫岩乡，去感受这样一个千年古镇的古香古味。

　　"初秋凉气发，庭树微销落。"在西充紫岩，我们一点也感觉不到秋天的气息。紫岩场，与往常没什么两样，还是那样热闹繁荣。

　　李师傅在这里经营肉铺已经十几年了，他从不缺斤少两，乡里乡亲都爱光顾他的肉铺，生意别提有多红火。

　　紫岩的文化历史可以追溯到距今四五千年的新石器时期。据四川省嘉陵江考古队1986年在紫岩乡的观音庙村考古发掘中，发现早在新石器时期这里就有"濮"族先民的活动，他们在这里留下了自己独特的文化遗迹。在巴人未入川前，四川境内有八族先民生活在这片土地上。《尚书·牧誓》载有：庸、蜀、羌、髳、微、卢、彭、濮八族，濮族先民就生活在紫岩一带。考古学家认为，紫岩文化是嘉陵江流域现已发掘到的三处文化遗迹之一，其余两处是阆中的兰家和南部涌泉。它们比广汉三星的历史还要早1000余年。据考古学家分析，紫岩文化属于中原文化或与中原文化有深厚的联系，这和紫岩、义兴、槐树片区的方言与中原古音相近而得到有力的证明。

　　紫岩乡建镇已有1000多年的历史，最早古镇并不是建在今天的紫岩场。据考证，宋代以前为大陵镇，明末清初为油井镇。宋版《舆地纪胜》载，"扶龙山在西充县大陵镇"，扶龙山下扶龙村是汉将军纪信故里。大陵镇就设在如今紫岩乡场镇西北二公里处的油井寺。在宋、元、明、清几个朝代，西充曾出现过三个名镇：晋城镇（西充县城）、大陵镇（紫岩油井寺）和小陵镇（仁和官禄山下）。古代紫岩的建镇似与祠祀有关。建大陵镇是因为紫岩境内扶龙山下是汉将军纪信故里，小陵镇则因为仁和境内官禄山下有宋丞相徐恺墓。

稿件二

　　小朋友们，你们好！今天带你们去一个特别的地方——西充县的紫岩乡。这里有很多古迹和名胜，还有千年古镇哦！想不想了解更多关于这个古镇的故事呢？那就一起来看看吧！

　　嗨，小朋友们，你们知道紫岩乡吗？这里有很多好玩的地方哦！有古老的码头、古香古色的街道，还有汉将军纪信的故里。今天我们就带大家去紫岩乡走一走，感受那里的古香古味。

1　语言表达概述

小朋友们，你们看，这里的古镇真的好热闹啊！卖肉的李师傅生意红火，乡亲们都爱来他的肉铺。而且，这里的文化历史也很悠久哦！可以追溯到四五千年前的新石器时期。那时候就有濮族先民在这里生活，留下了自己的文化遗迹。

据说，古代紫岩的建镇和祠祀有关。因为这里是汉将军纪信的故里，所以建了大陵镇。后来又因为这里有宋丞相徐恺墓，所以又建了小陵镇。

小朋友们，你们觉得这个古镇怎么样？是不是觉得很有意思呢？希望大家都能来这里感受一下古镇的魅力，也了解更多关于这里的历史和文化。好了，今天的节目就到这里啦！下次再见！

两个节目的受众区别主要体现在年龄和教育背景上。

稿件一《南充人话南充》的受众主要是成年人，他们对于地方文化和历史有一定的兴趣和关注，同时也可能对忠义文化有更深入的了解和认识。这个节目的内容和语言较为深入和专业化，更适合对地方文化和历史有一定了解和兴趣的观众。

稿件二少儿节目的受众主要是儿童和青少年，他们对于故事和趣味性有更高的需求。这个节目的内容和语言更加简单、生动和有趣，更适合儿童和青少年的口味和需求。同时，节目中还融入了一些教育元素，如介绍历史文化等，可以在娱乐中帮助孩子们增长知识。

因此，两个节目的受众在年龄和教育背景上存在较大的差异，这也导致了它们在内容选择、语言风格和节目形式等方面存在较大的差异。

【练习稿件】

舞龙俗称玩龙灯，是一种中华民族传统民俗文化活动之一。每逢喜庆节日，特别是在春节期间，人们都会用舞龙来活跃节日气氛。舞龙时，龙跟着绣球做各种动作，穿插，不断地展示扭、挥、仰、跪、跳、摇等多种姿势。以舞龙的方式来祈求平安和丰收，成为了全国各地传统的一种民俗文化。来自南充十三中特警班的孩子，正在紧张地进行舞龙表演的彩排，预为南充人民的2017年春节，增添一抹最喜庆的节日色彩……

请根据上述材料，针对少儿、青年和老年人三个不同年龄阶段的受众写出三篇节目稿件。

2）举例说明

通过举例说明，可以使抽象的概念和观点更加具体化，易于理解。

"举例"在语言表达中的作用主要体现在以下几个方面：

一是说明观点：通过具体的例子，可以使观点更加有说服力、生动形象，有助于听众或读者更好地理解所阐述的观点。例如，在论述"环保的重要性"时，可以举例说明污染现象以及环保行动的成果，从而让听众更加信服。

稿　件

环保问题已经成为全球性的关注焦点，因为它直接影响着我们的生存环境。（这里为了说明环保的重要性，我们可以从以下几个方面举例阐述。）

首先，环境污染已经给我们的生活带来了诸多不便。例如雾霾问题导致空气质量恶化，影响人们的呼吸系统健康。而水污染则使得许多地区的居民饮水安全受到威胁。这些实例让我们清楚地看到，环境保护刻不容缓。

其次，环保行动取得了显著的成果。以新能源汽车产业为例，近年来我国政府大力推广新能源汽车，鼓励企业研发和生产清洁能源汽车。这一政策使得新能源汽车产业得到了迅猛发展，不仅推动了经济增长，还为减少碳排放做出了重要贡献。

此外，环保意识的普及也至关重要。许多国家和地区已经通过教育、宣传等途径，提高了公众的环保意识。比如，垃圾分类已经成为我国许多城市居民的生活习惯，这有助于减少环境污染，提高资源利用率。

最后，我们需要借鉴国际上的成功经验。比如，丹麦的风能利用率为全球最高，达到了42%。通过发展风能，丹麦成功实现了能源结构的转型，减少了化石燃料的使用，为其他国家提供了很好的榜样。

总之，环保问题事关人类生存和发展，我们必须采取切实可行的措施，保护地球家园。通过以上实例，我们可以看到环保的重要性，也相信只要全球共同努力，我们一定能够创造一个绿色、和谐的未来。

二是增进理解：通过具体的事例，可以将抽象的概念具体化，降低理解难度。例如，在解释某个专业术语时，可以用一个与之相关的实例来解释，帮助听众或读者更好地理解术语的含义。比如，"饮食与情绪之间存在密切关系，缺乏某些营养物质可能导致情绪波动、抑郁等心理问题。例如，研究发现，富含Omega-3脂肪酸的鱼类有助于缓解抑郁症状。而B族维生素和镁等矿物质对情绪稳定也有积极作用。通过摄入均衡的营养，我们可以保持良好的心理状态。"这个句子，就通过举例让读者知道了饮食和情绪之间的联系，并明白了富含Omega-3脂肪酸的鱼类等专业术语的含义。

三是强调论点：通过举例，可以在一定程度上强调论点的重要性。例如，在论述"健康饮食"时，可以列举一些健康食品和不良饮食习惯的例子，以强调健康饮食对身体健康的重要性。

四是增加趣味性：举例可以使语言表达更加生动、有趣，从而吸引听众或读者的注意力。例如，在讲述一个故事时，可以穿插一些有趣的细节或例子，使故事更加引人入胜。

五是对比说明：通过举例对比，可以突出事物之间的差异和相似之处。例如，在分析两款手机的优缺点时，可以举例说明各自在性能、外观、价格等方面的差异，以便于听众或读者更好地做出选择。

六是示范引导：举例可以作为示范，引导听众或读者效仿。例如，在教授某项技能时，可以给出一个具体的操作实例，以便于听众或读者参照学习。

总之，举例在语言表达中具有重要的作用，它可以使表达更加具体、形象、生动，有助于增进听众或读者的理解和兴趣，同时也有助于阐述观点、强调论点和进行对比说明。

【实例分析】

1. 假设你正在主持一档元宵节晚会,试着用举例说明的方式引入晚会主持。

在元宵晚会上,你可以通过以下方式使用汤圆来引出话题。

描述场景:你可以描述一个温馨的场景,比如一家人围坐在餐桌旁,享用着热腾腾的汤圆。你可以用生动的语言描述汤圆的口感、味道和寓意,让听众感受到节日的氛围和传统文化的魅力。

互动环节:你可以安排一个互动环节,让观众品尝汤圆并分享自己的感受。你可以询问他们关于汤圆的背景知识和寓意,或者让他们猜一猜汤圆的馅料是什么。这样的环节可以增加观众的参与感,同时也能引出关于元宵节的话题。

引用诗句:你可以引用与汤圆相关的诗句或俗语,来引出主持话题。比如,你可以提到"家家户户吃汤圆,团团圆圆过元宵"这样的俗语,然后展开谈论元宵节的传统习俗和文化内涵。

故事讲述:你可以讲述一个与汤圆有关的故事,比如它的起源、传说或民间故事。通过故事来引出关于元宵的话题,增加主持话题的趣味性和吸引力。

总的来说,使用汤圆来引出主持话题是一种富有创意和情感的方式,能够让观众更好地感受到中秋节的氛围和传统文化的魅力。你可以根据晚会的风格和观众的喜好,选择适合的方式来引出主持话题,让晚会更加生动有趣。

2. 魔术表演是一种独特的艺术形式,通过运用技巧和手法,创造出令人惊叹和不可思议的视觉效果。在魔术表演中,举例说明可以起到关键的作用,帮助观众更好地理解魔术的原理和技巧。试着用举例说明说清楚一个魔术的原理。

例如,一个经典的魔术表演是"鸽子消失"的魔术。在这个魔术中,魔术师将一只鸽子放入一个大玻璃瓶中,然后将瓶子翻转过来,鸽子神奇地消失了。为了解释这个魔术的原理,魔术师可以使用举例说明来解释视觉错觉和隐藏技巧的作用。告诉观众当瓶子被翻转时,鸽子其实已经从另一个出口逃出,而观众看到的只是瓶子里的鸽子影子。同时,魔术师还可以解释隐藏技巧的重要性,告诉观众在表演中使用的道具和手法都经过精心设计和隐藏,以避免观众发现破绽。

通过这样的举例说明,魔术师可以让观众更好地理解魔术的原理和技巧,增加表演的趣味性和神秘感。同时,举例说明还可以帮助观众更好地欣赏魔术表演,感受到魔术艺术的魅力。

3)适度幽默

适当使用幽默的语言,可以缓解气氛,增加表达的趣味性。

4)逻辑清晰

在表达时,要注意逻辑清晰,避免出现前后矛盾或混乱的情况。

原句:明天有个重要会议,请务必准备好演讲稿。

转换后：嘿，友情提醒一下，明天可是有个重磅炸弹般的会议等着咱们，别忘了提前给自己的大脑安装个内存扩容器，把演讲稿背得滚瓜烂熟，不然可别怪气氛尴尬哦！

原句：请您遵守交通规则，不要闯红灯。

转换后：哎哟，亲爱的朋友，交通安全可不能儿戏，要是你闯红灯撞上了"幸福号"电动车，小心"恭喜你中奖"的标语贴满全身，那可就尴尬啦！

原句：这道题目很难，你需要认真思考。

转换后：哇，这道题目简直是"超级大脑"的考验，别忘了拿出你那"最强大脑"的潜力，好好动脑筋琢磨一下，否则怎么对得起"吃瓜群众"的期待呢？

原句：请保持室内卫生，不要乱丢垃圾。

转换后：亲，我们的家园可不能变成垃圾场，要是你随手一丢，说不定会把室内的"小清新"变成"重口味"，还是养成良好习惯，一起守护我们的温馨小窝吧！

原句：请注意休息，保持充足的睡眠。

转换后：喂，哥们儿，熬夜可是养生大忌，小心你的黑眼圈变成"国宝级"大熊猫，白天在公司趴着睡觉，晚上回家变成"夜猫子"，还是早点洗洗睡吧！

5）正确把握情感

情感调控、语言节奏及非语言表达的锻炼是增强沟通能力的核心要素。要熟练把握情感调控，需深入理解自身情绪，培养情感共情能力，并学会调整情绪。在语言节奏方面，注重语速、语气、语调的动态变化，以及重音、停顿、连接等表达技巧。非语言表达涵盖肢体动作、面部神态、声音情感和空间距离等方面。通过录像、录音、角色模拟、反馈与自省、借鉴学习以及持续训练等途径，我们能更精准地把握这些技巧，从而提升沟通成效和人际关系。

（1）情感控制练习方法。

观察自己的情绪：在日常生活中，注意自己的情绪变化，了解自己的情绪触发因素。

控制情绪：在遇到触发因素时，尝试冷静下来，采取深呼吸、冥想等方法来平复情绪。

培养同理心：设身处地地考虑他人的感受，理解他们的立场和需求。

（2）语言节奏练习方法。

语速控制：说话时注意控制语速，避免过快或过慢。适当的语速可以让沟通更顺畅，更容易被理解。

语言表达方式：学会运用不同的语言表达方式，如语气、音调、措辞等，以表达自己的情感。

倾听：在沟通中，注意倾听对方的语言节奏，了解他们的情感状态。

（3）非语言表达练习方法。

面部表情：学会观察和控制自己的面部表情，以表达不同的情感。

肢体语言：注意自己的肢体动作，如手势、姿势等，以便更好地传达情感。

倾听：在沟通中，关注对方的非语言表达，了解他们的情感状态。

1 语言表达概述

【实例分析】

阅读以下稿件,并完成以下要求。

1. 场景模拟:与他人进行角色扮演,模拟不同的情感场景,如愤怒、悲伤、高兴等。在模拟过程中,注意观察自己的情绪控制、语言节奏和非语言表达。

2. 反馈与反思:在练习结束后,与同伴交流,了解他们在沟通中的感受,以及自己在情感控制、语言节奏和非语言表达方面的表现。根据反馈,进行自我反思和改进。

3. 实际应用:在日常生活中,运用所学技能,与他人进行沟通,关注自己的情感控制、语言节奏和非语言表达。在实践中不断调整和完善。

稿 件

旁白:在西充县凤鸣镇采访,我们有不少惊喜的发现。走进双龙桥新农村聚居区,一排排白墙灰瓦的"小别墅"错落有致,充分展示"穿斗小青瓦、白墙坡屋顶、房前经果园"的川东北民居风貌。道路水系、医疗站、幼儿园、公共服务中心、便利服务店等配套设施完善,农村人过上城里生活。

吴浩:我们现在来到了双龙桥村的一户拆迁户的人家,这户人家也是双龙桥村的一个拆迁户。稍后我们就一起走进他的家里来看一下他的家里发生的变化,老师你好!

吴浩:您贵姓呢?

王明轩:来坐坐坐,免贵姓王。

吴浩:姓王哈,王老师你们是以前的拆迁户哈。

王明轩:嗯,对对对。

吴浩:你以前的房子在什么地方?

王明轩:以前在王家湾。

吴浩:以前的房子大概是什么样的一个结构,有没有现在的好?

王明轩:那当然没有现在好了,以前是砖木结构。

吴浩:那你们是哪一年搬进来的?

王明轩:我们是2013年的4月29日搬进来的。

吴浩:当时政府叫你们拆迁的时候,你们那个时候有什么样的想法?

王明轩:当时还是犹豫徘徊,不知道这个新农村建设成什么样子。当然党委和政府再三给我们讲这个前程美景这么好,后来我们一想,那搬嘛,所以就说动了我们就搬了。我给家里面娃娃也说了这个事情,他们也都同意搬,所以我们就搬了。搬进来以后我还是第一个住进新村的,我是4月29日。

吴浩:住进来你们感觉有没有后悔?

王明轩:哎呀,高兴,确实高兴打心底里高兴!

吴浩:您现在这个房子有多大?

王明轩:有174.9平方。

吴浩:能不能带我们参观一下?

王明轩：可以，欢迎！

吴浩：这个客厅有多大？

王明轩：有13~14个平方的样子。

吴浩：这两间是什么？

王明轩：是卧室。

吴浩：哦，这两个卧室还很规整啊，都是1.8米的大床，而且都装了几个空调。这边是个什么？

王明轩：这是个休闲的。

吴浩：这里还有个小屋啊。

王明轩：嗯，也是主卧，1.8米的大床。

吴浩：这个卧室也很漂亮，也很大。你看我们王老师家，五个卧室，每个卧室都安装了1.8米的大床，而且每个卧室都安装了空调，确实让我们看到这个新农村建设还是非常不错的。

吴浩：那这些房间这么多卧室平时都是哪些人住呢？

王明轩：平时儿女回来就让他们住嘛。

吴浩：这些家具都是后来添置的吗？

王明轩：嗯，我家里旧家具都没有。

吴浩：相当于700元一个平方，就算200个平方才14万。如果老房子的话，还要给你折一部分钱，老房子大概折了多少钱？

王明轩：五六万块钱嘛。

旁白：王明轩兴奋地带着我们参观他的新家，这幢楼房有170多平方米，一家人住得宽敞舒适。他做梦都没想到，当了大半辈子农民，也能过上城里人的好生活。

吴浩：那你们这个村里面的老百姓他们都是什么样的想法？

王明轩：那不用摆了，肯定是高兴啊，还没要到房子的好多人天天来问，还有房子没有？

吴浩：就是当初不愿意拆迁的？

王明轩：嗯，对对对，当初动员他们他们都不要，一看这个后悔了，家家都来争啊，一套都来争，结果要不到了，没有了。

吴浩：肯定你们现在村里面的所有村民都是感谢党、感谢政府给你们营造了这样一个环境。

王明轩：我和我老婆子经常在说这个话，想都没想到有今天这样好，真的没想到。曾经我写了一首歌，城里人都向往的好地方，好多人来买，都买不到。

旁白：王明轩告诉我们，新农村综合体小区水、电、气、光纤等全部安装到户，小区旁边还修建了教育、医疗机构、污水处理、垃圾处理和文化体育设施，并配套安装了太阳能路灯75盏。

吴浩：在王老师家的二楼我们还发现了一个路灯上面有太阳能的一个吸收的装置，

1　语言表达概述

那么这个东西是什么呢？我们就请我们的王老师来给我们介绍一下，王老师来给我们介绍一下这个是什么东西啊。

王明轩：这是太阳能路灯，他白天太阳在集能，下面一个大电瓶，吸收的能源存在下面。到了晚上的 7 点，天刚黑，等于是有个控制器在里面，到时候全部都亮起来了。整个村我们安了 70 盏，然后亮到凌晨的 4 点左右，它才熄灭。因为它有控制器，那哈用不着用灯了就要节能撒。

吴浩：就是说你们所有双龙桥村的路灯都不是用电的，都是用太阳能白天来吸能，充电的状态，把电充进去然后到晚上的固定时间自动亮起来。我觉得现在我们有点可惜，因为不是晚上，因为如果是晚上的话，我们就可以感受一下双龙桥村的这些路灯带给双龙桥村这些百姓的便利了。

王明轩：特别亮，河边看起一个水平线的灯，一个水平线。我们在五大队那边，还有高山上看起特别壮观。

吴浩：走，我们再下楼看一下你们家的厨房。

吴浩：这个是个什么机器？

王明轩：饮水机。

吴浩：他应该是自动的，那水从哪来的呢？

王明轩：我们这管子是从地下预埋的。

吴浩：相当于装修这个房子的时候就预埋了一根水管，把他接这里，然后你们每次喝水就不用再买什么烧水器就直接接这里的喝，然后这里 24 小时都有热水。对吗？哎哟，这简直看不出来这是一个农村家庭里面，所配备的设备非常的先进。

吴浩：这就是你们家的厨房吧？

王明轩：对。

吴浩：这还有很大一个饭桌吧？

王明轩：这是饭厅。

吴浩：这个饭厅还相当漂亮，这是厨房。

吴浩：阿姨在做中午饭吧？对做中午饭。

吴浩：中午吃什么？吃肉，土豆，番茄，这些菜都是你们家自己种的吗？

吴浩：王老师，我问一下，你们家以前的厨房是什么样子？

王明轩：那种老锅老灶，嗯。

吴浩：哦，农村的那种老灶，圆的下面一口大铁锅。

王明轩：对对对。

吴浩：我们现在看一下他们家的厨房，完全就是一个现代化的城市里面的家庭厨房的感觉了，而且橱柜这些非常的整洁，也非常漂亮。

吴浩：阿姨在做什么？

王明轩的妻子：我在理菠菜。

吴浩：这些菜都是你们自己种的吗？

王明轩的妻子：都是我们自己种的。

吴浩：你们这个厨房我看还有一个，阿姨你让一下，你看他们家厨房还有一个纯净水。

王明轩的妻子：这个水是通过净化过的水，这个水直接就可以饮用。夏天天热的话，它就是那个净化水。下面这个净化机你看一下，这就是那个一级净化，再通过这里的净化，净化出的水就装在这个容器里面，这里装满了就从这里出来。

吴浩：就是说你们家不管是喝的水还是吃的有机蔬菜，都相当健康了。

王明轩的妻子：你看我用的锅都是不粘锅的锅，都是苏泊尔的，400块钱一口的。

吴浩：生活好了，买的东西也好了。

王明轩的妻子：炒鸡蛋这些都不粘锅的。

吴浩：这个就是你们家的后门吗？

王明轩：嗯，对对对。

吴浩：每家都有两道门，前面是正门，后面是后门。

王明轩：都有前门后门。

吴浩：这里这些菜都是你们家种的吗？

王明轩：对，对，对。

吴浩：从这边到这边这么宽一块都是你们家的啊？

王明轩：莴笋、瓢儿菜、生菜、葱、大白菜、莲花白、豌豆尖、胡豆、菠菜、芹菜，各式各样的菜我都种。

吴浩：你们家应该种了10多种菜吧？你看豌豆尖、菠菜、芹菜、莴笋、小葱、生菜，还有这个是什么菜？

王明轩：这个是春不老。

吴浩：这个菜我们好像没吃过，这么多菜好像一个小型的农贸市场，菜市场一样。那平时家里面吃的菜根本不用再去外面买了。

王明轩：肯定不用再去外面买了。

吴浩：自己种了摘下来直接吃就可以了。

王明轩：像我们平时在家里面煮面差点小菜，直接就摘下来就去煮出来就可以了。

旁白：西充以其优美的生态环境、深厚的文化积淀，涵养其一方热土，展现其特有的魅力。自然迷人的景色、清新淳朴的民风，构成了一道道宁静恬然的乡村美景。

翻开历史斑斓的画卷，一个古老而年轻的西充，一个日益焕发无限生机与无穷魅力的新西充，正穿越时空大踏步走向未来！

在这段采访中，情感控制、语言节奏和非语言表达都得到了很好的运用。

1. 情感控制

记者和受访者之间的交流显得非常自然和亲切，体现了情感控制的技巧。例如，记者吴浩在提问时，语气平和、关切，使得受访者王明轩愿意敞开心扉，分享自己的经历和感受。同时，王明轩在回答问题时，也表现出真诚和热情，使得整个采访过程充满温馨和愉快的氛围。

1 语言表达概述

2. 语言节奏

记者吴浩在采访过程中,提问和回答的节奏把握得恰到好处。一方面,他引导受访者王明轩按照自己的节奏回答问题,让对方感到舒适;另一方面,他也根据自己的表达需求,适时调整语速和语气,使得采访过程更加流畅。

3. 非语言表达

在进行采访的过程中,非语言表达同样重要。作为记者,要展现出真诚和友善的态度,例如在提问时,可以用关切和微笑的眼神面对受访者,让他们感受到你的友善和尊重。同时,也要注意自己的肢体语言,如点头、倾听等,这些都是表达尊重和关注的方式。

对于受访者来说,也要以积极的态度面对记者的提问。例如,可以用微笑回应,展示出对新生活的满意和自豪。此外,热情地带领记者参观自己的住所,展示良好的礼仪和待客之道,也是非常重要的。这些非语言表达能让采访过程更加顺畅,也能让读者更好地感受到受访者的情感和态度。

采访过程充满温馨和愉快的氛围,有助于受访者敞开心扉,分享自己的故事和感受。这也为今后的采访提供了很好的榜样,值得我们学习和借鉴。

这些技巧与策略并不是孤立的,而是相互关联、相互影响的。在实际应用中,要根据具体情况选择合适的技巧与策略,使表达更加出色。

2 发声基础与语音训练

2.1 语音发声概说

本节主要介绍了语音发声的基础知识，内容涵盖了发声的物理基础、生理基础和心理基础。通过本节的学习，读者可以对语音发声有一个全面而深入的理解。

2.1.1 语音发声基础

作为语言艺术领域的重要核心课程，发声基础教学对于艺术工作者的专业素养培育具有不可忽视的价值。本课程深度解析语音发声学的基本原理，传授呼吸控制、口腔控制、共鸣控制、嗓音锻炼及保护等关键技巧，为学生未来从事播音、表演和教学工作奠定坚实基础。

课程内容丰富全面，包括播音发声学基本原理、呼吸控制、口腔控制、共鸣控制、嗓音锻炼和保护等多个方面。学生将学习如何运用深、匀、通、活的气息，实现稳定、持久、自如的声音表现；掌握"枣核型"发音和口腔控制技巧，如提、打、挺、放等，提升发音准确性和清晰度；并通过积极、松弛、集中的用气发声状态，使声音更具感染力和表现力。

为实现课程目标，学生需持续努力，结合个人条件进行科学练声。他们要重视气息运用，使声音具有深度、广度和力度；关注声音控制，保障声音的稳定性和连贯性；同时，培养优良的语言感知能力，通过多听、多读、多模仿提升语感和表达能力。

在发声基础训练过程中，学生需学会正确处理声音与情感的关系，使气息随情感流动，声音随情感传达。他们需要掌握声音的音色、音量、音调等表现手段，实现丰富多样的情感表达。此外，关注嗓音健康与保护，避免过度用声和不良生活习惯，确保声音的持久和稳定

通过不断练习和反思，学生逐渐掌握正确的发声方法，提升口语表达能力，为未来学习和工作奠定坚实基础。在播音与主持、舞台戏剧、影视表演与配音等领域，具备扎实发声基础的语言艺术工作者将更好地发挥专业特长，为观众呈现生动、感人的艺术作品。

总之，发声基础作为语言艺术工作者的核心专业课程，着重培养学生掌握语音发声学的基本原理和技巧。在系统学习和训练过程中，学生需关注气息运用、声音控制和情感表达，不断提升专业素养和技能水平，为语言艺术事业贡献力量。在充满挑战与机遇的语言艺术领域，掌握发声基本功的艺术工作者将在探索和实践中脱颖而出。

学生应学会倾听自己的声音，定期进行自我评估，以发现和改进发声方面的不足。通过参与课堂讨论、观摩优秀表演、实践等活动，学生可拓宽视野，吸收新知识，提升综合素质。同时，培养良好的团队合作精神，学会与他人沟通交流，为未来职业生涯中的协作和发展做好准备。

2.1.1.1　发声的物理基础

2.1.1.1.1　声音的产生与传播

声音是指由物体振动而产生的声波通过听觉所产生的印象。人的声音就是人的发声器官振动周围空气，形成声波，传播开去，送入人耳而形成的。这种声波是一种正弦波。

振动一次所需的时间叫"周期"，单位时间（秒）内振动的次数叫"频率"。我们在广播、电视以及音响设备里听到的声音，实际上是通过电声设备，将声音信号转换成电信号，再还原成声音信号送入人耳的。

2.1.1.1.2　声音的物理性质

声音的物理性质包含四个要素，即音高、音强、音长、音色。

1. 音　高

音高，即音的高度，是音的基本特征的一种。音的高低是由振动频率决定的，两者成正比关系：频率振动次数越多则音越高，反之则越低。从理论上讲，人耳能够感知的声波频率范围是 20～20 000 Hz。大于 20 000 Hz 的声音是超声，低于 20 Hz 的声音是次声，这两种声音人耳都感受不到。一般来说，人耳对声波频率在 2000～4000 Hz 的声音最为敏感。

音高的高低取决于振动物体的长度、质量以及紧张度。较大的、较长的、较松的、较厚的和较粗的物体振动次数较少，频率较低，因此音高较低；反之，若物体较小、较短、较紧、较薄和较细，则振动次数较多，频率较高，音高也就较高。在人声中，音高的变化取决于声带的长短、松紧和厚薄。例如，儿童的嗓音通常比成人更高，女性的嗓

音也较男性更高。这是因为儿童的声带较短、较薄，而成人声带较长、较厚。同样，女性的声带较短、较薄，男性的声带较长、较厚。一般而言，女性说话的声波频率在 150～350 Hz，儿童更高，男性则在 95～230 Hz。对于同一个人而言，要改变音高，就需要调整声带的紧度，使之拉紧或放松。

普通话作为一种有声调的语言，音高在区分意义方面具有至关重要的作用。学习者务必准确掌握声调，充分运用自如的声区，避免过度提高或降低音高。此外，他们还应进行拓展音域的训练，以适应多样化的表达需求。

2. 音　强

音强，指声音信号中主音调的强弱程度，又叫"音量"或"音势"，由振动幅度（简称振幅）的大小决定，两者成正比关系。振幅越大则音越强，反之则音越弱。同一音高的声音，大声说，则响些、强度大些；反之则弱些、小些。声音的强度是一个客观的物理量，其常用单位为"分贝（dB）"。

一般谈话时音强为 60～70 dB，如果高到了 120～130 dB 人耳就会觉得难受。在语音中，就一般规律来讲，元音的音强大于辅音，浊音大于清音。

学习者在强度的掌握上要注意四点内容：一是强度要适中。太强，则不亲切、不自然；太弱，则不清晰，影响收听效果。二是要平稳。音量变化不宜太大、太突兀。三是要有层次感。变化幅度不能过大、过猛，但一定要有变化，而且要显示出层次，否则就会呆板、单调。四是要掌握好词的轻重格式，尤其是轻声。

3. 音　长

音长是指声音的长短。它取决于发音体振动时间的长短。发音体振动持续久，声音就长；反之则短。

语音中要注意三点：一是速度适宜，一般比日常说话要慢些。二是音节的长短疏密要有变化，以增强节奏感和韵律美。三是与音高、音强有机配合，用于突出重点，显得流畅自然。

4. 音　色

音色是指声音的感觉特性，即声音的品质、特色，又叫"音品""音质"。它取决于不同频率和振幅的声波叠加在一起形成的声波形状。人声和一般乐器的声音，绝大多数不是只有一个频率的单纯声音，而是由许多频率、振幅不同的单纯声音组成的复合音。其中频率最少、振幅最大的一个叫基音，是音色的决定因素，其余的是泛音。音色的特点取决于不同的泛音，不同乐器、人以及所有能发声的物体发出的声音，除了一个基音外，还有许多不同频率（振动的速度）的泛音伴随，正是这些泛音决定了其不同的音色，使人能辨别出不同的乐器、不同的人甚至不同的物体发出的声音。

影响音色的因素很多，主要有以下三个方面：

（1）发音体（振动体）不同。如两人声带不同，音色就不同。不同的乐器音色不一样，这都是因为它们是不同的发音体。

（2）发音方法不同。如"d"与"t"，发音部位相同，但方法不同：一个送气，一个不送气，听上去音色就会不同。同样是弦乐器，弓拉和用手弹拨，就会产生不同的音色。

（3）共鸣器形状不同。如"i"与"u"，舌位相同，但唇形不同，音色就不同，它们是两个不同的元音。元音的不同主要取决于共鸣器的形状。同样是鼓，大鼓的音色跟小鼓也不同。

语音的音色以虚实结合为好，既圆润明朗，又柔和亲切。不可过实，追求金属音，否则尖锐刺耳；也不可过虚，气音成分重，虚声虚气，不自然、不好听。音色变化要丰富多彩，不能只用一种音色、一个味道，否则很难适应多种复杂思想感情表达的需要。

音高、音强、音长三者，有人称之为"超音质特征"，它们在语言表达上有十分重要的作用，是产生语言轻重缓急、抑扬顿挫的综合因素。语音的节奏感、韵律美，就是这些超音质特征有机组合而形成的。我们要善于运用它们。

【练习稿件】

1. 请分别读出以下四个词语，注意体现音高、音强、音长和音色的变化。

明亮　柔和　坚定　轻柔

2. 请用普通话读出以下四个句子，注意四个语调的变化。

你好！

我喜欢春天。

我们一起去公园。

晚上看星星很美。

3. 请模仿以下音色差异，分别读出四个词语。

慷慨激昂　低沉哀婉　欢快愉悦　清新自然

4. 请尝试朗读以下稿件，注意声音的强弱、长短以及音色的变化。

音乐剧《阳光不锈》（节选）

人物介绍：

阳光：男，学生，阳光、自信、脑子灵活，有点坏坏的感觉，有经济头脑，行动力强，情商高，有领袖气质。

何乐：男，学生，典型理科男，反应慢半拍，阳光的跟班，有点傻傻的。

孟娜：女，学生，傲娇好强，颜值高，爱臭美，典型的白富美，活泼外向，家庭条件优越。

马丹：女，校团委的年轻辅导员，严厉却又能跟学生打成一片，性子急，扶贫支教的领头人。

李莎：女，孟娜的闺蜜，没有参与支教。

关心：女，学生，外形瘦弱，内心坚强，从小失去父母，家庭条件贫困。

关爱：女，关心的妹妹，曾患怪病。

（一）卖苹果

阳光：同学你饿不饿，想不想吃个大苹果？

苹果的好处多，第一便是能够解饿。

何乐：如果你有点饿 快快来买我的苹果！

苹果的营养多，维生素C只不过是其中一个。

众人：饿……

饿……

阳光：就在今天，哥哥我吃了俩水果。

一个是苹果，另一个苹果饿……

何乐：苹果的种类多，居然有两种那么多。

大的叫大苹果，小的叫小苹果饿……

【表演中同学甲乙丙丁举牌，上书"跳楼、清仓、挥泪大甩卖""师兄要毕业了、卖完就歇业了""阳光苹果，告别演出、血本无归，凄美谢幕""市场经济残酷、从此不再复出"，字体非常醒目。但是苹果仍无人问津】

何乐：阳光，好像不太凑合哎。

阳光：是啊，从营销学的角度讲，你们几个想的这个办法可以用三个字来概括……

众人：哪三个字？

阳光：馊主意！

何乐：不会吧，我们想了三天三夜才想出的绝妙广告词哎，尤其这句"师兄要毕业了、卖完就歇业了"，时代感多强啊！还有，用你名字命名的"阳光苹果，告别演出"，更是把我们贩卖苹果的事业上升到一个品牌建设的高度，我们的阳光牌苹果一定会冲出大学路，走向……

阳光：走向哪里？

何乐：至少走向大学路门口嘛。

阳光：所以说，你们的馊主意从市场的角度来看……

众人：怎么样？

阳光：简直是超级宇宙无敌……馊主意！

众人：（泄气）OK！你厉害，我们不帮你了。撤！

【众人下场，阳光想抓，没抓住，活体苹果气馁地散坐一地。场景灰暗，《命运的歌》前奏起，追光打向舞台一角，追光中群众演员表演短暂的卖玫瑰花捐助失学儿童的义卖场面。音乐结束时，演员退下，追光打阳光，阳光得到灵感，仿佛获得新生】

阳光：（震撼地）是爱心！是爱心让他们掏钱啦！（拿出电话）同学甲乙丙丁，请以迅雷不及掩耳盗铃之势在3分钟之内带上两个美女出现在我面前，否则不发这个月工资！

【四人及孟娜、李莎迅速上场】

何乐：拜托！我们四个人都有名字哎，不要再叫甲乙丙丁啦。

阳光：这出戏我是主角，你们的名字不重要。美女带来了吗？

阳光：（对两个美女）在下阳光，这是我的名片，未请教……

二女：我叫孟娜，我叫李莎。

阳光：哦，蒙娜丽莎。

孟娜：西南某大学大创商集团总经理阳光。大创伤？

阳光：大学生创业中心商贸集团有限公司的简称。

何乐：是个民间组织，还没得到学校承认。

孟娜：哦，原来大名鼎鼎的阳光就是你啊？你在学生会可有名气了。

阳光：不敢当，不敢当，都是江湖上的朋友抬举。

孟娜：他们说阳光是典型的市场经济产物，成天不好好读书，只知道做生意赚钱。以前开过什么马坪坝烧烤店、情人路卡拉OK、光棍湖网吧……

阳光：那是我大创商集团的前身……原来还是有不少人在关注我、研究我。好了，往事不要再提，你们二位过来，我们如此这般……

【《命运的歌》音乐起，孟娜用轮椅推着李莎从舞台后往前走】

【《命运的歌》孟娜、李莎主唱】

李莎：风起了吹散了雾，泪干了忘记了哭，

披上了你曾穿过的衣服，留存着同样的温度。

孟娜：从来都学不会哭，从不怕天空有雾，

失去了爸爸妈妈的呵护，忽然发现好无助。

孟娜：那首叫作命运的歌，我要做最强的音符。

众人：人生路上的我和你，说好永不认输！说好永不认输，我们永不认输。

【紧接《卖苹果》，众人开始叫卖。同学甲乙丙丁举牌，上书"阳光苹果、爱心不打折""阳光苹果、义卖助学助残大行动""苹果1个=爱心1分""买苹果、献爱心，何乐不为"。群众演员上来将苹果抢购一空】

【《蒙娜丽莎的谎言》音乐起。有人喊"团委辅导员马丹来了"。马丹率众学生会干事上，并与阳光眼神对峙。阳光眼神不敌，想溜，没溜掉】

【《蒙娜丽莎的谎言》阳光、马丹主唱】

马丹：你为什么惊慌？你为什么躲闪？

为什么不学习？为什么不上课？

你是大学生还是小喽啰？

阳光：我没有惊慌，也无须躲闪，

小事一桩就像这小苹果。

我们学习好好，从来都不挂科，

管他是学生还是喽啰。

合：哦蒙娜丽莎，哦蒙娜丽莎。

马丹：献爱心的幌子还不错。

合：哦蒙娜丽莎，哦蒙娜丽莎。

阳光：真实的谎言眼看要戳破。

【激烈的音乐间奏部分，众人纷纷围住指责阳光等人，尤其阳光如过街老鼠。人群有人不时在喊"见你们系主任去""把钱还给我们""骗子""送他到派出所"……突然，

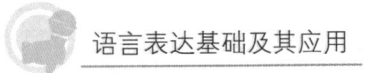

传来很清脆的女声:"请问阳光同学在吗?"混乱戛然而止,众人都看着阳光。关心用轮椅推着关爱上】

【《命运的歌》关心、关爱主唱】

关爱:风起了吹散了雾,泪干了忘记了哭,

披上了你曾穿过的衣服,留存着同样的温度。

关心:从来都学不会哭,从不怕天空有雾,

失去了爸爸妈妈的呵护,忽然发现好无助。

关心:那首叫作命运的歌,我要做最强的音符。

合:人生路上的我和你,说好永不认输!说好永不认输,我们永不认输。

【阳光看着姐妹俩,似有所悟,又迷惑】

关爱:是阳光哥哥吗?

阳光:我……是啊……

关爱:我们终于找到你了。

阳光:(猜测地)你们是……关心、关爱?

关心:我们终于见面了。

马丹:怎么回事?阳光又做了什么坏事吗?

关心:不,不是的。我是南校区即将毕业的学生关心,她是我妹妹关爱,关爱在高中的时候,得了一种怪病,从此再也没有站起来过。爸爸妈妈去世得早,我们的学费都是亲戚筹的、社会资助的,如果要治妹妹的病就再也没有钱了,于是我就在网上发出了求助信息,很快得到了许多人的捐助。其中有一位叫"大创伤"的网友,他说他看到了我们的信息,决定要资助我们直到毕业,开始我以为他是开玩笑的,没想到,他真的用三年时间兑现了诺言。

关爱:我们想,我们命真好,一定是遇到了一位大老板,可后来才慢慢发现,他其实不是什么老板,他和我们一样,也是一个一穷二白的学生,他是利用他的课余时间去打工、做生意,把钱一点一点地攒起来,给我妹妹治病,让我们姐妹有信心,有勇气,也有资本一直坚持到了今天!

关心:三年来,我们姐妹俩一直有一个心愿,就是一定要找这位恩人,替我们父母向他鞠上一躬。谢谢你!好心人!

【姐妹俩上前鞠躬,关爱跌倒】

孟娜:阳光,好样的,真是个爷们。

何乐:做好事也不告诉哥们,这样吧,以后也不要你工资了,就当哥们也献一下爱心。

马丹:阳光,看来我们真没有看错你。

阳光:(疑惑地看着马丹)我确实有做得不对的地方。

马丹:别以为你瞒得了关心就能瞒住我们,早就调查到你这大学三年都在资助别人上学,今天我是专门来找你的。响应团中央西部计划,学院准备派几位同学到老凉山上的瓦屋社小学支教，我们需要像你这样敢想敢干又有爱心的同学，愿意接受这个任务吗？

阳光：虽然我个人力量有限，但我相信，只要每个人都献出一点力量，涓涓细流也能汇成浩瀚的海洋，一束的阳光也会呈现出七色的精彩。我愿意加入西部计划的行列，去发挥我的一份光和热。

其他四人：我愿意，我也愿意，算我一个。

【《阳光不锈》阳光主唱】

阳光：迎着暴雨，迎着狂风，寻找心中美丽彩虹，

哪怕一路崎岖坎坷、艰难重重。

何乐：在你心中，在我心中，有一份不变感动，

那是一道灿烂阳光、暖意融融。

孟娜、李莎：让我们一起唱吧跳吧，让世界为了美好而转动。

关心、关爱：让我们一起唱吧跳吧，让我们对着天空大声说。

马丹：告诉你阳光不会生锈，我会陪你一起走，

阳光：一起追逐太阳，追逐月亮，欢笑停在每一刻。

合：告诉你阳光不会生锈，我们永远是朋友，

用最美的衣裳，最美的歌，最美时候陪着你直到永久。

阳光：阳光不会生锈，我会陪你一起走。

一起追逐太阳，追逐月亮，欢笑停在每一刻。

合：告诉你阳光不会生锈，我们永远是朋友，

用最美的衣裳，最美的歌，最美时候陪着你直到永久。

2.1.1.2 发声的生理基础

声音是由人的生理器官所产生的。发声的生理基础是发声器官，可分为三大部分：动力部分（呼吸器官）、发声部分（喉头和声带）、调节部分（共鸣器官和咬字器官）。

2.1.1.2.1 动力部分

动力部分主要是指呼吸器官，包括肺、支气管、气管和呼吸肌肉（脑、腹部肌肉和膈肌等）。

肺——海绵状组织，其中空的是肺泡，富有弹性。肺上端是气管，它和口、鼻腔相连。气管下端又分为许多小气管支和微气管，最后通向肺泡，布满全肺。吸气时，肺叶扩张，容积增大，空气通过口、鼻腔、气管、支气管进入肺内。呼气时，肺叶收缩，容积减少，气息被排出体外。这呼出的气息就是发声的动力。

胸——胸腔外面是胸廓，下面是膈肌，后面中间是脊柱，前面中间是胸骨。脊柱与胸骨之间连着弓形的肋骨，肋骨之间有肌肉相连。肋间肌肉收缩，牵动肋骨向上向外扩张，胸腔扩大。肋间肌肉放松（回弹），胸廓回缩。肺的扩张与回缩完全是由胸腔的扩张与回缩决定的，也就是说，是由胸部肌肉的活动决定的。

腹——腹部的肌肉在呼气时有重要作用。中间腹直肌和腹内斜肌与下后锯肌（后腰上方）、胸横肌（肋间内肌）共同组成呼气肌肉群。这些肌肉收缩，都起着下拉胸廓的作用，使胸腔缩小，气流被排出。

膈肌——横膈膜。位于肺的下面，把胸、腹分开。膈肌富于弹性，吸气时向下，把胸腔扩大，呼气时逐渐退回原位（一般上下活动4厘米）。膈肌的运动对呼吸有重要作用。

胸肌、腹肌和膈肌的运动对呼吸具有十分重要的意义。我们把能使胸腔容积扩大的肌肉群体称为吸气肌肉群，把能使胸腔容积缩小的肌肉群称为呼气肌肉群。两大肌肉群协调运动，产生了呼吸。

2.1.1.2.2　发声部分

发声部分包括喉头和声带。

喉头是发声器官中的声源所在，是发声部分。喉头位于颈椎4、5、6节的前面，在舌根和气管之间，它上接舌骨，下连气管，是由几块较大的软骨组成的匣状体，上部略呈三角形，下部呈圆形，前面比较突出的部分是喉结。主要软骨有六块：会厌软骨、甲状软骨、环状软骨、勺状软骨两块和舌骨。声带一头附着在甲状软骨上，另一头分别附着在两块勺状软骨上。

声带是由声带肌、声带韧带和黏膜组成的两片有弹性的薄膜。男性的较长较厚（长 20~22 mm），基频为 80~200 Hz；女性的较短较薄（长 15~19 mm），基频为 150~400 Hz。声带的长短、厚薄、松紧和声门的开闭都是可以调整的，因而可以发出各种各样不同音高和音色的声音。

2.1.1.2.3　调节部分

调节部分包括咬字器官和共鸣器官。

咽腔、口腔和鼻腔属于调节器官，对咬字和共鸣有重要作用。

咽腔——在喉头上方，是个像漏斗一样的肌肉管子，也叫咽管。由上至下分为三段：软腭以上前通鼻腔，称为鼻咽；中段前通口腔，称为口咽；下段连着喉腔，称为喉咽。咽腔是声音的必经之路，是人体发声的重要共鸣腔。

口腔——包括唇、齿、齿跟、硬腭、软腭、小舌和舌头。其中双唇、软腭和舌头是活动部分，尤其是舌，是最活跃的。各部分的有机配合、协调动作，可以形成各种不同的阻碍，形成各种不同的口型，造成各种不同的声音。口腔是最大的语音制造工厂，也是最重要的共鸣器官，由它加工出来的声音最多。

鼻腔——鼻腔本身是固定的，它是否参与共鸣，全由软腭上下控制。发鼻辅音时，软腭下降，关闭口腔通路，气流从鼻腔透出。鼻腔是一个重要的共鸣腔，同时对语音的形成也有一定的作用。

另外，胸腔和头腔也是共鸣腔。图 2-1 为发音器官示意图。

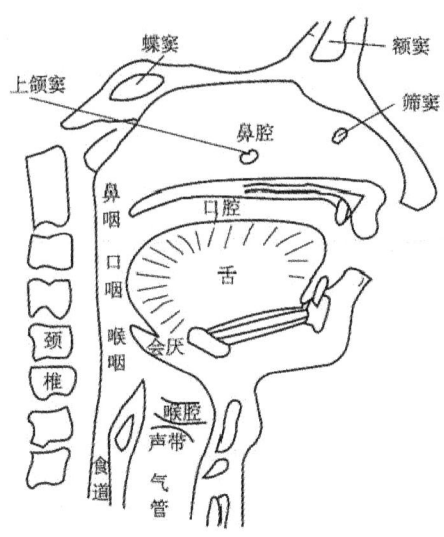

图 2-1 发音器官示意

2.1.1.3 发声的心理基础

语音发声的核心在于运用神经和大脑对声音的敏锐反应与感知能力。这种发声形式不仅是声音的表达，更融入了深刻的情感内涵。语音成为一种传播者与受众在特定媒介环境中进行的交流方式。在此背景下，无论是传播者还是受众，都存在一系列复杂的心理活动。因此，对语音发声的训练和运用，必须充分考虑心理因素的影响。对于传播者而言，他们不仅需要培养稳定的心态，更需要掌握专业的发声技巧，以确保在语音过程中准确传递信息和情感。同时，受众也需要具备一定的心理准备和认知能力，以便更好地理解并感受传播者的真实意图和情感。在媒介环境中，语音发声的成功与否，往往取决于传播者与受众心理互动的契合程度。这种契合程度不仅决定了信息的传递效果，更影响着整个传播过程的品质与影响力。

在媒介环境中，语音发声的成功与否往往取决于传播者和受众心理互动的契合程度。只有当双方心理互动达到高度契合时，才能实现信息的有效传递和情感的共鸣。因此，在培养语音人才时，我们应注重心理素质与发声技巧的双重提升，以确保他们在未来的工作中能够更好地服务于党和人民。

对于语言艺术工作者而言，当语言信息的意念活动经过编码转化为语言代码，并传输至控制发音的大脑皮层特定区域时，说话的意念活动便转化为发音动作的指令。这些指令通过神经系统操控人体的发音器官，进而产生出言语声波。发音过程中，声音不仅传递至听者的耳朵，同时也被说话人自身接收。大脑指挥发音器官发出的声音被自身的听觉器官接收，并重新反馈至大脑，这一过程被称为声音反馈。大脑借助听觉的监控功能，根据反馈声音判断发出的声音是否达标。大脑中的一个特殊系统会对信号进行核对检查，若检查无误，发音器官将继续运作；若不符合要求，将迅速发出指令，引导发音器官进行必要调整。

在发音过程中，心理活动起着重要作用，但发音器官运动协调仍然是不可忽视的。如果发音器官不具备熟练的发音能力，大脑发出的指令就不能顺利完成，就会出现发音不流畅、发音不准等各种发音毛病。

语音发声和一般言语发声是有区别的。一般说话是一个由"想"到"说"、"情"动而"声"发的直接、自然的过程。而语音一般是有稿的，且常是别人所写，所以必须把稿件变成自己要说的话，才能说得贴切自然、有感情。这就需要语音人员对稿件进行分析理解，认真备稿，在内容上下功夫，把稿件变成"自己"的，真正用脑来指挥口，心口相应，发出有"情"之"声"。

【练习稿件】

进行以下练习，努力探寻语音发声的微妙状态，在探寻过程中，你可以细心感受声音的振动、音色的变化以及呼吸的节奏。通过不断地实践和反思，逐渐掌握语音发声的技巧，提升自己的表达能力。

稿件一

风起了吹散了雾，泪干了忘记了哭，
披上了你曾穿过的衣服，留存着同样的温度。
从来都学不会哭，从不怕天空有雾，
失去了爸爸妈妈的呵护，忽然发现好无助。
那首叫作命运的歌，我要做最强的音符。
人生路上的我和你，说好永不认输！说好永不认输，我们永不认输。

稿件二

迎着暴雨，迎着狂风，寻找心中美丽彩虹，
哪怕一路崎岖坎坷、艰难重重。
在你心中，在我心中，有一份不变感动，
那是一道灿烂阳光、暖意融融。
让我们一起唱吧跳吧，让世界为了美好而转动。
让我们一起唱吧跳吧，让我们对着天空大声说。
告诉你阳光不会生锈，我会陪你一起走，
一起追逐太阳，追逐月亮，欢笑停在每一刻。
告诉你阳光不会生锈，我们永远是朋友，
用最美的衣裳，最美的歌，最美时候陪着你直到永久。
阳光不会生锈，我会陪你一起走。
一起追逐太阳，追逐月亮，欢笑停在每一刻。
告诉你阳光不会生锈，我们永远是朋友，
用最美的衣裳，最美的歌，最美时候陪着你直到永久。

稿件三

亲爱的朋友，早上好！

欢迎锁定收听四川文艺广播收听《甜蜜时光》，我是艺心。今天，我们将会一起在音乐声中回到青春时代的甜蜜时光。

你还记得吗？在一年前的4月26号，电影《致青春》在全国上映，让我们感念弹指间"青春"已经离我们远去了。今年4月26日，"致青春 城市印象巡回演唱会"在四川省体育馆唱响了，在演唱会现场，王杰、费翔、郑钧、龙飘飘、李翊君、李丽芬、高胜美一些熟悉的歌星带着成都的歌迷再次重返青春现场。

也许我们对"青春"怀念过、悔恨过、遗憾过，但那样的夜晚，成都歌迷以"青春纪念日"的名义，高唱"青春无悔"。历数着光阴的故事。

每座城市的每个人都保留着一份关于年代记忆的画面，面对已经逝去的老成都，站在已经回不去的老地方，何年才可以重拾你的旧梦？"致青春演唱会"以城市印象为主轴，将岁月变迁的城市变更用镜头记录。以成都年代老街老巷的照片贯穿全场，带你重现30年老成都的变迁。"致青春"打造了一部只属于老成都、只属于成都人的青春音乐电影，为生于20世纪50、60、70、80年代的观众量身打造，在对老城印象的回忆中，听着只属于青春的音乐旋律，回味那段回不去的美好时光。

高胜美的《千年等一回》掀起了演唱会中的一个小高潮，这首歌咱们一定都是有记忆的，但是更多的人似乎还是对老歌手们的歌声情有独钟。比如最热烈的、现场呼声最高的莫过于费翔，帅气逼人的费翔霸气依旧，不愧是当年的偶像级人物，而费翔的唱功也相当逼人，现场一口气唱了四首歌，其中最打动人的是这首《故乡的云》。

每一个年代都有属于自己的歌声，在艺心身边坐着这样的一家人。一位"80后"带父母从郫县专程赶来参加演唱会，用音乐致父母失去的青春，他笑着说："我带父母去，是想给他们一个惊喜。"他说自己平时忙着工作，周末才能回家与父母吃顿饭，甚至这么多年，连一场电影都没有陪父母看过，"平时可以为工作加班，与朋友唱歌到凌晨，却发现与父母吃顿饭有时都会嫌时间长。他们为我的成长奉献了一辈子的青春，我只想陪他们听一场演唱会。"因为父母对龙飘飘的歌情有独钟，所以男生悄悄买下门票，要给他们一个惊喜。现场龙飘飘也说了一些关于父母、关于亲情、关于陪伴的话，男孩的母亲当时就落泪了。在演唱会现场，台湾老牌歌手龙飘飘深情演绎的歌曲，这熟悉的旋律也让在场的"50后""60后"们齐声同唱。

我有这样一位朋友，是个"80后"，也是地道成都人，在看到"致青春演唱会"开始宣传后，她立刻购买了两张门票，要与老公去观看。"曾经跟我的室友，每晚疯狂唱着《爱江山更爱美人》《雨蝶》这些歌，现在我已经结婚了，当年的小伙伴也失去了联系。这次我一定会再次大声唱，唱给我曾经璀璨的青春。"

而在"70后""80后"的记忆中，这些歌都唱出了我们的青春岁月和懵懂时光，来回味一下现场李翊君演唱的这两首琼瑶电影中的主题曲吧，我想这些歌你一定听过、更唱过。

琼瑶的书伴随了"70后"一代人的成长，甚至深刻地影响了这一代人的恋爱观，多少"70后"女生在那时候都有过躲在被窝里看着琼瑶的书哭得肝肠寸断的经历。而之后直到现在，琼瑶变成了用电视剧影响了"80后""90后"成长的琼瑶阿姨，让我们来听听这首《还珠格格》的片尾曲《雨蝶》。

演唱会现场，李翊君的温婉清丽打动了很多人，而另一位歌手李丽芬的歌也给我们带来了浓浓的怀旧情愫。不同的是，李丽芬的几首歌都是霸气十足、气势十足，来听这首《爱江山更爱美人》。

去年的4月26日，《致青春》让"80后"开始集体怀旧。而今年的这个日子，这场音乐会为蓉城歌迷打造最别致的"青春纪念日"，身边的朋友在听到一首老歌的时候都会说，这是我上初中、这是我谈恋爱、这是我大学时候听过的歌，大家挥舞着荧光棒，唱出心里对青春的祭奠与怀想。

"青春对于我们来说只有一次，或许精彩，或许有很多遗憾。去年的《致青春》，让我们发现'80后'都已经开始怀念了。今年我们特地把'致青春演唱会'选在4月26日，这不仅是一场演唱会，更是我们共同的'青春纪念日'。"当年听着这些歌的"70后""80后"也已长大成人，但每当昔日老歌在耳边响起，过往青春带来的涓滴感念终会让回忆汇聚成塔，因此在这一晚，请带着自己的爱人、带着自己的孩子重返当年的青春现场。

2.1.2 语言艺术工作者语音发声的特点

2.1.2.1 播音员发声特点

播音员主持艺术发声的特点主要体现在以下几个方面：

1. 规范性

播音员主持人的发声要求准确、清晰、规范，遵循普通话的发音规则，使听众能够容易理解和接受。

2. 艺术性

播音主持发声不仅仅是简单的语音表达，而且要注重情感的传递和美的表现，通过音色、音量、音调等手段，使声音具有感染力、表现力和艺术性。

3. 个性化

每位播音员主持人的发声都有自己独特的风格，符合个人特点，使他们在众多主持人中脱颖而出，形成自己的品牌形象。

4. 情感化

播音主持人需要根据节目内容和场景，调整声音的语气、节奏和情感，使之与内容相得益彰，引起听众共鸣。

5. 适应性

播音主持人要具备较强的适应能力，根据不同节目类型、受众群体和场合，灵活调整发声方式，使之更加贴近实际需求。

6. 专业性

播音主持人需要具备丰富的专业知识和技能，如呼吸控制、口腔控制、共鸣控制等，以保证发声的稳定性和表现力。

7. 创新性

播音主持人应在遵循基本规则的基础上，勇于创新和实践，探索独特的发声技巧和风格，为节目增色添彩。

播音员主持艺术发声的特点在于规范性、艺术性、个性化、情感化、适应性、专业性和创新性。这些特点体现了播音主持人对声音的驾驭能力和专业素养，是他们在工作中不可或缺的基本功。

2.1.2.2 舞台戏剧演员发声的特点

舞台戏剧演员发声的特点主要体现在以下几个方面：

1. 真实性与自然性

舞台戏剧发声要求演员真实地再现角色的性格、情感和心理状态，使观众感受到角色的真实生活。因此，演员在发声时要注意真实性和自然性，避免夸张和做作。

2. 情感表现力

戏剧表演是通过声音和肢体动作来传递情感和信息的。舞台戏剧发声要求演员具备较强的情感表现力，通过声音的变化来展现角色的内心世界。

3. 语言准确性

舞台戏剧演员在发声时，要清晰地发音，准确地表达台词的含义，使观众能够理解剧情的发展。同时，演员还需注意语言的韵律和节奏，使之更具艺术感。

4. 音色丰富多样

舞台戏剧演员需要根据角色的性格、年龄、性别等特点，运用不同的音色来表现。这要求演员具备丰富的音色变化和控制能力。

5. 声音的层次感和立体感

舞台戏剧演员在发声时，要注重声音的层次感和立体感，使观众感受到丰富的声音效果。这需要演员掌握呼吸控制、共鸣控制等技巧。

6. 与舞台表演相结合

舞台戏剧发声要求演员将声音与舞台表演相结合，通过肢体动作、表情和声音的协调来展现角色的形象和性格。

7. 适应舞台环态

舞台戏剧演员需适应不同的舞台环境和演出条件，如剧场大小、观众距离等，调整发声方式，确保声音的传播效果。

8. 默契协作

舞台戏剧演出是一个团队协作的过程，演员之间需要通过声音、动作和表情进行默契配合，共同塑造出完整的故事情节。

舞台戏剧发声的特点包括真实性、情感表现力、语言准确性、音色丰富多样、声音的层次感和立体感、与舞台表演相结合、适应舞台环境以及默契协作。这些特点体现了舞台戏剧演员在发声方面的专业素养和技能。

2.1.2.3 影视配音演员的发声特点

影视配音演员的发声特点可以从以下几个方面进行概括：

1. 真实性

影视表演和配音要求演员或配音员真实地再现角色的性格、情感和心理状态，使观众感受到角色的真实生活。因此，在发声时要注意真实性和自然性，避免夸张和做作。

2. 情感表现力

影视表演和配音通过声音来传递情感和信息。演员或配音员需要具备较强的情感表现力，通过声音的变化来展现角色的内心世界。

3. 语言准确性

影视表演和配音演员在发声时，要清晰地发音，准确地表达台词的含义，使观众能够理解剧情的发展。同时，演员还需注意语言的韵律和节奏，使之更具艺术感。

4. 音色丰富多样

影视表演和配音演员需要根据角色的性格、年龄、性别等特点，运用不同的音色来表现。这要求演员具备丰富的音色变化和控制能力。

5. 声音的层次感和立体感

影视表演和配音演员在发声时，要注重声音的层次感和立体感，使观众感受到丰富的声音效果。这需要演员掌握呼吸控制、共鸣控制等技巧。

6. 与表演相结合

影视表演和配音演员需将声音与表演相结合，通过肢体动作、表情和声音的协调来展现角色的形象和性格。

2 发声基础与语音训练

7. 配音技巧

影视配音演员需要掌握一定的配音技巧,如口型调整、音高和音色变化等,以达到与画面角色形象相匹配的效果。

影视表演和配音的发声特点包括真实性、情感表现力、语言准确性、音色丰富多样、声音的层次感和立体感、与表演相结合、适应拍摄环境以及配音技巧。这些特点体现了演员在发声方面的专业素养和技能。

2.1.2.4 三者语音发声特点的不同

播音员、舞台戏剧演员和影视配音员三者虽然在语音发声上都要求有一定的准确性和表现力,但他们在实际工作中对语音发声的要求和运用各有特点。

1. 播音员

播音员主要是在广播、电视等媒体中进行新闻、节目介绍、广告等的播报。他们的语音发声要求准确、标准、清晰,具有高度的专业性和规范性。播音员需要具备良好的发音技巧,发音标准,语调平稳,语速适中,声音富有感染力。此外,播音员在播报时还需保持客观、中立的态度,避免个人情感色彩的干扰。

2. 舞台戏剧演员

舞台戏剧演员在表演中,语音发声是塑造角色、传达情感的重要手段。他们的发音要求富有表现力,能够刻画角色的性格,展现戏剧情节的起伏。舞台戏剧演员在发声时会根据角色的设定和戏剧的氛围,运用不同的语调、语速、音量和音色,以达到情感表达和角色塑造的目的。同时,舞台戏剧演员还需具备较强的即兴发挥能力,以应对舞台上的各种突发情况。

3. 影视配音员

影视配音员为电影、电视剧、动画片等影视作品中的角色配音。他们的语音发声要求贴合角色的形象和性格,同时与原角色的表演保持一致。影视配音员在配音时需要根据角色的年龄、性别、身份和情感变化,调整音色、音调和发音,使配音与原角色的表演相融合,为观众呈现出完整的视听体验。此外,影视配音员还需具备一定的表演能力,以通过声音表达角色的内心情感。

总之,播音员、舞台戏剧演员和影视配音员在语音发声上的不同主要体现在专业性、规范性、表现力和角色塑造上。他们各自依据职业特点和要求,运用不同的语音发声技巧,为观众呈现出丰富多彩的表演效果。

【练习稿件】

1. 通过阅读以下剧本,深入探索各类角色的声音特质,想想如果你是这里面角色中的一个,会怎么用声音去进行演绎,用到什么样的发声技巧。

稿 件

孟娜：喂，妈妈，我们已经到村上了，不累，一点都不辛苦，哇，彝家山寨的景色真是 so 美 so beautiful！马上要去寨子里啦，听说还要坐牛车呢。好了，不跟你说了，麻麻拜拜，亲一个，嗯啊。

阳光：哇，我们的大小姐这么兴奋。不过可别高兴得太早，等到了山寨再说吧。

马丹：还要走两个小时山路呢。对了，要打电话的赶快吧，山上信号不好。

【阿莫大叔带着阿依、阿布上场】

阿莫：是马老师吧？

马丹：您好，您是阿莫村长吧？

阿莫：辛苦大家啦。

阳光：辛苦倒是不辛苦，就是这车坐得……市里到县里，4 个小时，县里到乡里，3 个小时，乡里到村上，2 个小时，我这把老骨头哦……

阿莫：不远啦，再有两个小时山路就到啦。

孟娜：阿莫大叔……

阿莫：可别叫我大叔，我才 29 岁，山里天天风吹日晒，显老。

孟娜：哇，29 岁当村长，好厉害！

马丹：说起来，阿莫村长还是你们的师兄呢。

阿莫：那是，我还是咱寨子里的第一个大学生呢。

在这个片段里，我们能看到这些角色的不同性格特点，对他们性格的把握与情感的分析，有助于我们建立起对该角色的声音特质分析"数据库"，为观众带去更好的观赏体验。

阳光：阳光的声音应该是充满权威和自信的，他在剧中几乎总是占据主导地位。他的声音特点是有力、自信、果断的，能够吸引观众的注意力。在表达时，可以适当使用强调和重音，特别是在提到关键信息时，如"爱心"这个与主题息息相关的词语，使他的角色显得强势和有领导力。平时可以多练习气息，多唱音阶，找到真假声调的极限，找到真假音域，熟练切换。

孟娜：孟娜的声音充满了好奇和兴奋，她在剧中表现出对新事物的好奇和对生活的热情。她的声音特点应该是高昂而生动，能够传达她的情感和情绪。在表达时，可以经常使用夸张和强调，语调高亢一些，让她的角色显得更加天真活泼。

阿莫：阿莫的声音沉稳而有力，语调应该是缓慢而深沉的，给人一种权威感。他在剧中扮演的是村长，负责引导和照顾大家。发声时，可以保持低喉位状态发声，带到更多胸腔共鸣，使声音更立体。

2.2 语音的基本概念

本节主要介绍语音学中的基本概念，包括音节、音素、元音、辅音、声母、韵母和声调。通过本节的学习，读者将能够对语音的基本概念有一个全面而清晰的认识。

2.2.1 音节和音素

2.2.1.1 音节

音节,作为语音结构的基本单元,在听觉上具有显著的区分特征。

在中文交流中,一个汉字通常对应一个音节,使我们能够在沟通交流中逐字发音。音节在听觉上具有直观的感受,它们可以由一个或多个音素组成,如"啊"和"鹅"仅由一个音素构成,而"旷"和"北"等词汇则包含多个音素。了解音节的构成和特点,有助于我们更好地理解和运用语音知识。

2.2.1.2 音素

语音的最小单位,是从音色的角度进行划分得出的。

各个音素具有独特的音色,以"bei"这一音节为例,对其进行深入分析,可以确定其最小单位为三个,即"b、e、i"三个音素。

2.2.2 元音和辅音

依据音素发音特征,可将音素划分为元音与辅音两大类别。

2.2.2.1 元音

元音是指在发音过程中,声带振动、音质清脆、口腔气流畅通无阻的音。在普通话中,共有 10 个元音音素,分别为 a、o、e、i、u、ü。这些元音在发音时,声带振动明显,音色明亮,气流在口腔内畅通无阻。

2.2.2.2 辅音

辅音是指在发音过程中,声带不震颤,气流在口鼻腔受到一定程度阻碍所形成的音。如 b、p、m、r、n、ng 等。普通话中共有 22 个辅音音素。

2.2.3 声母、韵母和声调

汉语音节的构成主要包括声母、韵母和声调三个部分。

2.2.3.1 声母

声母,是指汉语音节开头的辅音。在普通话的 22 个辅音音素中,担任韵尾的仅有 ng,n 兼具声母和韵尾的身份,其余皆担任声母。

值得注意的是,汉语中存在部分音节并无辅音开头,故称为"零声母"音节,如"爱"(ài)与"安"(ān)。

2.2.3.2 韵母

韵母,作为汉语音节中声母之后的重要组成部分,其构造方式多样,可以由一个元音单独构成,也可由两个或三个元音共同构成,甚至可以包含元音与鼻辅音的组合,如"鹅"(é)、"藕"(ǒu)、"昂"(áng)。

元音与辅音的划分是基于音素的性质,而声母与韵母则是根据音素在音节结构中的位置进行区分。这两组概念各自独立,不宜混淆。在普通话中,声母均为辅音,但并非所有辅音都担任声母,如"ng"。元音则担任韵母,然而并非所有韵母全由元音构成,如"en"和"ing"等。因此,我们不能简单地将声母与辅音、韵母与元音画等号。

2.2.3.3 声调

声调是指音节中具有区分意义功能的音高变化。例如,"买"与"卖"之间的区别即在于音高的不同。

在汉语中,一个音节大致等同于一个字,因此声调也可称为字调。

2.3 口腔控制训练

在进行语音发声时,口腔的开度应相较于日常交谈时更为宽广。此举的目的在于为舌头提供更为充足的运动空间,这一目标的实现可以通过提升上颚(包括提颧肌、打开牙关、挺起软腭)以及放松下巴的方式来实现。需要强调的是,扩大口腔并不意味着大幅度张嘴,而是需要同时前后打开,形成"马蹄"状,即平放的"U"字形,后腔高于前腔,以此营造出一种标准发音的口腔状态。这种状态是语言艺术工作者在学习过程中需要不断运用的,同时也是教师评估学生发音状况的准则。学生自主练习时,可以借助镜子观察口腔的调整状况。

2.3.1 口腔控制的训练方法

关于提颧肌、打开牙关、挺起软腭、放松下巴的技术要领,以下将分别阐述。

2.3.1.1 提颧肌

当我们提到颧肌提升动作,很多人可能首先想到的是"提嚼肌"或"提笑肌"。但其实这两个名字并不太准确,所以我们在这里统一称之为"提颧肌"。你知道吗?当颧肌向上发力时,你会感觉口腔前上部好像变大了,鼻子也稍微张开了点,嘴唇,特别是上嘴唇,会紧贴牙齿。这种感觉就像嘴唇和牙齿成了好朋友,一起做运动。相比之下,如果你放松颧肌,嘴唇和牙齿分开,发音的力度就不好控制了。提颧肌可以让声音更亮,吐字更清晰。

2.3.1.2 打开牙关

上下颌之间的关节俗称牙关,打开牙关是抬起上腭的中部动作。打牙关就是要使上下槽牙在咬字时有一定的距离,尤其双侧上后槽牙应始终保持向上提起的感觉。虽然日常说话时很少有人咬紧牙关,但这里要作为一个要领提醒学习者特别注意到打开牙关的问题。因为它不仅可以丰富口腔共鸣，还可以使咬字位置适中、力量稳健，其作用是非常明显的。

2.3.1.3 挺软腭

软腭在上腭后部，用舌尖抵硬腭向后舔会感觉到它的具体位置。不说话时，软腭松软下垂，日常说话时也很少有人会有意识地将它挺起。挺软腭是抬起上腭的后部动作，它可以起到两方面的作用：第一，加大口腔后部空间，改善音色；第二，缩小鼻咽入口，避免声音大量灌入鼻腔而形成鼻音。

在发音过程中，软腭的提升应保持适度，并非越高越好。为了确保正确的发音形状，当软腭挺起时，口腔后部应呈现为标准的倒置桃形。此外，我们还需特别关注力的作用点，以小舌头（腭垂）作为力的中点，两侧力量应向小舌头方向集中。如力量运用不当，软腭可能会形成兜下的状态，从而导致发音的扁平和鼻音问题。因此，我们必须明确用力方向的重要性，即使感觉到"用力了"，也并不等同于软腭已经"挺起了"。在发音过程中，精准控制力和方向是确保正确发音的关键。

可以通过"倒吸凉气"和"半打哈欠"来体会。一般在这时软腭是挺起的状态，适度保持这种状态去发音，你就可能会听到不同于平时的声音效果。此外，有些字音（如"好"）发音时可以明显感觉到口腔后部的开度较大，用它去带发其他音节也会收到较好的效果。

"挺"是一个基本状态，但应注意到，音节的结构成分是各不相同的，再加上表达需要，播讲时不能一"挺"到底，还应有程度上的变化，否则又会带来"音包字"的问题。

2.3.1.4 松下巴

鉴于生理结构的差异，降低下巴在扩展口腔空间方面较之上抬上腭具有更显著的实际效果。在交谈过程中，有些人不自觉地用力收紧下巴，以期在发音时确保咬字坚定、语音清晰。然而，这种观念实则误区，过度使用下巴会导致舌根紧张、咽喉管道收缩、口腔形状扁平，进而使发音变得生硬、不自然。实际上，发音的力度主要源于口腔上半部分，而下巴应保持放松、配合的状态。在发音过程中，唯有下巴自然内收方能达到放松的效果。在日常生活中，人们在牙痛时说话，下巴往往较为松弛，这不妨作为一个参考。

2.3.2 打开口腔时的常见错误及解决方法

打开口腔有以下常见错误：

（1）横向张口。许多初学者在练习打开口腔时，受地方方言发音的影响，有咧嘴的现象或把提颧肌误认为提笑肌，造成 a 音的标准状态扁发。

（2）打开口腔时，下巴主动下压张口并向前伸，上腭不动，造成下巴与喉头紧张。

可采取以下方法解决：

（1）练习者坐在椅子的前 1/3 处，身体前倾，颈部放松，一只手扶住下巴与喉部相连处，保证下巴不动的同时，以上腭向后上方倾斜的方式张嘴，张嘴的幅度以下巴和喉头不紧张为底线，以完成松下巴和打牙关两个动作。

（2）轻轻煽动鼻孔，通过感受鼻孔动作提颧肌作半微笑状，也可让他人用两根指头帮助轻推鼻两侧感受提颧肌，上唇上提，以露出 6~8 颗上牙为最佳状态。

（3）保持以上状态，用嘴快速吸气，体会挺软腭的要领。

（4）在保证以上状态不变形的情况下，发 ei 音，并通过上腭继续上升，逐步过渡到 a 音。

【课堂练习】

借助朗读成语的方式，深入感知实际发音过程中口腔开度的变化。

风雨同舟　自强不息　画龙点睛　千锤百炼　亡羊补牢
水滴石穿　心灵手巧　春风得意　鹏程万里　背水一战
入木三分　推陈出新　英勇无畏　脚踏实地　洛阳纸贵
风起云涌　鬼斧神工　千载难逢　临危不惧　鹏程万里
矢志不渝　百折不挠　千姿百态　游刃有余　流芳百世
千锤百炼　各抒己见　全力以赴　出神入化　欢欣鼓舞
独具匠心　废寝忘食　乘风破浪　千方百计　精诚所至
春风化雨　临危受命　千娇百媚　无所畏惧　矢志不渝
拨云见日　集思广益　游刃有余　德高望重　精雕细琢
百折不挠　卧薪尝胆　饮水思源　兢兢业业　春风得意

2.3.3　改善音色训练

改善音色是在不影响表义的前提下，以音位理论为基础，可适当调整口腔的开合度和发音部位，做到"开音稍闭、闭音稍开，前音后发、后音前发，宽音窄发、窄音宽发，扁音圆发、圆音稍撮嘴角"，从而使音色"圆润集中"、吐字"颗粒饱满"。（"开音"是指开口度较大的音节；"闭音"指开口度较小的音节；"前音"指发音位置偏前的音节；"后音"指发音位置偏后的音节）

1. 以"开音"（前一音节）带"闭音"（后一音节），达到"闭音"稍开

安宁　按语　按理　傲气　奥秘　八股　巴黎　拔河
把戏　板栗　宝贝　保密　仓库　草地　抄袭　达因
打击　刚毅　傻气　康熙　来去　劳力　马蹄　毛衣

2. 以"闭音"（前一个音节）带"开音"（后一个音节），达到"开音"稍闭

技法　机械　苴麻　沮丧　苦熬　孤傲　提拔

渔霸　巨大　毒打　激发　立方　库房　寄放　里拉
蓖麻　出门　礼堂　碧桃　复杂　起赃　臆造　图章

3. 以"前音"（前一个音节）带"后音"（后一个音节），达到"后音"稍前

提高　预告　诗歌　体格　帝国　因果　阴沟　尸骨
难过　鼻孔　嗜好　刺客　理科　碧空　敌寇　司库
实况　余额　帝王　以往　失望　义务　比武

4. 以"后音"（前一个音节）带"前音"（后一个音节），达到"前音"稍后

刚毅　港币　高低　告捷　戈壁　革职　个别　更迭
梗死　宫女　共事　谷雨　过眼　船次　毫厘　合理
横笛　红利　厚意　蝴蝶　抗体　考妣　可以　乌鱼

2.3.4 吐字归音训练

吐字归音，作为我国传统发音技巧，在语言艺术工作者的职业技能中占据着举足轻重的地位。他们在长期的实践经验中，尤其在民间说唱艺术中，总结出了这一有效的方法。

对于语言艺术工作者来说，掌握吐字归音技巧至关重要。因为他们的工作主要依赖于有声语言，这种语言是经过艺术加工的生活语言，需要体现出优美、准确、完整和丰满的特点。吐字归音就是他们在发音过程中，对音节发音的各个阶段进行精细的处理，从而达到清晰、准确、富有表现力的发音效果。

学习应借鉴吐字归音的方法，对音节发音进行适度的调控。通过将一个音节的发音过程划分为出字、立字、归音三个阶段，并对其进行精细的处理，使发音更加精确、清晰和丰满。这样的发音技巧不仅有助于提升语言的表达效果，更有助于传达深刻的思想内涵和情感。

总之，吐字归音作为我国传统发音技巧，在语言艺术工作者的职业技能中具有重要意义。学习者需要通过学习和实践，掌握这种发音方法，以优化发音，提升语言的艺术魅力，在以后各类语言活动中，游刃有余地运用吐字归音技巧，为观众和听众带来高质量的语言体验。

下面以头尾俱全的音节"田"为例，来说明吐字归音对音节各部分的具体要求。

2.3.4.1 出　字

出字是指"头"和"颈"（即声母和介音，也叫韵头）的发音过程，即"咬字"阶段。咬字需要干净利落、弹发有力，与韵头快速结合。如"田 tián"中，t 是字头，i 是韵头，a 是字腹，n 是字尾。这整个音节是否有"力度"的关键，就在于整个字头的发音是否具有一定的弹射力。此外，字头部位是否准确、咬字是否适当，是汉语语流中是否字字清晰且有一定"亮度"的关键。

对于语言艺术工作者来说，出字阶段的发音至关重要。作为汉语音节的起始部分，字头和字颈（即声母和介音，或称韵头）的发音是否干净利落、弹发有力，直接影响到整个音节的力度和清晰度。因此，在咬字过程中需要遵循以下原则：

（1）精准定位：字头部位要准确，声母与字颈的组合要恰到好处。以"田"字为例，声母"t"的发音应在准确的位置（舌尖与上齿背）形成阻碍，积累充足的气力，然后迅速消除阻力，打开口腔。

（2）力度适中：字头的发音要具有一定的力度，既不过紧也不过松。我们常将这一发音过程形象地比喻为"噙"，意味着发音时要如同大老虎叼着小老虎跳跃山涧一般，既不紧也不松，恰到好处。过紧则死，过松则落。

（3）气息饱满：在发音过程中，要保证气息饱满，使声音具有弹性和活力。

（4）短暂敏捷：字头的发音过程要迅速、短暂，干净利落。避免拖沓、模糊地发音。

（5）标准定型：发音时要遵循标准规范，使字头的发音准确自然。

在实际工作中，需要将这些原则融入自己的发音过程中，使每一个音节都具有清晰的字头、饱满的气息和自然的发音。

2.3.4.2 立 字

立字是指韵腹，即字腹的发音过程。韵腹的发音既要"立得住"（也称立度），又要有"拉开立起"之势。在汉字音节中，口腔开合度最大、声音最响亮、泛音共鸣最丰满的就是韵腹（主要元音）再加上韵腹是声调（字神）的主要体现者，当声调和韵腹充实的声音结合在一起时，就会在有声语言中形成抑扬顿挫的语言音乐美。韵腹的发音还密切关系到一个音节的发音是否能形成"字润珠圆"的听感。所以立字的过程是韵腹的发音过程，且要求"打开立取，声饱满起"。这里仍然以"田 tián"为例，出字后口腔就应打开至发[a]的状态。这时气要跟上，要充实并取得比较丰富的泛音共鸣。与头、尾比较，韵腹的发音过程是最长的，应有"竖起"和"立体"展开之感。即使遇到窄元音"i、u、ü"充当韵腹时，我们的口腔也应适当开大些，这叫作"闭口音稍开"。这个部分要达到以下要求：拉开立起、气息均匀、音长音响、圆润饱满、前音后发、后音前发、窄韵宽发、宽韵窄发、圆唇扁发、扁唇圆发。

2.3.4.3 归 音

归音，即音节发音的收尾过程，亦称归韵。此过程要求字尾以弱收，肌肉从紧张逐渐放松，口腔随之由开放渐至闭合再渐渐放松。归音应干净利索、趋向明确，既不宜拖沓冗长，也不可唇舌动作不到位。在开尾音节收音时，应注意以减弱的声波收束音尾，同时保持口腔大小不变，避免"倒字""吃字"或"丢字"。其中，"倒字"指韵腹发音有误，字未能立住；"吃字"是字头发音不佳；"丢字"则是归音不到位，字尾丢失。音节发音的收尾过程即归音，要求"干净利索，趋向鲜明"。归音过程实际上是力量逐渐放松、气息逐渐减弱、口腔逐渐闭合、声音逐渐停止的过程，相较于出字、立字的阶段，其掌握难度更大。"干净利索"意指不以韵腹音响亮为借口而任意延长，避免因声废字；归音时也不应拖泥带水，保留尾巴。"趋向鲜明"则要求唇舌动作到位，最终达到以下标准：尾音轻短、完整自如、避免生硬、突然收住、归音准确、送气到家、干净利落、趋向鲜明。

2.3.4.4 "枣核形"

枣核形是指合并出字、立字、归音要求的吐字过程，应构成一个完整、立体的形状，即 "枣核形"。它不仅是吐字归音的基本规矩，同时也体现了清晰集中、圆润饱满的审美要求。还有，"枣核形"是以声母为一端、韵尾为一端、韵腹为核心，从而形成一个两头小、中间大的"枣核形"。

接下来这部分练习，用来体会和实现咬字器官对音节各部的控制。具体要求是：字头部位准确、弹动轻快；字腹拉开立起、圆润饱满；字尾干净利索、趋向鲜明。

2.3.4.5 声母、韵母拼合

声母和韵母的拼合练习是学习拼音的重要步骤，通过练习可以熟悉声母和韵母的发音，并掌握它们之间的拼读规则。以下是一些声母和韵母拼合练习的例子：

（1）b-ā→bā
（2）p-ā→pā
（3）m-ā→má
（4）f-ā→fā
（5）d-ā→dā
（6）t-ā→tā
（7）n-ā→nā
（8）l-ā→lā
（9）g-ā→gā
（10）k-ā→kā

以上例子中，每个声母和韵母的拼合都代表一个特定的发音。通过反复练习，可以逐渐熟悉这些发音，并提高拼音的准确性和速度。

除了上述例子中的声母和韵母拼合练习，还可以进行更复杂的练习，如多音节词的拼读、绕口令练习等。这些练习可以帮助提高拼音的熟练度和口语表达能力。

声母和韵母的拼合练习是学习拼音的重要步骤，通过这样的练习可以更好地掌握拼音的组合规则和发音技巧。

【课后练习】

1. 请将下列声母和韵母组合成正确的拼音。
声母：b p m f d t n l g k h j q x z c s zh ch sh r y w
韵母：a o e i u ü ai ei ui ao ou iu ie üe er an en in un ün ang eng ing ong

① b _____ ② p _____ ③ m _____ ④ f _____
⑤ d _____ ⑥ t _____ ⑦ n _____ ⑧ l _____
⑨ g _____ ⑩ k _____ ⑪ h _____ ⑫ j _____
⑬ q _____ ⑭ x _____ ⑮ z _____ ⑯ c _____
⑰ s _____ ⑱ zh _____ ⑲ ch _____ ⑳ sh _____
㉑ r _____ ㉒ y _____ ㉓ w _____

2. 请根据所给的拼音，填写正确的声母或韵母。
① shēng _____ ② pú _____ ③ fú _____
④ qīn _____ ⑤ hǔ _____ ⑥ wéi _____
⑦ jiāng _____ ⑧ cái _____

2.3.4.6 声母、韵母及声调训练方法

声母、韵母和声调是汉语语音的重要组成部分，它们的正确发音对于学习汉语至关重要。以下是关于声母、韵母和声调训练的详细指南：

（1）声母训练：声母，即音节开头的辅音。在进行声母练习时，需要关注以下几个方面：熟知声母的分类及发音特质，练习声母与各式韵母的组合搭配，以及注重声母发音的准确性与清晰度。

（2）韵母训练：韵母，位于声母之后的音节组成部分。练习韵母时，需要重视以下几个方面：熟悉韵母的分类及发音特点，掌握韵母的延长与缩短技巧，以及确保韵母发音的准确性及饱满度。

（3）声调训练：声调，贯穿整个音节的音高变化。在练习声调时，需要注意以下几个方面：了解四个声调（阴平、阳平、上声、去声）的特点，准确发出每个声调，以及注意声调的起伏与变化，使发音更具表现力。

（4）声韵调综合训练：在熟练掌握声母、韵母和声调的基础上，进行声韵调的综合训练。此阶段需要关注以下几个方面：练习正确发音，关注声母、韵母和声调的搭配；提升音节的连贯性与流畅度；增强语调和音调的运用能力，使发音更具感染力。

通过以上四个方面的训练，学习者可以掌握汉语语音的基本要素，提高发音水平，更好地学习和运用汉语。

【练习稿件】

蜀地西充·美丽乡村行

追寻南充往事，探讨身边话题，展现大众讲坛，观众朋友，大家好，欢迎收看"南充人话南充"。今天继续播出"蜀地西充"系列——《美丽乡村行》，欢迎收看！

春色满园关不住，古楼桃花红似火。每年3月，位于西充县东北部的古楼镇，桃花吐艳，大片花海吸引着四面八方的游人纷至沓来。

2013年3月，古楼镇成功举办了南充市第五届乡村文化旅游节暨西充首届桃花节。桃花节期间，古楼镇的农家乐远远不能满足游客的需求，不少农户摆起了路边摊，有卖小吃的，有卖土特产的，还有卖风筝的。短短几天时间，这些摆摊的农户都赚了个盆满钵满。据西充县旅游局统计，桃花节期间，古楼镇接待游客突破30万人次。

【采访农家乐业主】

品农家果、尝农家菜、吃农家饭、喝农家酒、观桃花景成为古楼赏花游的重要组成部分。随着当地基础配套设施的不断完善，"桃花经济"正逐渐升温。

首届桃花节举办10个月之后，"南充人话南充"栏目组来到古楼镇采访，这是我们"蜀地西充·美丽乡村行"的第一站。当时天气已经变得十分的寒冷，充国香桃园在白雾萦绕中，慢慢露出她神秘的面纱。

我们现在来到的这个广场叫作桃花广场。从2013年的3月份开始，每一年在这个地方都会举行一次非常盛大的桃花节，这个广场就是桃花节的一个主会场。那么在广场的周边，来，顺着我手指的方向看一下周边，近万亩的桃树种植在广场周围，非常盛大也非常多的桃树。可想而知在每年春季的时候，这里漫山遍野的桃花开了的时候是一个什么样的景象。当地旅游局的这些工作人员告诉我们，每年3月的时候，这里都人山人海，络绎不绝。

自2005年以来，古楼镇成片种植香桃近万亩。每到春暖花开时节，万亩桃花竞相绽放，随山势绵延起伏，远看如霞落大地，纱披山岗，又如"花海"泛波，美不胜收。

充国香桃是充国香桃园里面的一个有机品牌，那么这个桃也是西充的皮球桃。经过几十年的栽培培育而来的。来看一下这个桃树，这个桃树的个子不是很高，然后它这个桃树的树枝也向四周伸展得非常开。这个桃树非常有特色，比我们以前看到的桃树相对要矮一些。然后呢我想，如果是春季的时候，如果人行走在桃园里面，行走在桃树之间，是否有一种人面桃花相映红的感觉呢？

桃园中巨大的池塘，为桃树提供充足的水源，当地村民还专门给它取了个极富诗意的名字——桃花潭。

我们现在来到的这个地方呢叫作桃花潭，这个桃花潭啊据说以前是一个池塘，后来经过改建修建成这样一个桃花潭。为什么要叫桃花潭呢？据说是根据李白的一首诗而受到启发兴建的。李白的这首诗呢是这样写的："李白乘舟将欲行，忽闻岸上踏歌声。桃花潭水深千尺，不及汪伦送我情。"那么在桃花潭的后面，我们看一下就是整个农家乐的一个综合体了。如果是时逢3月开春的季节，就会有很多人到这里来观光。同时观光之余呢，就可以到农家乐里面休闲进餐娱乐。

古楼镇位于西充东北山区，距县城20余公里。为方便游客食宿，当地政府出资修建了极具农耕文化特色的桃醉山庄。

桃醉山庄，我们现在来到的这个山庄叫作桃醉山庄。它是西充县旅游局修建的，它修建的时间呢是2012年的12月份动工。2013年的3月份就正式投入使用了。来到这个山庄啊，我们就发现这个山庄里面非常有特色。一面是反映了西充的传统文化剪纸艺术，一面呢反映了西充的农耕文化。然后待会儿我们就将带领观众朋友一起走进这个山庄，山庄的里面分成很多的房间，是提供给客人休闲娱乐食宿的。当然这个房间的名字也是以西充的这些景点的名字命名的。

时光荏苒，斗转星移。曾经让我们为之骄傲的传统农耕在现代文明之光照耀下逐渐黯淡，丰厚的农耕文化裹挟着历史的风霜步入尘封的记忆，成为年轮线谱上颗颗沉睡的音符，但其精神实质依旧光耀千秋。

主持人，我们现在来到的这个餐厅非常有特色。无论从装修还是格调来说都体现了当地的农耕文化。来看一下屋顶吊的这个灯，是农村以前用的那种灯，叫马灯。然后再到它的桌椅板凳，小到碗筷这些呢，都是非常非常有特色的。这个筷子是用竹子削成的，然后在这里用餐的话，它的厨房不叫厨房，叫灶屋。厕所不叫厕所，叫茅房。在这个地方用餐的话，如果是上世纪70至80年代在农村生活过的人一定对这个地方非常有印象。因为在这里的墙上四处都挂的有一些农村里面经常看到的一些东西，比如筲箕、簸箕，还有蓑衣，还有像墙上的玉米啊、辣椒啊这些生活日用品和生活的必需品等等。

传统文化，根植于农业。农耕文化除了农业生产本身的规律和技术，还包括由此而产生出来的民间生活方式、行为习惯、民俗文化等。它浸透着历代先贤的血汗，凝聚着我们民族的智慧。

在朗读这篇文章时，声韵调方面需要注意以下几点：

（1）准确发音：朗读时应准确发出每个汉字的音节，注意声母、韵母和声调的组合。

（2）语调起伏：根据文章内容的节奏和情感变化，适当调整语调的高低、快慢、轻重。例如，在描述桃花盛开的美景时，可以适当提高语调，表现出兴奋和欣赏的情感。

（3）情感投入：朗读时应融入情感，使之更具感染力。例如，在讲述古楼镇成功举办桃花节的情况时，应表现出自豪和喜悦的情感。

（4）节奏感：在朗读过程中，保持节奏的稳定和流畅。注意句子与句子之间的停顿和连接，使整个朗读过程更加自然。

（5）吐字清晰：在朗读过程中，要确保每个汉字的发音清晰，避免含糊不清。此外，还要注意发音的准确性和规范性，以确保听众能够理解。

总之，在朗读这篇文章时，要注意发音准确、语调起伏、情感投入、节奏稳定和吐字清晰等方面，使朗读更具表现力和感染力。

【课堂练习】

一、韵母音色变化练习。

ai（虚声）	ai（虚实声）	ai（实声）
ei（虚声）	ei（虚实声）	ei（实声）
ao（虚声）	ao（虚实声）	ao（实声）
ou（虚声）	ou（虚实声）	ou（实声）
an（虚声）	an（虚实声）	an（实声）
en（虚声）	en（虚实声）	en（实声）

2 发声基础与语音训练

ang（虚声）	ang（虚实声）	ang（实声）
eng（虚声）	eng（虚实声）	eng（实声）
ong（虚声）	ong（虚实声）	ong（实声）
ia（虚声）	ia（虚实声）	ia（实声）
ie（虚声）	ie（虚实声）	ie（实声）
iao（虚声）	iao（虚实声）	iao（实声）
iou（虚声）	iou（虚实声）	iou（实声）
ian（虚声）	ian（虚实声）	ian（实声）
in（虚声）	in（虚实声）	in（实声）
iang（虚声）	iang（虚实声）	ing（实声）
ing（虚声）	ing（虚实声）	ing（实声）
iong（虚声）	iong（虚实声）	iong（实声）
ua（虚声）	ua（虚实声）	ua（实声）
uo（虚声）	uo（虚实声）	uo（实声）

二、词语练习。

美好	梦想	努力	成功	幸福	爱情	自由	激情	拼搏	进取
信念	忍耐	挑战	机遇	成长	改变	突破	灵感	创意	独特
个性	品味	时尚	健康	环保	自然	和谐	宁静	禅意	艺术
设计	美食	旅行	文化	传统	节日	礼物	家庭	孩子	教育
知识	书籍	音乐	电影	体育	游戏	冒险	梦想	探索	发现
科技	未来	进步	分享	快乐	喜悦	悲伤	痛苦	情感	倾诉
沟通	友谊	关爱	互助	团结	热情	温暖	爱心	善良	美德
修养	礼貌	尊重	宽容	谦逊	勇敢	挑战	进步	成长	责任
担当	自律	坚持	信念	价值观	理念	视野	胸怀	智慧	经验
成熟	魅力	品味	格局	目标	前行				

在练习时，请注意以下几点：

1. 准确发音，确保声母、韵母和声调的准确性。

2. 清晰发音，让字音饱满、清晰，易于听懂。

3. 圆润发音，使字音富有共鸣，悦耳动听。

4. 集中发音，让字音有力、集中，增强表达效果。

5. 流畅发音，注意词语间的连贯性和语气的自然过渡。

三、声韵夸张练习（音程长，声调全）。

bā	bá	bǎ	bà	dā	dá	dǎ	dà
巴	拔	把	爸	搭	答	打	大
fēi	féi	fěi	fèi	xiē	xié	xiě	xiè
非	肥	匪	费	些	鞋	写	泄

chū	chú	chǔ	chù	wāng	wáng	wǎng	wàng
出	除	杵	处	汪	王	枉	忘

在练习时，请注意以下几点：

对于上声字，先呈现降势而后升势，降势时要保持气息"托"住，升势时则要有犹如"上楼梯"的感知。

去声字需保持调高并降至最低，要有"托住上楼梯"的感觉。

阴平字要保持高而平稳的音调，可用"铺满地图"的感觉进行发音。

阳平字则要取中间位置并呈现升势，发音时可用"下一层楼梯"感知。

四、四声韵组合练习。

1. 四声正序练习

兵强马壮	阶级友爱	山穷水尽	山明水秀
山盟海誓	千锤百炼	飞檐走壁	飞禽走兽
风调雨顺	心怀叵测	心直口快	心明眼亮
瓜田李下	发凡起例	光明磊落	妖魔鬼怪
优柔寡断	安常处顺	阴谋诡计	花团锦簇
鸡鸣狗盗	鸡鸣犬吠	妻离子散	呼朋引类
金迷纸醉	积年累月	孤云野鹤	孤行己见
轻裘缓带	胸无点墨	高文典册	膏粱子弟
深谋远虑	窗明几净	思前想后	身强体健
心毒手辣	幡然改进	幡然悔悟	知情感义

2. 四声倒序练习

逆水行舟	妙手回春	热火朝天	兔死狐悲
驷马难追	信以为真	背井离乡	遍体鳞伤
步履维艰	万古流芳	倒果为因	地广人稀
调虎离山	奋起直追	叫苦连天	救死扶伤
具体而微	刻骨铭心	量体裁衣	刻骨铭心
墨守成规	木已成舟	暮鼓晨钟	弄假成真
弄巧成拙	破釜沉舟	剩水残山	视死如归
四海为家	痛改前非	万古长青	万里长征
万马齐喑	物腐虫生	下笔成章	象齿焚身
袖手旁观	耀武扬威	异口同声	众寡悬殊

五、绕口令训练。

1. 甲方乙方丙丁方，四方商量砌墙围花坊。甲方砌墙用乙方砖，乙方用了甲方泥抹墙。丙方看见甲方乙方忙，帮甲方提泥助乙方砖。丁方笑丙方帮倒忙，丙方丁方互相帮。

2. 山上五棵树，架上四层屋。屋里三个人，每人两个橘子。橘子树上挂，风吹橘子落。屋里人出门，捡起橘子各剥各的皮。

3. 一个大嫂一只鹅，一个大叔一头猪。大嫂把鹅赶进了大叔的猪圈，大叔把猪牵进了大嫂的鹅圈。大嫂生气，大叔赔礼。大叔把猪赶回猪圈，大嫂把鹅放回鹅圈。

4. 锻炼舌头：舌头伸出来，左右摆动，顺时针旋转，逆时针旋转。练习说"舌头打结"：舌头打结，舌头解开，舌头打结，舌头解开。

5. 男孩给女孩糖果，女孩给男孩玩具。男孩喜欢女孩的糖果，女孩喜欢男孩的玩具。男孩和女孩互相交换，彼此快乐。

6. 初级：说20遍"葡萄葡萄"；中级：说20遍"葡萄皮"；高级：说20遍"葡萄葡萄皮"。

六、稿件练习。

1. 今天，CCTV网络春晚释出了节目单。晚8点，CCTV-1综合频道、CCTV-3综艺频道及央视网、央视频、央视新闻等总台全媒体矩阵同步播出。

2. 昨天，湖南卫视春晚阵容曝光。张杰、凤凰传奇、罗云熙、孙芮、姚琛等官宣参加。据悉，湖南卫视"龙抬头"春晚将于2月3日晚19:30直播。

3. 开启预售两天，春节档新片总预售票房达到了1.26亿元，比去年同期领先近20%。其中，大年初一预售突破了1.2亿元。从排片看，贾玲的《热辣滚烫》和韩寒的《飞驰人生2》基本相当，都是占比27.1%。

4. 奈飞热门剧集《鱿鱼游戏》第二季曝光"第一眼"预告，仍然以成奇勋为故事核心，讲述染上红发的成奇勋的醒悟、变化与复仇。李政宰、李秉宪、魏河俊回归，任时完、姜河那等新加盟。在首季播出三年后，《鱿鱼游戏2》将于今年开播。

5. 近日，电影《阿凡达》演员佐伊·索尔达娜和史蒂芬·朗晒出幕后照，透露系列续集复拍的消息。此前，导演卡梅隆也公布了三部续作的动态：《阿凡达3》在后期制作，能赶上2025年的圣诞档期，《阿凡达4》已拍摄小部分，《阿凡达5》还未开拍。

6. 省级地方两会是观察中国经济的重要窗口。目前，中国31个省区市2023年GDP数据全部出炉，2024年经济增长预期目标也全数公布。从挑大梁的经济大省来看，广东成为全国首个GDP突破13万亿元的省份。江苏成为全国首个拥有5个"万亿之城"的省份。山东GDP首次突破9万亿元。浙江GDP首次突破8万亿元。四川GDP首次突破6万亿元，成西部首个GDP超6万亿元省份。

7. 中国物流与采购联合会今天公布1月份中国物流业景气指数。数据显示，1月份物流业务活跃度有所放缓，但仍延续上年四季度以来的回稳趋势。其中，电商物流业务增长较快，航空物流稳中有升。

8. 距离2024年春节已经不到十天，不少人已经踏上归家的旅途。按照火车票提前15天发售的安排，今天，2月16日（正月初七）的火车票正式开售。

9. 记者昨天从昆明海关获悉，2023年云南省鲜切花出口值达5.7亿元人民币，连续5年保持全国首位。在这里，每天有117个大类、1600多个品种的鲜切花完成交易，从昆明销往全国及海外，让鲜花香飘世界。

10. 2023—2024赛季中国男子职业篮球联赛（CBA）常规赛第37轮的一场焦点战昨天在浙江绍兴打响，浙江队以114：102击败前主教练刘维伟率领的"黑马"青岛队。

11. 昨天，第十四届全国冬季运动会滑雪登山比赛最后一项混合接力赛，在内蒙古自治区呼伦贝尔市扎兰屯金龙山滑雪场完赛，西藏、山东、辽宁、内蒙古、湖南等地的8支代表队经过角逐，最终，吉林队斩获混合接力赛冠军。

12. NBA官方今天公布2024年印第安纳波利斯全明星正赛替补阵容。根据规定，NBA全明星替补阵容由教练们选出，东西部两队各有7人。东部全明星替补是：米切尔、布伦森、马克西、布朗、班凯罗、阿德巴约、兰德尔；西部全明星替补有：库里、乔治、爱德华兹、莱昂纳德、布克、唐斯、浓眉。

13. 今天，西甲联赛第20轮一场比赛，由赫塔费主场对阵皇家马德里。最终，皇马2-0战胜赫塔费，连续14轮保持不败，积57分反超赫罗纳重返第一。英超第22轮，曼联客场4-3击败狼队，结束联赛2轮不胜，升至积分榜第7。

七、剧本练习。

（一）

阳光：欢迎光临阳光不锈集团1号生鲜超市，本集团主要经营新鲜水果，进口水果以及水果电商。想吃水果，不用上街，直接用手机下载本公司App——"阳光不锈"，1小时内送货上门，货到付款，线上线下，一键搞定。同时，每成交一笔，我们就会为彝家山寨的贫困孩子捐助一元钱作为爱心基金。买水果，献爱心，何乐不为？——当然啦，作为董事长，一般是不会轻易到门店的，今天主要是因为要和几位老朋友见面，所以一定要亲自来啰。哦，第一位朋友来啦，各位，最美的人民教师孟娜！

梦娜：好好学习，天天向上。

阳光：这第二位，西昌学院，马丹老师。

马丹：大学选西院，校园生活更灿烂。

阳光：让我们掌声有请来自彝家山寨最美的乡村教师，关心，关爱。

关心：大家好，我从山上回来了。

关爱：大家好，我也从轮椅上站起来了。

阳光：大家欢迎你们的掌声也响起来了。

梦娜：诶？这何乐怎么还没来呀？

阳光：这小子，我不是联系好了吗？

何乐：来啦，来啦，我这不刚下飞机吗！明天，我还要去美国为我公司上市做路演呢！但是为了我们阳光不锈五人组的友谊，我还是来啦。

阳光：好了好了，朋友们，阳光不锈五人组，西昌学院一日游，正式开始。

（二）

【马丹端起酒杯，一饮而尽】

马丹：阿莫大叔，各位乡亲，各位同学，我们要走了，我们，再见！

5人组：再见了，再见啦……

【孩子们哭成一团，拽着不让走。阿莫上来一一劝告，终于分开。正在这时，阿布狠命地上前拽住关心，突然开口说话。阿布："老师……不走！"众小孩也冲上去围着各位老师，不让老师走】

阿莫：好啦，孩子们，让老师们走吧，他们还有很长的路要走呐。

【阿莫过来带走阿布，众人眼看要分别。关心突然又折回来，紧紧地抱住小阿布】

阳光：关心，我们走吧。

关心：不，我不走了。（在众人惊奇的眼神中独白）其实我想了很久。我的老家也是一个贫困落后的山区，我从小的梦想就是长大以后能考上大学，然后，让家人过上幸福的生活，后来，我终于考上了大学，眼看着我就能实现自己的梦想了。可是，到了山寨以后，我发现，这里的每一个孩子都有他们自己的梦想，但是，光靠他们自己的力量是不可能实现的。小阿布需要我，彝家的山寨也需要我。所以，我决定留下来，实现他们的梦想。我想，我所追求的梦想，应该是让更多孩子实现他们的梦想！

阳光：关心，我支持你！祝你早日实现自己的梦想！

众人围过来：对，祝大家早日实现自己的梦想！（五人手掌在一起）

【歌曲《别离》（5人组主唱，众人和）】

阳光：我们要分别了，我们要说再见了，

孟娜：感伤的话说不出，感伤得我想要哭。

何乐：我们曾经都迷惘，我们曾经都幻想，

关心：往日亲爱如一家，如今分散各一方。

马丹：过去我们笑谈将来，将来又回忆过去。

阳光：平凡的事年少的梦，却时常让我感动。

全体：我的朋友啊，拭去你的泪，前路多坎坷，此去多珍重。

我的朋友啊，举起你的酒，前路多坎坷，此去多珍重。

旁白：2018年2月，习近平总书记在凉山考察脱贫攻坚工作时强调，让人民过上幸福美好的生活是我们的奋斗目标，全面建成小康社会一个民族、一个家庭、一个人都不能少。

近年来，凉山彝族自治州把教育扶贫作为治本之策，全力改善办学条件，全面落实民族地区15年免费教育，创办"一村一幼"幼教点3070个、招收幼儿11.5万名；举债24亿元新建乡镇幼儿园450所，改扩建寄宿制学校475所、新建158所，学前教育毛入学率及小学、初中适龄人口入学率分别达83.35%、99.54%、93.17%。全州贫困人口从2014年的94.2万人减少至49.07万人，贫困发生率从19.75%降至11.03%。党中央、国务院"精准扶贫"政策的光辉洒遍彝乡大地，造福凉山各族人民。

2.3.5 口腔控制综合训练

进行综合练习时，应在充分理解的基础上进行，确保言语有所针对、情感激发、积极互动，避免字句孤立、意义模糊。学习者需逐步将基础练习的成果运用于实践。

2.3.5.1 唇舌集中训练

在语音表达中,流畅自如地呈现有赖于唇舌的灵活运动。唇舌的运用若未达到一定标准,可能会导致语音中出现"吃字"(即部分或全部音节发音不清)、"滚字"(即音节间发音粘连)等现象,甚至出现音准偏差和语言僵硬。在此背景下,我们强调声音的集中性,即咬字器官的力量要集中。具体而言,唇舌的力量分配尤为关键。唇部力量的分散是导致语音散射的主要原因,因此,唇部力量应主要集中在唇中央的 1/3 部位。为提升唇部力量,我们可以借助绕口令进行练习,如"八百标兵奔北坡,炮兵并排北边跑,炮兵怕把标兵碰,标兵怕碰炮兵炮"。这样的练习有助于我们更好地感受和掌握唇舌的正确运用。

舌力的集中要注意两个方面:一方面,舌在发音过程中要作"收势",就是收拢上挺。这样才能保证舌在咬字过程中灵活且弹动有力。另一方面,将力量主要集中在舌的前后中纵线上。我们可以把上述舌力集中练习的要求体现到字词练习中,且以字词练习为主。如反复发出"ga、ka、ha、jia、qia、xia、da、ta、na、la",就可以由后至前对舌力进行全面锻炼。此外,绕口令的材料里有很多是以声母练习为主的,它们也可以锻炼舌力。我们可根据自己的情况,选择一些来练。

2.3.5.1.1 唇的练习

1. 唇的练习类型

(1)喷:[p]音练习。双唇紧闭,阻住气流,突然放开,发出[p]音。这个练习有助于掌握[p]音的发音要领,增强双唇的力度。

(2)咧:[p]音练习。先把双唇紧闭噘起,然后将嘴角用力向两边伸展(咧),反复进行。这个练习可以锻炼嘴角肌肉,提高发音的准确性。

(3)撇:[p]音练习。先把双唇紧闭噘起,然后向左歪,向右歪,交错进行。这个练习有助于提高唇部的灵活性,使发音更加准确。

(4)绕:[p]音练习。先把双唇紧闭噘起,然后向左转 360°,再向右转 360°,再交替进行。这个练习可以锻炼唇部肌肉,增强唇部的控制力。

2. 唇的练习注意事项

(1)保持放松:在练习过程中,保持身体放松,避免紧张。
(2)注重呼吸:保持稳定的呼吸,有助于发音的准确性和共鸣效果。
(3)持之以恒:每天安排一定时间的练习,持续提高唇部肌肉的力度和灵活性。
(4)结合其他发音练习:将唇部练习与其他发音练习相结合,全面提升发音水平。

2.3.5.1.2 舌的练习

在语音表达中,舌部动作对发音的准确性起着关键作用。一个灵活且有力的舌头可以帮助我们更好地发出各种音素,从而使我们的声音更加清晰、准确。以下是一些实用的舌部练习方法。

（1）刮：[t]、[d]音练习。舌尖抵下齿背，舌体用力，用上门齿齿沿从舌尖刮到舌面，反复进行。这个练习有助于掌握[t]、[d]音的发音要领，增强舌部的力量。

（2）捣：[k]、[g]音练习。将枣核样物体竖（两尖端正对前舌）放在舌面上，用舌面挺起的动作使它翻转，反复进行。这个练习有助于锻炼舌部肌肉，提高发音的准确性。

（3）弹：[t]、[tʰ]音练习。先将力量集中于舌尖，抵住上齿龈，阻住气流，然后突然打开，爆发出[t]、[tʰ]音。这个练习有助于掌握[t]、[tʰ]音的发音要领，增强舌尖的力量。

（4）咬：[k]、[kʰ]音练习。先咧唇，舌体后缩，舌根抬起至软硬腭交界处，阻住气流，然后突然打开，发出[k]、[kʰ]音。这个练习有助于掌握[k]、[kʰ]音的发音要领，提高发音的准确性。

（5）顶：[k]、[g]音练习。闭唇，用舌尖顶左右内颊，交替进行。这个练习有助于锻炼舌尖肌肉，提高发音的准确性。

（6）绕：[l]音练习。闭唇，把舌尖伸到齿前唇后，向顺时针方向环绕360°，再向逆时针方向环绕360°，交替进行。这个练习有助于掌握[l]音的发音要领，增强舌部的灵活性。

（7）立：[z]、[zh]音练习。先把舌自然平放在下齿槽中，然后向左、右翻立，交替进行。这个练习有助于掌握[z]、[zh]音的发音要领，提高发音的准确性。

【稿件练习】

格律诗是优秀的练习素材，其特点为语言凝练、短句寓深意、字词精简而情感丰富。因此，在朗读时，需注意语速适当放慢，确保字字清晰，尤其对于点睛之笔部分，要读得充沛有力，同时韵脚部分需表达明确。

稿件一

泊秦淮

[唐]杜牧

烟笼寒水月笼沙，夜泊秦淮近酒家。
商女不知亡国恨，隔江犹唱后庭花。

晚春

[唐]韩愈

草木知春不久归，百般红紫斗芳菲。
杨花榆荚无才思，惟解漫天作雪飞。

题菊花

[唐]黄巢

飒飒西风满院栽，蕊寒香冷蝶难来。
他年我若为青帝，报与桃花一处开。

稿件二

成都这个冬季，用"暖冬"来概括一点也不夸张，原本以为下雪这件事与今年的成都无缘了，但没想到，一场寒流来袭，也给成都带来了别致的雪景。昨天，受冷空气影响，成都昨晚最低温度跌破0℃，这就给成都周边不少地方带来了2024年的第一场雪，而经过昨晚一夜的降雪，成都周边不少地方都积雪了，这也给大家带来了一场美丽的雪景。

而今天雪后初霁，从今天早上开始天气逐渐好转，温暖的阳光也露了出来，那是不是成都开始转暖了呢？据成都气象台的消息，本轮降温将于明天结束，从周三开始，成都气温将会逐渐回升，22日晚到23日白天，天气以阴转多云为主，气温0~6℃，23日晚到24日白天，天气以阴天为主，气温0~8℃，从24日开始，成都市的气温将逐渐上升，最高气温将会突破10℃。在此也提醒大家，最近这段时间天气变化较大，晴雨天气转换较为频繁，大家出门一定要做好预防，勤带衣物与雨具，随时预防天气变化，谨防受凉感冒。

又是一年两会时，但今年确实有点不一样。2月1日，成都市第十八届人民代表大会第二次会议，在我们身后的锦江大礼堂开幕，一整天的会议议程结束之后，现在已经是来到了晚上的6点10分，我们可以看到身后还有不少步履匆匆的代表们，赶紧跟着他们，去看看。

跟随代表们的脚步，我们来到了"代表局长面对面"的咨询交流会现场，这时候还在现场的不仅有成都市的人大代表们，还有市财政局、经信局等数十个单位的主要负责同志和有关同志，三个领域：社会领域、城建领域和社会领域。

这儿是经济领域会场里，摆放了局长及相关负责同志的名牌的"交流桌"，围上了一圈。距离7点开始的交流会还有二十分钟，成都市的人大代表们，还有市财政局、经信局等数十个单位的主要负责同志和有关同志提前来到现场，率队落座。晚上7点交流会正式开始，代表们早已找准目标，在座位席上踊跃举手示意，直奔主题，与相关负责同志"面对面"开聊。

多位代表围绕科技成果转化、人工智能产业高质量发展、民营企业提振信心，培育专精特新企业、民生保障财政投入、"三农"问题、电子商务、推动"三城三都"建设、2024促消费活动、发展成都航空经济上等诸多方面进行了提问。在相关负责人的回答中，我们也听到了非常多令人印象深刻又暖心的话语：比如："民生无小事，枝叶总关情""就业是民生之本""推动营商环境优化'看得见、摸得着、感受得到'"。同时，我们也清楚地了解到了2024年成都在经济领域即将推出的实际举措。

这一场咨询交流会从晚上的7点正式开始，持续了两个多小时，大家伙儿颇有意犹未尽的感觉。通过代表们积极有序的发问，局长及相关负责同志的问则必答，零距离的直接沟通，让双方都"满载而归"。现场聆听这些问题，我们可以发现民众关心的也正是代表们现场所关切的。在代表们看来，高效的对谈后，许多具体问题的实施解决方法已有思路，2024年，上下齐心，我们将坚定信心决心、保持战略定力，努力在危机中育先机、于变局中开新局，拼经济搞建设，让幸福成都持续可感可及！

活动现场，通过一对一企业对接、企业分享推介等形式，来自成都汽车、电子信息、航空航天等领域的31家重点产业链链主企业及龙头企业与116户京津冀地区央企国企、中国500强、专精特新"小巨人"企业等合作伙伴互换名片、互加微信，对接业务增进感情，现场签下16.4亿元订单。

一汽-大众捷达品牌&成都分公司主管大客户经理：我们一汽大众也充分利用这次机会，和来自京津冀当地的一百多家企业、两百多个潜在客户进行了卓有成效的沟通。在本次对接会上，我们也是抓住这样一个机会，和我们重要的客户，比如神州租车、花生好车等实现了共计1000台车采购的订单，合计采购金额在一个亿企业介绍及此次签约订单情况

东方电气（成都）氢燃料电池科技有限公司副总经理："此次已经签约两家企业，合计金额有一个多亿，效果还是非常好，也有企业对我们非常关注。"

中国重汽集团成都王牌商用车有限公司总经理："经过前期布局，在经信局的指导下，我们在京津冀取得的成果非常不错，签约6家企业，总金额2.2亿元，接下来我们相信，我们产品进入市场，将带来源源不断的订单。"

此次京津冀之行，企业签约、讨论的内容中，科技创新、绿色低碳成为不可或缺的关键词。不少企业还签署了关于氢能、新能源、数字经济等方面的协议，体现出新型工业化的特点。

东方电气（成都）氢燃料电池科技有限公司副总经理张定海："新型工业化所使用的能源会更向双碳迈进，向低碳或者零碳迈进，一方面是社会责任；第二方面，随着人力资源成本的提高，各个企业都要数字化，科技化才能制造出更拿得出手的产品。"

近年来，成都高水平推进产业建圈强链，全力推动经济发展稳中有进、量质齐升。发力新型工业化，成都高举"工业立市制造强市"一号工程、持续推进产业建圈强链，"圈"动高质量，"链"动新未来。2024年，成都还将组织制造业重点产业链链主企业、龙头企业赴长三角、粤港澳大湾区等地区开展拓市场促交流活动，进一步打通产业链上下游、左右岸。通过与京津冀企业持续对接，预计2024年度采购订单将达100亿元。

2.4　呼吸控制训练

语音发声的原理可以概括为以下几个步骤：首先，肺部呼出的气息通过气管，使喉咙内的声带振动，产生微弱的声音。此后，这种声波在咽腔、口腔、鼻腔等腔体中产生共鸣，得到放大和美化。最后，通过口腔唇、齿、舌、牙、腭的协同作用，形成不同的声音。这四个环节——呼吸、发声、共鸣、咬字，紧密相连，共同构成了语言艺术工作者发声的过程。

若无气息，声带便无法振动发音。人体发声的动力源自呼出的气息，其速度、流量、压力大小对声音的强度、音高、时长、音量以及共鸣状况产生直接影响。气流的变动则关联声音的响亮度、清晰度、音色的优美与圆润，以及嗓音的持久性。因此，要调控声音，须先掌握呼吸。

2.4.1 呼吸方式及特点

2.4.1.1 播音主持工作者的呼吸方式及其特点

1. 胸式呼吸

胸式呼吸的特点是通过胸廓的扩张或收缩来带动肺部的扩大或缩小，从而实现呼气和吸气。肺部除在横膈肌活动下能扩张外，在胸廓的作用下也可以实现横向扩张。胸廓是由肋骨及其附着的肌肉组织构成的桶状结构，环绕着胸腔。肋骨构成胸廓的框架，而肋间肌肉则可以通过不同的收缩方式调整肋骨的位置，使得胸径得以扩大或缩小，进而带动肺部向四周扩张或缩小。

胸式呼吸气息量较小。通常情况下，胸式呼吸往往是腹式呼吸的补充。呼吸时，如果横膈的下降没有受到阻碍，先要进行腹式呼吸。当横膈下降到一定程度，下降阻力变大时，如果还需要进一步吸气，这时，作为对腹式呼吸的补充，胸廓的扩张才会明显。

在正常情况下，人们的呼吸是以腹式呼吸为主的，胸式呼吸一般不会单独出现。单纯胸式呼吸的出现，常常预示着横膈下降严重受阻，无法继续下降。这种状态往往是非正常的。对于语言艺术工作者，造成以胸式呼吸为主这种非正常呼吸状态的最常见原因是心理紧张。紧张会使身体的各部分肌肉处于紧绷状态，腹部肌肉高度收缩，使腹腔压力增大，从而造成横膈下降困难。在这种情况下，胸廓作用明显加强，形成以胸式呼吸为主的呼吸状态。消除心理紧张、使身体处于放松状态，是避免胸式呼吸的主要方法。除了心理紧张，进食过饱、吸气时收腹过度、不正确的身体姿势等也会造成以胸式呼吸为主的呼吸状态。

胸式呼吸还会出现在某些强烈的情绪状态中，当人们处于兴奋、恐惧、惊喜等状态时，身体的肌肉组织会呈现紧张状态，这时，横膈下降也会受到阻碍，形成被动的胸式呼吸。

2. 腹式呼吸

腹式呼吸特点在于以膈肌的运动为驱动，实现肺部的扩张和收缩，从而完成吸气和呼气的过程。膈肌，位于胸腔和腹腔之间，也被称为横膈或横膈膜。在腹式呼吸的吸气过程中，膈肌收缩，朝向胸腔的横膈向下收缩并趋于平直。在此过程中，肺部受到横膈的带动而向下扩张，从而吸入气流。呼气时，膈肌放松，横膈膜随之回弹，气流在挤压作用下从口鼻腔排出。

腹式呼吸是人类固有的呼吸方式，膈肌的运动为不受主观意愿控制的自主运动。自出生起，人类便具备这种呼吸能力。在日常生活中，我们基本采用这种呼吸方式。一方面，由于这种呼吸状态处于自然模式，其在呼吸过程中的控制力度较弱，发音时长有限，气流稳定性不足。另一方面，这种呼吸方式使得气息舒缓、发音自然，且富有情感色彩。此外，膈肌具有较大的活动空间，因此，腹式呼吸能够实现较大的气息变化幅度。

普遍观点认为，腹式呼吸的吸气量较小，在语音发声领域并无显著的应用价值。然而，在实际语音发声过程中，我们发现腹式呼吸具有放松、自然的特点，且能够实现较大范围的变化。在日常生活中，我们所使用的腹式呼吸，由于话语简短、气息需求量有限、呼吸深度不高，其较大的呼吸潜力尚未得到充分发掘。因此，在陈述类语句较短的节目中，腹式呼吸往往得到广泛应用。

3. 胸腹联合式呼吸

胸腹联合式呼吸是一种混合了横膈膜运动与胸腔扩张收缩的呼吸方法。在日常生活中，此类呼吸方式并不普遍，大多数人需接受专业培训，方能自如运用。胸腹联合式呼吸具有气体量大、进气速度快以及发音持续时间长等特点，因此，对于语言艺术工作者而言，熟练掌握此基本呼吸技巧非常重要。

胸腹联合式呼吸的实现，并非简单叠加，而是借助腹式呼吸的大吸气量及胸式呼吸的补气功能，最大限度地提升吸气效果，在呼气过程中通过适度的控制手段保持呼气的均衡，从而延长发音时间。

比较上述三种呼吸方式，我们发现，适合语音发声对气息要求的是胸腹联合式呼吸，这有利于调节气息，使之顺畅均匀、深浅适中、运用自如。胸式呼吸气息比较浅并且少；腹式呼吸气虽然能吸得比较深，但是进气量不多；胸腹联合式呼吸法则使胸腔、横膈膜及腹部肌肉控制呼吸的能力得到合作，不但扩大了胸腔的周围径，而且扩大了其上下径，因而人体能够吸入足够的气息，使气息的容量增大。另外，稳定地保持两肋及横膈膜的张力、与来自小腹的收缩力量形成均衡的对抗，有利于形成对声音的支撑力量。这种呼吸方法容易控制呼吸，而且容易操纵和支持声音。

2.4.1.2 舞台戏剧演员、影视演员及配音演员的呼吸方式及其特点

演员的呼吸方式主要包括腹式呼吸、胸式呼吸和呼吸控制等。这些呼吸方式在表演或配音中起着重要作用，帮助演员更好地控制气息，发出稳定、有力的声音，增强情感表现力。

1. 腹式呼吸

腹式呼吸是一种深度较深的呼吸方式，演员通过腹部的膨胀和收缩来控制气息。腹式呼吸可以使声音更加稳定、有力，有利于演员在表演过程中保持充足的气息。

2. 胸式呼吸

胸式呼吸是一种通过胸廓扩张或收缩来带动肺部扩大的呼吸方式。这种呼吸方式可以帮助演员在表演过程中更好地控制气息，使声音更加丰富和动听。不过，演员在表演过程中应以腹式呼吸为主、胸式呼吸为辅。

3. 呼吸控制

呼吸控制是舞台戏剧演员必备的技巧。演员需要根据角色、情感和场景的要求，灵活运用腹式呼吸和胸式呼吸。呼吸控制包括控制呼吸的节奏、深浅、快慢等。通过呼吸控制，演员可以保持声音的稳定性和连贯性，提高表演质量。

4. 呼吸与表演相结合

在表演或配音中，演员需将呼吸与表演相结合。例如，在表现角色激动、愤怒或悲伤时，可以运用急促、深浅不一的呼吸来增强情感的表现力。

演员需在表演过程中，根据角色、情感和场景的要求，灵活运用这些呼吸方式，以提高发声效果和表演或配音质量。通过长时间的训练和实践，演员可以逐渐掌握适合表演或配音的呼吸方式，为观众呈现更加精彩的表演。

【课堂练习】

借助以下稿件，悉心练习并熟练运用舞台戏剧的呼吸技巧。

稿件一

【幕启，第二年的春天，彝家山寨，5人组收拾好行李准备返回学校】

马丹：趁时光还没远走，快与我携手同游。

孟娜+何乐：青山苍苍绿水也悠悠，快快来说走就走。

关心：青春会永远不朽，只因今天的坚守。

阳光：等到白发苍苍的时候，才有回忆在心头。

全体：来……亲爱的人，快与我携手同游。

孟娜：踏遍青山人未老，走过绿水水长流。

全体：来……亲爱的人，快与我携手同游。

阳光：莫叹时光匆匆过，青春是最好的朋友。

稿件二

孟娜：YEAH，终于可以回家了！

阳光：终于可以吃二食堂的香水牛肉啦。

马丹：你呀，就知道吃！说实话，你们现在最想回去干什么？

孟娜：我要回家好好地洗一个泡泡浴。

阳光：我得回去找工作，挣钱！

何乐：我要创业，创业。

马丹：欸，关心，你的行李呢？

【远处传来歌声】

关心：我……

何乐：（打断关心）诶？你们听，有歌声。

【远处的山岗上，阿依带领同学们唱起了留客歌。陆陆续续，来送别人越来越多，阿莫大叔、阿布也来了】

【彝家山寨众人唱《请你留下来》】

众人：请你留下来，请你留下来，漫山遍野索玛花儿为你开。

请你留下来，请你留下来，不要还没告别就离开。

请你留下来，眼泪流下来，这次走了什么时候再回来？

请你留下来，何时再回来？难道还要等到花儿开？

请你留下来，请你留下来，请你，请你，请你，留下来，留下来！

【众人将五个人围起来】

马丹：我们想着不要惊动同学们和乡亲们，所以就留了一封信，不辞而别了，对不起大家了。

阿莫：你看，来的时候我是用苞谷酒迎接的大家，走的时候，也不能失礼，来，再喝一碗彝家的苞谷酒，祝你们学业有成，宏图大展！

【众人接过酒，开始喝】

马丹：阿莫校长，你知道，我是不喝酒的。

阿莫：小马老师，我说个不中听的话，你们这一走啊，天远地远的，就是想回来，也可能都没机会啦。不为我喝，来，就为你们生活了一年的这间小破屋吧。

【练习稿件】

借助以下稿件练习并熟练掌握影视表演与配音的呼吸方式。

稿　件

【教室里，学生在准备上课】

阳光：（独白）各位亲爱的志愿者伙伴们，告诉大家一个好消息，苹果全部都卖出去了，这里面有我们每一个志愿者的功劳，感谢大家！对了，这是我们在山上的最后一天了，明天我们就要出发回城，小伙伴们，我们学校见！

学生甲：阳光老师，刚才您说，你们要走？

阳光：（略一迟疑）哪有，我们阳光不锈 5 人组会像太阳的光芒一样，每天都会跟大家在一起。而且，就算我们要回城里去，彝家山寨的太阳也会照常升起。

学生乙：老师，城里的孩子是不是真的比我们山里孩子聪明？

阳光：绝对不是，城里和山上都有聪明的和不聪明的，比如说，城里既有像阳光老师这样聪明的，也有像何乐老师那种不聪明的。（何乐表示不屑）

孟娜：小的们，集合了，最后一次升旗仪式啦。

学生甲：最后一次？老师，你们真的要走？（孟娜愣住）

阳光：哪有，孟老师说的是最好的一次升旗仪式。对不对？广东话，最好，说出来就是最后。

孟娜：嗯……是啊……最好一次，最好一次……

学生乙：有什么不一样吗？

孟娜：有……啊，那个，阳光老师，请你告诉大家今天的升旗仪式跟以前有什么不一样？

阳光：额，有什么不一样……那个，升旗之前，你们最美的孟娜老师会教大家……唱一首歌。

孟娜：对，我和你们最帅的阳光老师（强调阳光老师），会教大家唱一首歌。

众学生：什么歌？

阳光：对啊，孟娜，我们唱什么歌？

孟娜：你是头儿，你说唱什么就唱什么。

阳光：好！起音乐！

2.4.2 呼气的要领

对呼气的控制是整个呼吸控制训练的重点，因为有声语言是在呼气的过程中发出去的。呼气的练习要把握这样一个过程：一是锻炼持久力；二是保持稳定状态；三是掌握调节方法，使呼吸运动自如。

1. 持　久

气息持久有两层含义：一是一口气能坚持较久，发出较多的音节；二是长时间保持良好的呼吸状态。它们对于语言表达都具有实际的意义。

气息要达到持久，除了积极锻炼之外，还可以从呼气这个环节来考虑，关键点就是节省。节省的具体办法可以归纳为以下几点：

（1）根据科学的分析和测试，耗气量最大的是在人使用低音时，尤其是虚弱的低音时。这是由于声带松弛并留有间隙。使用高音，尤其是高强音的时候，声带变得紧张，闭合得紧密，耗气量只相当于前者的一半。在使用偏实的中音时，声带张力和气息压力都处于适中状态，其耗气量又只相当于使用高强音的一半。它们的用气量比例大约为4（低弱）：2（高强）：1（中实）。因此，要尽量使用偏实的中音。

（2）我们极力倡导"吞""吐"并用，这种方式既能有效表达，又能节省气息。"吞"与"吐"是调控呼气发声的两种意识。以内收感为主导的控制方式称为"吞"，以外送感为主导的控制方式则称为"吐"。

"吞"并非倒吸气，而是在呼气过程中，使吸气肌肉群最大限度地发挥功能，从而减少呼出的气量。反之，在"吐"的过程中，呼的力量明显大于吸的力量，进而增加呼出的气量。

若仅从节省气息的角度出发，首选"吞"的方式。然而，考虑到人体的自然运动规律和习惯，我们需要有张有弛。从声音色彩的变化和感情运动的需求来看，也要有收有放。人们通常习惯使用"吐"的自然方式，而不适应控制力较强的"吞"方式，这就需要有意识地练习。

（3）由于唇舌力度加强以及唇舌的配合，也可以起到节省气息的作用，我们也需要加强唇舌力度。在咬字过程中，唇的一张一闭、舌的一抬一落，都会形成对呼出气流的控制。

以上讲的三点，都是基本技能的训练，无论是偏实中音的使用、"吞""吐"的结合还是唇舌力度的加强，平时都是可以独立进行的。而在实际运用中，却是要综合控制的。

2. 稳　劲

稳劲状态的产生，源于呼、吸两大肌群的相互作用。为便于理解，以下以气球为例进行比喻：将胸腔视为气球，喉口为气球的进气口，气球充满气后，若用手指缩小进气口，气体的进出将受到明显约束，变得有规律且均匀。然而，在人体中，缩小进气口相当于收紧喉头，虽然这种动作能起到一定效果，但并不适宜，因为过度强化喉头在发声过程中的挡气作用，会导致发声器官的损耗，并使声音变得紧张僵硬。发声时，有些人脖颈变粗、颈静脉突起，这与错误的呼气控制方式有关。若突然放手，气球内的空气将因气球皮肤向内的弹力而不规律地释放。这与日常生活中的呼气相似，当吸气肌肉群的力量一旦放松，胸廓便立即回缩，体内的气体随之迅速排出。若想使充满气的气球在不限制进气口的情况下规律地释放气体，实属不可能，因为气球仅存在一致向内的弹力。然而，人体却具备这种可能性，那就是通过形成一种"拮抗作用"，使呼气变得有规律，从而实现对呼气的稳定控制。那么，如何实现这种"拮抗作用"呢？在呼气过程中，适度保持吸气的感觉，用吸气肌肉群的力量抵抗呼吸肌肉群的力量，一段时间后，便能形成这种"拮抗作用"。

3. 调　节

声音色彩的变异受制于生动活泼的气息运动，而语言的表现力则受到声音色彩变化的间接影响。因此，除了掌握稳定且持久的呼吸控制技巧，学习者还须深入理解气息运动的控制规律，以实现情感色彩随内容变化的同步调整。

在进行播讲时，学习者必须对所传达的内容进行深入的理解、全面的体会和真切的感受，以激活心理动作，确保气息与情感的协调一致。气息控制的"自动化"关键在于情感的准确把握。若无情感驱动，呼吸将变得僵硬，声音色彩也将失去变化。在呼吸控制的进阶阶段，学习者需运用情感来灵活调节呼吸运动，通过熟练掌握胸腹联合呼吸的基本要领，以实现自由且本能的呼吸感知。

在训练过程中，学习者须始终保持清晰的认知，并以坚持不懈的精神掌握各项基本要点。随着时间推移，公众的审美倾向不断发生变化，其中，柔和自然的声音愈发受到人们喜爱。因此，精准把握呼吸的轻控制状态变得至关重要。需强调的是，轻控制并非简单的控制方式，实际上具有较高挑战性和复杂性。此外，需明确指出，"轻控制并非建立在强控制基础上，反之，强控制才是轻控制的基础"。同时，我们应认识到，纯自然的低音与轻控制之间存在本质区别。

2.4.3 吸气的要领

要建立有控制的胸腹联合呼吸，应首先从吸气的练习开始。在吸气过程中，要做到以下几点：调动胸廓的吸气肌肉、膈肌和腹肌积极运动，使之参与控制，并有效地扩大胸腔容积，从而增加吸气量。吸气有如下几个基本要领：

1. 两肋打开

一般感觉两肋的打开，以左右的平衡运动为主，尤其后腰部感觉较为明显。我们可以这样做：吸气时，肩胸放松，使肋部得到较充分的扩展，而此时，膈肌与胸廓的运动也产生了联系。

2. 腹壁"站定"

吸气时，上腹壁保持不凸不凹的状态；在胸部扩张的同时，应使腹部肌肉向小腹"丹田"位置收缩。

3. 吸到肺底

以吸到肺底的感觉引导气息通达体内深部，使膈肌明显收缩下降，有效地增加进气量。

以上三条要领是胸腹联合呼吸一次吸气动作的分解，除了在分解的基础上有所体会外，学习者还应获取综合感觉，以建立胸、膈、腹在吸气过程中的相互联系。因为这三条要领在吸气过程中是"同步"进行的。

2.4.4 换气的要领

要想使气息持久地发挥动力作用就必须在使用的过程中，及时不断地补充。换气必须注意换气的要领，概括起来就是"句首换气，换气到位，换了就用，留有余地，无声吸气"这二十个字。下面我们来逐一解析一下。

（1）"句首换气"除了句中的气息需补充外，每句结束后都要另行换气，此时要特别注意，不是读完后马上进气，而是要在下句开始前进气。否则，不但会破坏句子间的感情转换，还会给人以急促感。

（2）"换气到位"换气时，"丹田"及下肋的感觉应该是时刻在变化，而不是时有时无。不能因为换气而改变了呼吸的方式。

（3）"换了就用"吸气后要马上使用，否则体内感觉消失，力量也就会松懈。除非是感情上的需要，不然一般不作较长时间的停顿。

（4）"留有余地"吸气并非越多越好，吸气过满会导致声音僵持，所以应适度。一般情况下，吸到七八分满就可以了。使用中的气息应有所储存，如果等气用完了再吸，就会使人感到精神疲惫。所以，即使到了该换气的时候，自己的体内也应还有部分余气。

（5）"无声吸气"在用声时，我们的胸腔应形成一个有弹性的"橡皮球"，且小腹保持控制状态。这样做的目的是，一旦气息有欠缺，就可以在语言的顿挫中得到及时、"自动"、无声的补充。

在播讲过程中，为了实现快吸慢呼的状态，掌握偷气与抢气的技巧至关重要。此外，补气的时机亦十分关键，只有在播讲中适时地进行气息的补充与替换，才能使运用更加从容自若。气息的补换应与语言的停顿相结合。补换方法可分为以下三种：抢气，即在无暇顾及声音的情况下进行吸气；就气，虽有停顿，但并不进气，而是调动体内余气进行补充；偷气，为短暂无声地吸气。在这三种方法中，偷气是最常用的一种。

【练习稿件】

对以下稿件进行实践训练，以熟练掌握换气技巧。

稿　件

马丹回到现实：你们不收，你们这些男人不收，好，那我们女人来收，孟娜，关心，走。(冲出去)

马丹：乡亲们，刚才阿莫校长和阳光老师说不收，不代表我们不收，现在我宣布，他们不收，我收！

众人拿着土豆、大米等袋子一窝蜂地将3个女老师围住，纷纷叫嚷"收我的，收我的""我家土豆最好吃""我自家种的包谷"。

马丹：大家不要挤，不要挤。

孟娜：(大吼一声)不要挤啦！……

【众人立刻散开，静止】

乡亲：(为难地走到两人跟前)马老师，阿莫校长，你们不要怪我，过几天就是彝族年了，这个猪头是大伙儿一份心意，其他的可以不收，猪头一定要收。

马丹和阿莫：(异口同声)不收！娃娃留下，东西拿走。

【众人一时尴尬，面面相觑】

阳光：(看着两人，结巴)这，大家看法不都是一致的吗？

阿莫：那她先前一直说要收要收。

马丹：我说的是这些娃娃全部都要收啊。

阿莫：是啊，我也说全部娃娃都要收啊。但这些东西一样都不能收，我是村长，我知道每家每户的困难，以前学校没吃的，多少收一点，现在天天有肉吃，还收什么收。

马丹：对不起了啊，阿莫大叔，我是个急性子，老爱冤枉好人，以前阳光也被我冤枉过。(阳光摊开双手摆个无奈的姿势)

何乐：哦，我明白了，看起来好像是个误会。

阳光：全世界都明白，就你才明白。阿莫师兄，趁今天这么多乡亲都在，我有个好消息要告诉大家。

阿莫：还有比娃娃们排着队来上学更好的消息吗？

阳光：阿莫师兄，上个月阿依告诉说，你因为村子里的苹果卖不出去急火攻心。

阿莫：这丫头，什么都往外说。

阳光：我们又不是外人。后来我就跟何乐开发了一款订阅号……

【何乐缓了一下，得意地站出来】

阿莫：什么号？

何乐：订阅号，全名叫"阳光不锈公益 5 人组"，它是基于微信公众平台上的一种应用账号，在此平台上可实现对特定群体的文字、图片、语音、视频的全方位沟通和互动，形成一种全新的线上线下互动的营销模式。（众人惊愕）

阳光：简单地说，通过它我们可以让山外的人及时地知道我们这里发生了什么，有什么需要帮助，相当于瓦屋社村的 CCTV。

马丹：通过这个订阅号，我们把寨子里困难告诉了全世界，好多人都在转发这个信息，最后不仅把寨子里的苹果全都预订出去了，还有人把明年的都一起预订了。

阿莫：这是真的吗？

马丹：是真的，阿莫校长。

阳光：后天，车队到山下收货！

阿莫：（激动地）你们，有知识，好，好啊，谢谢大家，谢谢大家啦，代表全村的父老乡亲，我谢谢大家了。（激动地不停作揖）乡亲们，今年的苹果有销路啦，大家回家，摘苹果！

2.4.5 呼吸控制法

多年形成的呼吸习惯使得初学者在学习胸腹联合式呼吸时，对所需呼吸肌肉群的控制能力较弱，难以运用正确的呼吸方法，从而导致气息紧张、急促、不稳定等问题。即便了解胸腹联合式呼吸的原理，也可能难以把握其实际操作要领。因此，学习者需要通过体验和掌握胸腹联合式呼吸的基本动作要领，形成符合语音发声需求的呼吸方式，并持之以恒地锻炼与呼吸相关的肌肉群。以下将介绍相应的训练方法。

2.4.5.1 腹肌的锻炼

1. 丹田绕脐

我们先用双手推拿按摩，把腹部的力量集中于丹田，然后以肚脐为中心，左绕数圈，右绕数圈，如此反复进行。

2. 负重挺腹

先仰卧床上，然后将几本厚书放在腹部，感觉腹肌力量向"丹田"位置集中，然后吸气顶起、呼气放下。

3. 端坐举腿

先端坐在椅子的前部（不能倚靠椅背），双脚伸直并拢，脚跟慢慢地离地举起，无力时放下后休息，然后重复上述动作。

4. 仰卧起坐

仰卧，双手枕于头下，慢慢地屈身坐起。这个动作可以持续练习，逐步提高，逐渐达到男生连续做 40 次、女生连续做 30 次的标准。

2.4.5.2 膈肌的锻炼

锻炼膈肌的传统方法一直以来都是播音员、演员、歌手等从事发声艺术的人群关注的焦点。然而，传统方法的某些方面存在着一定的不足，如方法不当，可能会对发声器官造成不良影响。因此，我们需要对传统方法进行改良，以适应现代发声技巧的需求。

我们来看看传统的"狗喘气"练习方法。这种方法要求开口松喉，展开下肋，用笑的感觉（不出声）使膈肌做有节律的颤动。然而，这种练习方法会使气流在喉部急速摩擦，容易造成对发声器官的不良影响。因此，现在人们普遍认为这种方法得不偿失。

针对传统方法的不足，现在有两种经过改良的练习方法：

第一种方法是闭口练习。在这种方法中，练习者将开口变为闭口，使喉部的一次直接挡气变成鼻孔和喉的两次挡气。这样做的优点是可以减轻气流对喉部的摩擦。另外，气流经过鼻道时，可以适当提高吸入空气的湿度，从而减少对喉部的刺激，避免嗓音发干、发涩。

第二种方法是无声变为有声。在呼气的过程中，练习者弹发"hei"音。这种方法不仅可以减轻气流对喉部的摩擦，还可以通过声音来检验练习的效果。

经过改良的膈肌锻炼方法有助于提高发声技巧，减轻气流对喉部的摩擦，避免嗓音发干、发涩等问题。对于从事发声艺术的人群来说，掌握这些改良方法至关重要。通过长期的练习和不断探索，练习者可以更好地掌握膈肌锻炼技巧，为提高发声质量和表现力打下坚实基础。

下面详细讲一下带有"hei"音的"狗喘气"的练习步骤和方法。

第一步：吸气深沉，随后利用这一口气，连续发出两个稳定的"hei"音。此过程需持续练习，坚持数日。

第二步：增加弹发次数，直至一口气能发出七八个音。弹发过程中，要保持气体力量均衡，音高稳定，同时音量与音色要保持一致。

坚持数日后，进入第三步：此时会感受到"自动"进气的感觉。接下来，要由慢至快，稳健且轻巧地连续弹发"hei"音，最终实现速度自如的控制。

第四步：在完成第三步的基础上，开始尝试改变音高、音量和音色的练习。

在开始进行此项练习的初期，可能会感受到下肋、膈肌以及腹部肌肉动作的些许不协调，甚至动作与声音之间也可能出现不同步。长时间的练习过程中也可能会产生腰酸腹痛等不适感。然而，这些均属于正常现象，无须过度担忧。只要我们按照上述步骤持续进行练习，便能够逐渐实现动作与声音的和谐统一，并在练习过程中明显提升膈肌的力量和灵活性。

学习者可以做以下练习：

（1）先吸好气，弹发"1、2、3、4"，再吸气，弹发"2、2、3、4"，状态就如喊广播操一样。

（2）吸好气，弹发"ba"音。要先慢后快，状态如同京剧老生大笑一样。

（3）我们可以反复弹发"yà""yè""hà""hei""huò""hòu"这几个音节。

2.4.5.3 胸腹联合式呼吸基本状态的训练

通过以下稿件训练，在练习过程中要感受胸腹联合式呼吸的变化，熟练掌握这一呼吸方式。

稿 件

【众家长带着孩子拥挤着来报名。阿莫把他们关在门外】

阿莫：（激动地大呼小叫）不收，不收，说了不收就不收。

家长甲：（大喊）阿莫，你要是不收，以后杀牛我不叫你吃肉了。

【众人见气氛不对，一时不知所措】

马丹：各位乡亲，不要着急，只要是我们寨子的适龄儿童，都能入学。

马丹：（对阿莫）阿莫大叔，你消消气。

阿莫：（感慨地对马丹）我在这里快十年了，以前都是我挨家挨户地去求家长送娃娃来读书。有的家长们见了面开玩笑说，"阿莫啊，你要对我们好点嘛，我们不送娃娃来上学，你就当不成校长了，你这个大学生就要跟我们一样，下地种玉米了"，像今天这种争着来的场面，之前想都不敢想……

马丹：但是，我们也不能就因为这样不收啊。

阿莫：马老师，现在条件不一样啦，以前可以收，现在我们这里天天都有肉吃，还收来干什么？

马丹：阿莫校长，虽然你比我大，我也敬重你一直坚持留在条件这么艰苦的地方，但这件事，确实是你的不对，我可要说说你了。

阿莫：这是什么话？马老师，你不要因为给学校做了好事就不讲原则，况且，这每天三顿饭、两顿肉是国家的，又不是你们拿来的。

马丹：你……

【阿依来拉马丹，关心去拉阿莫，劝架，让他们不要生气】

阿莫：（义正词严）我不光是学校的校长，还是这里的村长，我不能像你这样，为了学校，做对不起村民的事。

马丹：我怎么就对不起村民了？这样，这个学校包括阿依，我们现在一共是7个老师，我们来民主投票，关心，去把阳光他们叫进来，我们民主投票，大家说不收就不收，大家说收就收……

何乐：（带着何乐进来）不收，不收，说乡亲们都好了，一律不收！

马丹：阳光，你……

阿莫：你看吧，阳光他们也说不收。

2 发声基础与语音训练

阳光：怎么了？

关心：阿莫师兄是不收，可是马老师说要收，刚说要投票，你们就……

阳光：不用投了，已经全部搞定了，一个都不收。

何乐：对，我们已经全部搞定了，一个都不用收了。

马丹：（动情地）阳光，何乐，你们说，我们千里迢迢地来这里，是为了什么，不就是为了这里的孩子能安安心心地上学吗？现在好不容易有了点起色，你们怎么就……（抽泣）

2.4.5.4 补气练习

在以下稿件中，请注意在发声时适时补充气息，以提高语音的清晰度和持久力。通过反复练习，使补气动作成为一种习惯，以增强语言表达能力。

稿　件

孟娜：闹钟已响起，起床穿衣穿鞋子，叠被子，四个方块要整齐。

牙膏不是巧克力，再美味都不能吃，洗脸不能太大意，小心出门以后没面子。

合：左左右右，排队做操左右要看齐。前前后后，一起跑步前进一二一。

【孟娜口白：一二三四，二二三四，三二三四，四二三四，五二三四，六二三四，交换位置，再来一次】

孟娜：牙膏不是巧克力，再美味都不能吃，洗脸不能太大意，小心出门以后没面子。

合：左左右右，排队做操左右要看齐。前前后后，身强体壮才能争。

2.4.5.5 字音、气息的结合

在进行气息训练的时候，通常采用"hei-ha-hou-he"等音节连发的训练，以此来训练横膈膜的弹动。其实，也可以用这个练习的变形来进行气息与字音结合的练习，具体方法如下：

在语音训练中，我们可以通过"ei"这个音，体验小腹运动与发音的融合。初始阶段，我们在发出"ei"音时，会有意识地收缩小腹，这是第一阶段。然而，经过一段时间的练习，我们会逐渐掌握小腹微收与发音协调的感觉。在训练初期，需要注意的是，可能会出现小腹与发音不同步的情况，此时，我们需要有意识地控制小腹。随着锻炼的深入，我们可以进入下一阶段，即逐渐减少对小腹的关注，实现"全自动"发音。改变长期养成的生活习惯需要时间，只有通过长期反复练习，我们才能掌握这一技巧。对此，大家应给予足够重视。

在训练环节中，我们需要重点关注以下几点：首先，在发音时，要确保气流平稳呼出，清晰发出每一个字音，同时腹部保持适度收缩；其次，在连续发音时，应遵循同样的技巧，依次呼气、发字、收缩腹部，确保节奏的连贯性。一旦对单字发音掌握纯熟，我们应将其组合成词语进行练习，同样需要保持呼气与收缩腹部的同步进行，然后逐步提升难度至三字词、四字词，直至短句的练习。

针对"字音-气息"的结合训练，一种有效的方法是连续发出"hei"音。在初始阶段，我们只需在一口气中发出三四个连续且坚实的"hei"音，核心在于寻找"同步"的感觉。随着训练熟练度的提升，我们将能够在一口气中发出七八个稳定、有力、同步的"hei"音。然而，在发音过程中，需注意控制气流，使其撞击上门齿背部，弹发时需轻柔、跳跃，避免使用喉咙。

这里有一个关键问题。在日常生活中，我们对于小腹肌肉群的运用明显不足，导致在进行小腹收缩时，很多人的动作容易误导胃部发生收缩。为有效解决这一问题，在此需要强调进行小腹弹动训练的重要性。训练中，应特别关注肛门括约肌的松弛与收缩，以准确寻找小腹肌肉群的弹动状态。通过这样的训练调整，可以进一步规范动作，确保训练效果。

此外，胸腹联合式呼吸还需要注意以下几点。

首先，阐述对抗感。此处的"对抗"指的是小腹与后腰之间的相互制衡——小腹展现微妙的内收力量，而后腰则保持开放状态并提供支撑。这两种力量彼此对立，共同实现对气息的调控。需注意的是，在小腹内收的过程中，需寻求一种向丹田（脐下三寸处）汇聚的感觉。这一区域是呼吸控制的"指挥中心"。在发出高音时，丹田的控制作用尤为显著，尤其在气息即将耗尽之际，其调控力度更加强大。因此，可通过练习这两个阶段来感知丹田的控制力，并持续保持这种感觉。

其次，支撑感。在整个呼吸过程中，两肋、后腰有一种被撑开的感觉，这种"被撑开"的感觉会使我们感到后背慢慢地舒展、腰带渐渐地绷紧。这同样也是在掌握胸腹式联合呼吸的时候需要找到的一种感觉。

在正式探讨呼吸技巧的议题中，支撑感这一核心要素不容忽视。支撑感，是指呼吸过程中身体某些部位产生的扩张感，类似于被撑开或充满气体的状态。在进行深度呼吸时，可明显感知到两侧肋骨及后腰部位向外扩展的现象。这种扩展不仅有助于舒展背部，而且还会使腰部逐渐绷紧，形成一种力量，支撑着整个身体。从严谨、稳重的角度出发，这种支撑感可以被视为呼吸技巧中的关键要素。

支撑感在掌握胸腹式联合呼吸的过程中起到了至关重要的作用。这种呼吸方式要求我们在吸气时不仅让胸部充分扩张，还要使腹部相应地鼓起。在这个过程中，支撑感有助于我们更好地感知并控制呼吸的深度和节奏。当我们体会到这种被撑开的感觉时，就能够更加自然、流畅地进行深呼吸，从而更好地掌握胸腹式联合呼吸的技巧。

总之，支撑感是掌握正确呼吸方式的关键之一。通过体会两肋和后腰的扩张感，我们不仅能够更自然地进行深呼吸，还能够使身体得到充分的伸展和支撑，进一步优化呼吸体验。在实践过程中，不断去寻找并体会这种支撑感是非常必要的。通过持之以恒的练习，我们定能在掌握呼吸技巧的道路上取得更多的进步。

再次，气柱感。我们的身体内有一股连通上下的垂直气柱。注意，体会这一感觉的时候，身体一定要保持"端正""站直"的姿势，并且精神状态上要兴奋、从容，以便找到通畅的感觉。

2 发声基础与语音训练

最后，流动感。流动感是一种非常模糊的感觉，但是可以通过下面的方法来感觉受：先深吸气，且要吸满、吸足，然后用意念将气息压到腹腔并保持数秒，然后再将气息提到胸腔并保持数秒。这样反复练习数次后，就会找到气息运动的感觉。同时，在气息一压一提的过程中，要感受流动，并尽量使其顺畅。

上文提到过"声音发出线路"这个词，这里我们把它和"气息运动线路"相结合，对这两条"线路"进行解释。

关于"声音走向线路"与"气息走向线路"问题，其实声音和气息的走向是非常相似的。

由小腹吸一股气，竖直上升到喉部，然后沿着软腭—口腔中纵线，由口腔穹窿到硬腭前部，再到人中，再弹出发声。在做字音练习时一定要注意：字音一定要沿着上口盖的穹窿往前行进，且一定要推到硬腭前部，有一种字音从人中"穿"出的感觉。同时也要注意，初学者往往不能找到硬腭前部的具体位置。由于每个人的口腔构造不同，可以用下述方法找到自己的硬腭前部：发延长的"i"来体会声音的位置。在做这个练习的时候，首先唇齿相依，然后嘴角咧开，感觉到上嘴唇有一点震动。通过这个方法，就可以找到硬腭前部的准确位置了。找到这个位置之后，需要把这个位置记住，以后每次发音都要有意识地往这个位置送，这样字音就集中了，这也就是大家所知的"声挂前额"了。

除此之外，在涉及字音和气息结合的时候，需要强调一下发声的姿势问题。首先是站姿，一般有两种站法。第一种是双脚与肩同宽，向下用力，感觉自己好像树根一样向地下生长的感觉。第二种是两脚自然分开，一脚在前，一脚在后，将重心放在前脚掌上，用前脚掌抓地，腰腹部也跟随着向下用力。其次是坐姿，坐在椅子的前部（1/3处），身体稍稍往前靠。前脚抓地，后脚蹬地，有一种准备起跑的感觉。这样过后，便能够很容易用上力了。除此之外还要注意，坐的时候要用腿根去坐，而不要用臀部去坐，要使腰、背、颈保持三点一线。如果有语音桌，还要更加注意：胸要与桌子保持一拳的距离；双臂不要顶着桌沿，要充分地架在桌子上。

发声活动实为一种全方位的身体运动，因此在进行呼吸调控训练时，我们需具备健康的身体素质，特别是拥有较为发达的呼吸肌肉。游泳、广播体操、球类运动以及俯卧撑等体育锻炼均为全身性运动，有助于增强呼吸肌肉的灵活性和力量。腹肌作为控制呼吸的关键肌肉，可通过多进行仰卧起坐、仰卧举腿等运动以增强腹肌力量。在语音领域，女性从业者占据较大比例，但相较而言，女性的腹肌力量较弱，因此更应注重锻炼。只要持之以恒，经过长期训练，发声的持续时间将逐渐延长，同时音量、音高和音色也将有所改善。

俗话说："气乃情所致。"在日常生活中，感情的波动成为气息控制的焦点。正所谓"心平气和"，这意味着发声是一项全方位的身体运动，而气息的表现形式则由心理状态决定。因此，语言艺术工作者需对稿件有深入的理解和感受，并认真地准备。同时，要对稿件持有明确的立场，产生强烈的语音发声欲望，使感情得到充分的激发，从而实现有感而发。反之，若缺乏情感的波动，呼吸控制必将单调、僵化，进而影响声音色彩的变化，使声音失去弹性。因此，以情感调节呼吸运动是语音发声呼吸控制的基本原则，更是呼吸控制的较高境界。在日常训练过程中，只有通过长期的、有意识的锻炼，熟练掌握胸腹联合式呼吸的要领，逐步达到运用自如的境地，才能实现呼吸控制的精准目标，使气息随情感的波动而变化，即"以情运气"。

2.4.5.6 气息的综合运用练习

下面是一个综合运用气息的练习场景。请根据描述，运用气息的不同技巧来完成每个阶段的表现。

场景：你是一位表演艺术家，正在参加一场盛大的演出。在表演中，你需要展现气息的控制、稳定和运用。

（1）舞台独白：你走上舞台，用稳定的气息进行自我介绍："大家好，我是一位表演艺术家，今晚我将为大家带来一场气息的盛宴。"

（2）气息控制练习：你表演一个气息控制的游戏，让观众感受气息的微妙变化。例如，你可以展示如何在呼吸过程中，通过控制气息发出不同音量的声音。

（3）气息稳定练习：你表演一段气息稳定的示范，例如长时间保持一个音调或节奏，让观众领略气息稳定的魅力。

（4）气息运用练习：你通过讲述一个故事，展示气息在表演中的多种运用。在故事中，你需要根据情节的变化，运用不同的气息技巧，如快速呼吸、慢速呼吸、深呼吸等。

（5）互动环节：邀请观众上台，一起参与气息练习，分享气息控制的技巧，让观众体验表演中的气息运用。

（6）结束语：在表演结束时，你用饱满的气息向观众表示感谢："感谢大家的陪伴，希望我的表演能让大家感受到气息的魅力。谢谢！"

通过这个练习，你可以更好地掌握气息的控制、稳定和运用，提升表演技巧。同时，这个练习也可以帮助你增强舞台表现力和自信心。

【练习稿件】

稿件一

我希望有一天，孩子们天天露出笑脸，
像山花一样绽放，像山泉一样甜。
我希望有一天，读书声琅琅传遍山间，
像山风一样温柔，像山雀一样欢。
我希望有一天，孩子们愿望全都实现，
看起来那一天已不再遥远。
请珍惜每一天，珍惜每一双天真的眼，
让他们不再受伤不再彷徨不再孤单。
我希望那一天，我们在不同时间地点。
仰望着城市霓虹，还会想起山间的炊烟。

稿件二

中国美丽

高山流水你美丽的音律，沉鱼落雁你美丽的样子，
川淮鲁粤你美丽的味道，三山五岳是你美丽的风景。
是谁双手创造了中国美，源远流长生生不息，
我愿为你许下永远美丽的心愿！
真草篆隶你美丽的文字，唐诗宋词你美丽的章句，
书画琴棋你美丽的技艺，梅兰竹菊是你美丽的品质。
是谁双手创造了中国美，源远流长生生不息，
美丽中国太美丽，我愿意为你跨越万水千山
猛然回首才发现，是你的胸膛温暖我的世界。
美丽中国太美丽，我愿意为你筑起漫漫雄关，
守护着你的美丽，直到永远！
一声霹雳敲醒混沌天地，炎黄子孙来到华夏大地。
五千年的文明从此延续，祖先的灵魂进入我的身体。
而今我看这美丽的中国，美丽的中国她依然美丽。
我深深地爱着美丽的中国，美丽的中国她永远美丽！
纵然岁月苍老了容颜，你的美丽依然难改变。
美丽中国太美丽，我愿意为你跨越万水千山
猛然回首才发现，是你胸膛温暖我的世界。
美丽中国太美丽，我愿意为你筑起漫漫雄关，
守护着你的美丽，直到永远！

2.5 共鸣控制训练

人类交流的基石在于语言，而语言的艺术在于如何打动人心，引发共鸣。共鸣控制，就是语言艺术家们运用声音、情感、节奏等元素，引导听众走进说话者的内心世界，感受其情感与观点的独特技巧。在诗歌、演讲、戏剧等语言艺术领域，共鸣控制发挥着至关重要的作用，赋予了作品无与伦比的艺术魅力。

情感传递：共鸣控制的核心在于情感传递。通过语音的高低、语调的起伏、语气的强烈与否，以及节奏的快慢等手法，说话者可以将内心的情感淋漓尽致地表现出来，使听众感同身受，产生共鸣。

观点表达：除了情感传递，共鸣控制还能强化观点的表达。通过巧妙的语音、语调、语气、节奏的调整，说话者可以使其观点更具说服力，更容易被听众接受和认同。

艺术表现：在诗歌、戏剧等语言艺术作品中，共鸣控制是一种独特的艺术表现手法。它使得作品风格多样，情感丰富，为听众带来一场场视听盛宴。

在语言表达中，说话者应根据情感的变化，适时调整语音、语调、语气等要素，使共鸣效果更明显。例如，在表达悲伤情绪时，采用低沉、缓慢的语调，以增强情感共鸣。

节奏把握：在语言作品中，合理运用停顿、快慢、高低等节奏变化，有助于产生共鸣。

关注听众反应：在演讲、表演等场合，及时观察听众的反应，根据实际情况调整共鸣控制手法，以达到最佳效果。

共鸣控制是从事语言艺术工作不可或缺的技巧，它使作品充满魅力，引人入胜。要想在语言艺术的舞台上更好地传递思想、激发共鸣，就需要不断练习和提高共鸣控制的技巧。

2.5.1 体会和增加胸腔共鸣

2.5.1.1 体会胸腔共鸣

在发声的时候，我们把手放在前胸壁，就会感到胸部在振动。而且声音越低，振动感就越明显，因此，胸腔共鸣也叫作"低音共鸣"。我们仔细体会一下，又会发现，振动感是沿着胸骨上下移动的。而且随着声音由低到高的变化，振感集中点也由胸骨的下缘而渐渐地上移至喉器的下方。我们可以试着发一个夸张的阳平声，就可以很容易地感觉到振感点的上移。在此，我们称胸部的"振感点"为"胸部响点"或发声的"胸部支点"。

胸部共鸣在语音生成过程中并不直接参与，然而它有助于提高音量，使声音显得深沉、醇厚且富有力量。尝试以较低的声音发出[xɑ]，无需过滤，此时声音应呈现醇厚特质，源自胸腔。若感知不明显，可逐步降低音高，适度增大音量，并用手轻触胸部。以[ɑ]为练习音，从实声至虚声发出长音，由高到低，体验在这一声音阶段胸腔的强烈振动感，并在此基础上进行胸腔共鸣练习。通常较低且柔和的声音更易产生共鸣。

2.5.1.2 胸腔共鸣的奥秘

1. 声带振动

声音源于声带的振动。当我们发音时，声带产生振动，传播到空气中，形成声波。声波在空气中传播，最终被我们的耳朵捕捉到，转化为听觉信号。

2. 共鸣腔

共鸣腔是指声波在人体内传播过程中，产生共鸣效应的空间。胸腔共鸣，即声波在胸腔内产生共鸣的效果。

3. 声音的质感

胸腔共鸣使得声音具有独特的质感，富有深度和磁性。它可以增强声音的感染力，使倾听者更容易产生共鸣。

2.5.1.3 如何感受胸腔共鸣的方法

1. 放松身体

在寻找胸腔共鸣之前，首先要保持身体的放松。紧张的身体状态会影响声音的共鸣效果。

2. 正确呼吸

在发音时，保持深呼吸，让气息充分充满胸腔。深呼吸有助于声波在胸腔内产生共鸣。

3. 发声练习

可以尝试一些简单的发声练习，如低音、高音、音阶等，以感受胸腔共鸣的效果。

4. 倾听他人

多倾听他人的声音，观察他们在发音时是否产生胸腔共鸣，从而为自己的发声寻找灵感。

2.5.1.4 胸腔共鸣的魅力

1. 增强自信

拥有胸腔共鸣的声音更具自信感，更容易吸引他人的关注。

2. 提高沟通能力

胸腔共鸣可以让声音更具感染力，有助于沟通者更好地表达自己的想法和情感。

3. 艺术表现

在歌唱、演讲等艺术领域，胸腔共鸣是一种独特的魅力。它为作品增色添彩，使表演更具吸引力。

感受胸腔共鸣，就是探索声音的深度与魅力。通过掌握胸腔共鸣的技巧，我们可以让自己的声音更具磁性，更具感染力。在日常生活中，我们可以多加练习，学会运用胸腔共鸣，使自己的声音更具吸引力。同时，多倾听他人的声音，吸收优秀的共鸣技巧，为自己的发声注入更多的魅力。

2.5.1.5 增加胸腔共鸣的练习

我们可以通过以下练习体会胸腔共鸣的魅力，逐步增强胸部共鸣。

2.5.1.5.1 单音练习

1. 发"a"音

保持一定的音量，体会胸腔的共鸣感觉。

2. 发"o"音

注意保持胸腔的共鸣感，逐渐增加音高，直到找到胸腔振动最为强烈的声音区间。

3. 发"e"音

重复上述步骤，找到胸腔共鸣的感觉。

4. 发"i"音

重复上述步骤，找到胸腔共鸣的感觉。

5. 发"u"音

重复上述步骤，找到胸腔共鸣的感觉。

6. 发"ü"音

重复上述步骤，找到胸腔共鸣的感觉。

2.5.1.5.2　词组练习

1. 练习下列含有"a"音的词

沙哑　老大　达到　大厦　发达　大妈

2. 练习下列含有"o"音的词

火锅　摆脱　博学　阔绰　多才多艺

3. 练习下列含有"e"音的词

各位　喝彩　格外　各个　鹤立鸡群　合作

4. 练习下列含有"i"音的词

启发　期望　奇特　机敏　极其　妻子

5. 练习下列含有"u"音的词

孤独　木屋　满足　国度　速度　服务

6. 练习下列含有"ü"音的词

旅行　女性　玉米　举重　去年　许多

2.5.1.5.3　句子练习

请用胸腔共鸣的方式朗读以下句子。

（1）他很孤独，没有人陪伴他。

（2）今天天气格外晴朗，让人心情愉悦。

（3）她有一颗善良的心，总是乐于助人。

（4）这座城市非常美丽，让人流连忘返。

（5）他们一家人很幸福，过着简单的生活。

2.5.2 体会和改善口腔共鸣

2.5.2.1 什么是口腔共鸣

口腔共鸣也叫"中音共鸣"或"中部共鸣",可以使声音明亮结实,字音圆润清晰。

在发声过程中,口腔共鸣具有举足轻重的地位。口腔作为发声的源头,其活动是产生言语声的必要条件。若口腔无法活动,则无法产生言语声,更无法发挥口腔共鸣的效用。同时,口腔共鸣在字音的圆润动听上也起到至关重要的作用。在其他腔体共鸣的实现过程中,口腔共鸣的良好发挥是基础和前提。

口腔结构中,上齿、上齿龈、硬腭及软腭协同构建了口盖穹窿,为发音创造了优越条件。当气息与声波经过口咽弯道进入口腔时,其在口盖区域,尤其是接近上部的区域,会感受到明显的密度与压力变化。此过程中,气与声主要冲击硬腭前部及上齿龈中部,此区域在发音时起到关键作用,被称为腭前区。

声束射向腭前区时,由于腭前穹窿的折射作用,声波得以集中,声音更为清晰。同时,该区域受三叉神经支配,刺激该区域会使喉肌张力增强,进而提升声音的明亮度与清晰度。

2.5.2.2 改善口腔共鸣的练习

2.5.2.2.1 改善口腔共鸣的注意事项

(1)练习时唇齿贴近,提高声音明亮度。注意,发音时有噘唇习惯的人,音色大多显得较暗而且不够清晰。这个时候我们可以用收紧双唇、使其贴近上下齿的办法来改善共鸣。可以先用单元音做练习,然后再用小的句段进行练习。这时我们可以比较它与自己的习惯发音音色有什么不同之处。

(2)嘴角微微上抬,消除消极音色。有的人发音时习惯嘴角下垂,这种发音不便于表达出欢乐、积极的感情。要改变这种习惯,在发音时可以结合"提颧肌"使嘴角略微上抬,声音色彩就会有变化了。我们同样可以先用单元音做练习,然后用小的句段进行练习,比较它与自己习惯发音的不同。

(3)练习改善"u、ü、o"的音色。有的同学在发带有"u、ü、o"音的字时,嘴唇突起过长。这么发音的话会使音色过暗,色彩显得太沉闷。练习的时候,我们可以使唇齿靠近,从而减小突起,这样音色就可以得到改善。可以用下列韵母做对比练习,比较音色的变化:

ao   ou   ong   iao   iou   iong   u   ua   uo   uai
uan   uen   uang   ueng   ü   üe   üan   ün

2.5.2.2.2 改善口腔共鸣的练习

在以下练习中体会口腔共鸣在发声过程中的作用并增强口腔共鸣,以达到更好的发声状态。

稿　件

过年确实是一个非常特别的时刻，孩子们尤其会感到兴奋和快乐。他们期待着穿新衣服，收到红包，享受美味的食物，还有和朋友们一起玩耍。希望孩子们在新的一年里健康快乐，幸福成长！过年了，孩子们的脸上洋溢着幸福的笑容，他们欢快地跑来跑去，充满着活力和生机。每个孩子都期待着穿上新衣服，展现自己的美丽和帅气。他们会在镜子前仔细地整理自己的衣服，确保一切都完美无缺。当他们收到红包时，更是欢喜雀跃。他们会小心翼翼地拆开红包，发现里面的压岁钱，然后兴高采烈地数着自己的财富。而对于那些还没收到红包的孩子，他们会急切地期待着家人的到来，期待着红包的到来。除了压岁钱，孩子们最期待的还是丰盛的年夜饭。他们会在饭桌上尽情享受美食，品尝着各种美味佳肴。无论是鱼还是肉，无论是蔬菜还是水果，都会成为孩子们口中的美味。在过年的期间，孩子们还会和家人一起观看春晚，享受着欢声笑语和喜庆的氛围。他们会和家人一起玩耍，放烟花，看舞狮表演等等。这些活动都会成为孩子们难忘的回忆。总的来说，过年是一个充满欢乐和喜庆的时刻。孩子们会在这个特殊的时刻里感受到家的温暖和幸福。他们会在新的一年里茁壮成长，迎接更加美好的未来。

2.5.3　体会和改善鼻腔共鸣

2.5.3.1　体会鼻腔共鸣的不同方式

鼻腔是个容积较大的固定腔体，其共鸣作用可以通过以下五种方式来实现：

（1）我们在用正常谈话的音量发音时，软腭是上提的，但阻塞不完全，所以大部分声波经过口腔传至口外，而一部分声波沿后咽壁传至鼻腔，从而产生真共鸣。

（2）在发鼻辅音的时候，口腔通道是被阻断的，声带振动，软腭下垂，声音则是完全通过鼻腔透出的。

（3）在发鼻化元音时，软腭下垂，声波分成两路且同时从口腔与鼻腔通过，从而取得共鸣。但是要注意的是，汉语普通话没有单独存在的鼻化元音，这只是发鼻韵母中接近鼻韵尾时的发音状况。

（4）在声波通过口腔冲击硬腭的时候，硬腭的传导作用引起鼻腔共鸣。尤其在音量较大时，这种作用比较明显。

（5）一般歌唱家在唱高音时，鼻腔及鼻窦等面前的小窦有明显的振动感，而我们在发高音时也同样可以感觉到。所以这种共鸣也可以叫"高音共鸣""上部共鸣"或"头腔共鸣"。在言语发声中，前三种方式一般用得比较多。

2.5.3.2　体会鼻腔共鸣

鼻腔共鸣过多反而会形成鼻音，只有运用得当才能起到美化声音的效果。软腭抬起就能减少共鸣。我们可用"a"和"i"来做练习音。利用软腭下降将元音部分鼻化来体会鼻腔共鸣。

2.5.3.3 鼻腔共鸣练习

平时鼻腔共鸣练习得少的同学可使用这一练习，但一定注意切勿使共鸣过多从而形成鼻音。一般来说，"a"的舌位低，鼻腔共鸣就弱，软腭下降幅度就可稍大些。而"i、u、ü"舌位高，口腔的通路就窄，气流就容易进入鼻腔，从而产生鼻腔共鸣，这时软腭不可下降过多，否则就会使元音完全鼻化，形成鼻音。我们练习时可用"m、n"开头的音做练习，体会鼻腔共鸣，然后再发其他音。

妈妈　买卖　小猫　阴谋　隐瞒　出门　戏迷　分秒
人民　姓名　朽木　接纳　奶奶　头脑　困难　万能
西宁　温暖　妇女　女奴

2.5.3.4 减少鼻音色彩

要减少鼻音色彩，首先需要了解鼻音产生的原因。鼻音是由于软腭下垂，使口腔与鼻腔形成一个通道，使得声音在鼻腔中产生共振而产生的。要减少鼻音色彩，需要调整软腭的位置，使口腔与鼻腔之间的通道变窄。

以下是一些帮助减少鼻音色彩的方法：

（1）练习提高软腭：在日常生活中，可以通过练习提高软腭的方法来改善鼻音问题。例如，可以通过模仿呕吐、咳嗽或是用手指轻轻触碰软腭的方式，使软腭提高，口腔与鼻腔之间的通道变窄。

（2）掌握正确的发音技巧：在说话时，要学会掌握正确的发音技巧，避免过度依赖鼻腔共鸣。可以通过练习口语绕口令、朗读诗歌等方式来提高发音技巧。

（3）保持鼻腔通畅：在讲话时，保持鼻腔通畅是减少鼻音的重要前提。如果鼻腔堵塞或者有炎症，容易产生鼻音。因此，保持鼻腔通畅，避免感冒、鼻炎等疾病的发生对于减少鼻音色彩也有很大的帮助。

减少鼻音色彩需要多方面的努力和实践。通过掌握正确的发音技巧、提高软腭、保持鼻腔通畅等方法，可以有效地改善鼻音问题。如果问题严重或持续存在，建议寻求专业人士的帮助。

【课后练习】

1. 发出"ma、mi、ma、mo、me"等音节，注意口腔动作的协调和平衡，尽量减小鼻腔的参与程度，并确保声音清晰、准确和饱满。

2. 发出"ang、eng、ing、ong"等音节，尝试保持口腔打开，舌位适中，舌根放松，尽量减少鼻腔共鸣，同时让声音更加纯净和清晰。

3. 朗读句子或段落，特别关注"an、en、in、un、ian、uan、üan、eng"等音节，确保口腔充分打开，舌位正确，避免鼻腔过度参与发音。

4. 练习一些绕口令，如"八百标兵奔北坡……"等，以加强口腔肌肉的协调性和灵活性，更好地掌握正确的发音技巧。

2.6 喉部控制训练

本节重点介绍喉部控制的重要性以及相关的训练方法。首先,通过详细解释喉部位置、构造以及与发声直接相关的软骨、声带和声门等组成部分,使读者对喉部结构有一个清晰的认识。接着阐述声音的产生和变化过程,揭示了喉部在声音生成中的关键作用。然后提出喉部控制的具体要领,为读者提供正确的训练方法。最后分析了喉部控制过程中常见的错误并提供了相应的解决方案,以帮助读者在训练过程中避免这些问题,更好地掌握喉部控制技巧。通过本节的学习,读者可以深入了解喉部控制在语音发声中的重要性,并学会如何进行有效的喉部控制训练。

2.6.1 喉部控制的意义

喉原音是指肺呼出的气流由喉部通过时,使其中的声带发声震动,形成供共鸣器官调制的音量音色,供咬字器官加工语音的原始物质材料。

语言艺术工作者在发音过程中对喉部的控制能力和技巧,不仅决定了其音色特质和声音品质,还关乎语言表达的效果,同时也影响着这一关键发声器官的艺术生命周期。若仅依赖先天的条件和能力,语言艺术工作者难以满足语音工作的要求。因此,作为一名专业的语言艺术工作者,需要在掌握喉部及其功能的基础上,运用系统科学的发声方法来调整和优化自身的嗓音,充分挖掘这部分器官的潜在能力,以满足语音需求,延长语音生涯。

2.6.1.1 喉的位置和构造

喉部,位于人体的咽部与气管之间,是呼吸时气流的关键通道。喉部结构复杂,由软骨、肌肉、韧带和纤维组织膜等构成,而声带作为喉部的一部分,在发声中起到了关键作用。准确控制喉部状态和功能,对声音的音色品质起到决定性影响,并直接关系到语言传达效果,甚至影响到嗓音的艺术寿命。因此,合理调整并训练自己的嗓音,对于确保有声语言表达至关重要。

2.6.1.2 对发声有直接意义的软骨

发声过程中的软骨作用至关重要。它们共同构成了喉部支架,帮助调节气流,使声音得以产生和传播。以下是各软骨在发声过程中的作用:

(1)环状软骨:作为喉腔的"基座",它前窄后宽,紧接气管上端。环状软骨对保证喉部畅通具有重要作用。在发声过程中,它有助于调节气流,使声音更加顺畅。

(2)甲状软骨:它是喉软骨中最大的一块,呈盾甲状,位于环状软骨之上、喉支架的中部。甲状软骨在发声过程中,与声带的松紧和声门的开闭密切相关。

(3)勺状软骨:位于喉的后部,左右对称各一块,形状近似于三面椎体。勺状软骨底部的前角是声带突。声带的松紧和声门的开闭是通过勺状软骨的运动进行调整的。在发声过程中,勺状软骨的运动对声音的音质和音量具有重要影响。

（4）会厌软骨：呈树叶状，富有弹性，位于甲状软骨上部、喉的入口处。会厌软骨的主要功能是在吞咽食物时关闭喉通道，以防止食物进入气管。在发声过程中，会厌软骨有助于调节气流，使声音更加清晰。

这些软骨在发声过程中发挥着关键作用。它们共同协作，调节气流、声带松紧和声门开闭，使声音得以产生和传播。了解各软骨在发声过程中的作用，有助于我们更好地掌握发声技巧，提高语言表达的艺术性。

2.6.1.3 声 带

声带是发声器官的重要组成部分，其色泽、形态和结构对发声效果具有重要影响。以下是关于声带色泽、结构以及发声过程中的变化的知识点：

（1）色泽：正常的声带色泽为瓷白，这种颜色表明声带表面光滑、质地均匀。瓷白的声带色泽表明声带状态良好，有利于发声。

（2）假声带：声带上方可见两条室带，此现象亦被称为假声带。假声带实际上是声带的延伸，它们在发声过程中起到调节气流的作用，有助于产生丰富的音色。

（3）声带连接：交角的内面和后端分别与两侧勺状软骨的声带相连。这种连接使得声带在呼吸和发声过程中能够保持稳定的形态。

（4）呼吸过程中的声带变化：在呼吸过程中，两侧声带间呈现规律性的等腰三角形。这种形态有利于气流通过，并为发声提供基础。

（5）发声时的声带闭合：在发声时，两声带紧密闭合，无前后裂隙。这种闭合状态有助于产生清晰、响亮的声音。

了解声带的色泽、结构和发声过程中的变化，有助于我们更好地掌握发声技巧，保护声带健康，提高语言表达的艺术性。在日常语言运用中，应注意保护声带，避免过度用嗓，以维持良好的发声状态。同时，通过科学的发声训练，可以提高声带的使用效率，为语言表达提供更加丰富的艺术效果。

2.6.1.4 声 门

声门是喉部的一个重要结构，位于两条声带之间，是喉腔中最狭窄的部位。声门的开度对发声过程具有重要影响。以下是关于声门开度调节的知识点：

（1）声门开度调节：声门的开度主要取决于勺状软骨的运动。勺状软骨位于声带后方，呈对称分布。在发声过程中，勺状软骨的运动会改变声门的开度，从而影响声音的产生和传播。

（2）中线位：发音时，声带位置处在中线位，这意味着两侧声带紧密贴合，声门裂隙为零。这种状态有利于声音的产生，因为它保证了气流通过声门的稳定性。

（3）声门闭合：在发声过程中，声带肌收缩，使声带紧密贴合，声门闭合。这种闭合状态有助于产生清晰、响亮的声音。

（4）声门开闭的协同作用：发声时，声门的开闭与声带振动、气流控制等过程密切相关。声门的开度大小、开闭速度和持续时间等因素会影响声音的音质、音高和音量。

（5）声门开度与呼吸：声门的开度在呼吸过程中也有重要作用。吸气时，声门打开，气流进入声门；呼气时，声门关闭，气流使声带振动产生声音。

掌握声门开度的调节技巧，对于提高发声效果和保护声带具有重要意义。在日常语言运用中，应注意以下几点：

（1）避免过度用嗓：长时间大声说话、唱歌或大声喊叫可能导致声带疲劳，影响发声效果。

（2）保持良好的呼吸习惯：学会用腹式呼吸，稳定呼吸节奏，为发声提供充足的气流。

（3）注意嗓音保健：保持水分平衡，避免吸烟、喝酒等不良生活习惯，定期进行嗓音训练。

（4）学会控制声门：在发声过程中，学会控制声门的开度、速度和时间，以提高声音的质量和表现力。

通过以上措施，我们可以保护声带，提高发声效果，为语言表达增色添彩。同时，积极参加嗓音训练和保健，有助于预防嗓音疾病，维持良好的发声状态。

2.6.1.5 声音的产生和变化

声带是语音产生的重要器官，它的分层结构振动体包括包膜、移行层和本体。声带肌本能地自动收缩，其纵向、横向和斜向肌束纤维互相交叉。声带边缘能变薄，又能局部打开、闭合；既能整体振动，又可有很短一部分的振动。

在发声过程中，声带主要经历横向振动。声门紧密闭合时，声带振动发出的是明亮实声；声门轻松闭合或半闭合时，发出的是柔和的虚实声；声门开度略大时，声带振动的乐音成分小于气流摩擦噪声，被称为虚声；发音时声带不振动，完全是气流摩擦音，这是耳语，也就是气声的发音状态。

在日常语言运用中，真声和假声是发声的两种主要状态。真声发音时，声带整体振动，方向主要是横向左右振动，发声轻松，音色较丰满。假声发音时，声带主要靠环甲肌拉紧、拉长、边缘变薄；声带不是全振，而是边缘振动；振动的方向主要是纵向上下振动；两声带不能紧密相贴，而是有一条缝，随着假声的升高，声门裂隙也逐渐变短。

对于语言艺术工作者来说，掌握真假声的切换和运用是非常重要的。通过训练，可以经过真假声结合的混声，而由真声顺畅地达到假声。在低音区，主要作用的肌肉是甲构肌（声带肌），而环甲肌同时也有所活动。在中音区，则要依靠声带肌与环甲肌共同控制。这两组肌肉形成一种相抵制的力量，有利于对声带进行细微调节，从而达到丰富的音色和音高变化。

换声点是真声与假声之间的转换点。经过训练，语言艺术工作者可以自如地在这个转换点附近切换声音，使得声音在真声与假声之间过渡更加自然。这种技巧在声乐艺术、戏曲表演等领域具有很高的价值。通过熟练掌握声带的振动原理和发声技巧，语言艺术工作者可以充分展现声音的魅力，为观众带来美妙的听觉体验。

声带的构造和功能对于声音的产生具有重要意义。了解声带的结构和发声原理，有助于我们更好地掌握发声技巧，提高语言表达的艺术性。对于语言艺术工作者来说，掌握声带的运用和真假声的切换，可以更好地为观众呈现丰富多彩的声音效果。在日常练习和表演中，要注意保护声带，避免过度用嗓，同时不断磨炼发声技巧，提高自己的艺术水平。

2.6.2 喉部的控制要领

1. 要求喉部相对放松

如果喉部放松，用较小的气流就能使声带振动，发音效率高。如果喉部用力，两声带紧密闭合，冲开它就需要相应地增加气息力度，发出的声音比较"硬"，声带也容易疲劳。

2. 要求喉头位置相对稳定

调整喉头位置的关键在于对喉外肌的精确控制。首先，可以通过意识引导，使喉头上下移动，反复练习，以达到灵活自如的效果。接着，通过手指轻击甲状软骨板，确立基准位置，以此为中心进行喉头垂直位移的训练。需要注意的是，发音过程中，舌位、前后摆放以及口腔的开合都会影响到喉头的上下移动。例如，在发出舌位较高或较前的元音时，喉头往往会自然上提；反之则会自然下降。

3. 喉部控制与呼吸控制、口腔控制相配合

在一定强度和流量的气流通过喉部声门时，由于声门控制状态的差异，声带发生松紧、薄厚的变化，进而产生频率各异、音色多样的喉元音。此后，这些喉元音经过咽腔传送至口腔，在口腔内受到咬字器官的制约，最终转化为具有特定意义的语音信号传递出去。

2.6.3 喉部控制常见错误及解决方案

喉部控制有以下常见错误：

1）捏挤喉部

在实际工作中，发音这个环节出现的问题最明显，我们应了解其成因，防止它们的发生。此类问题在女性群体中较为常见。她们或许认为通过这种方式发出的高细声音具有美感，因而主动追求；又或是由于气息控制不足，不得不采取捏挤喉部的方法来控制气流的逸出。然而，这种方式发出的声音泛音较少，单薄且缺乏韵味，听来既不自然，声音色彩也很难变化，对表达极为不利。

2）嗓子"横"

在发音过程中，喉部器官受到压迫，导致位于假声带与声带之间的喉室变得横向且扁平。此类声音口感不佳，且会增加喉部负担，从而容易导致声带疲劳与病变。正确地讲，发音时随着张嘴吸气，喉部应感受到垂直方向的松弛，而不会有压迫感。

3）声音过虚

发音时两声带不闭合，带有大量气音。这样发音漏气多、音量小、发音效率低，不得不经常补气，进而容易出现吸气杂音，听来不从容。全用虚音也影响了声音色彩的丰富变化。用这种声音播新闻，会给听众以不真实的感觉，也影响清晰度。

4）"喊"

声门闭合较紧密，气流量较大，音高且直接，但缺乏弹性。人们常误认为这种声音富有精神，实则发音吃力且难以持久，制约了音色的变化，显得生硬。部分人由于发音姿势不准确，在语音时下意识地伸长脖子，靠近话筒，从而产生"喊"的感觉。

5）假声成分多

过度追求高音可能导致过多假声现象。在这种情形下，喉部甲状骨会上压，导致气息调控失当和胸部紧张，进而加剧假声产生。

以上问题都是因为发声者的喉部控制不到位而产生的。喉位于人的咽部与气管之间，由软骨支架、肌肉、韧带和纤维组织膜等构成。在发声过程中，喉部的控制状态和控制能力决定了声音的音色本质，直接影响着语言表达，甚至会影响到嗓音的艺术寿命。因此我们要科学地调整、训练自己的嗓音，以保证有声语言表达的需要。

学习者可以尝试以下练习改进：

1）螺旋式上绕、下绕练习

用"i"音，从说话的自然音高中的某一个音开始，持续发音，逐渐"环行上绕"，向高音扩展，而后再由刚才达到的、力所能及的高音逐渐"环行下绕"，循序渐进。

2）阶梯式升高、降低练习

首先可用单一元音或单一音节，从说话的自然音高中的某一个音开始，一次次地接连发音，一个音阶、一个音阶地逐次升高或降低。

3）上滑音、下滑音练习

发单元音"i"的延长音，使音高上滑至接近自己的高音极限，向下滑至接近自己的低音极限。注意气息控制，自己的发声一定要力所能及，接近高音、低音极限时不能失去控制。

4）气泡音

通过发气泡音来体会声带基本的震动状态，可以用于发声前的准备活动和发声后的声带恢复。

5）打哈欠练习

在放松的状态下打哈欠，注意喉部和胸部的感受。这样有助于找到更好的气息控制和声音共鸣。

6）元音练习

通过反复练习不同的元音，从低音到高音，再从高音到低音这样有助于更好地掌握音域，并找到最自然、最舒适的声音。

7）中音区的稳定练习

重点在中音区进行稳定持续的发音练习，这样可以确保在这个区域内的声音更加稳定和饱满。

8）录音自我评估

学习者可录制自己练习的声音，然后仔细听，找出假声和其他不自然的声音。这有助于更清楚地听出自己的问题，从而有针对性地改进。

9）持续练习

声音的改善需要时间和持续的努力。不要因为一时的困难而放弃，坚持下去，一定可以进步。

2.7 科学发声的基本原则和保护嗓音的基本措施

本节主要阐述了语言艺术工作者在发声和保护嗓音方面应遵循的基本原则和措施。通过本节的学习，读者可以掌握科学发声的基本原则，并学会如何保护嗓音，以确保在语言艺术领域的表现和健康。

2.7.1 语言艺术工作者科学练声的原则

在语言艺术领域，声音的训练和运用是一项严谨而精细的工作，遵循着"以情带声，以声传情，以情运气，气随情动"的原则。接下来，我们将详细阐述嗓音训练的关键要点。

首先，真挚的感情是嗓音训练的基石。内心深处的真挚感情使气息变得灵活，声音富于变化。其次，保持精神振奋、积极的状态，以及饱满的情绪和集中的精力。这些都是提升嗓音表现力的关键。同时，热情积极的态度和面部"似微笑"的状态能有效增强嗓音的感染力。

在进行嗓音训练时，要立足于个人条件，发挥优势，弥补不足，避免盲目模仿。通过运用不同的语言材料，可以锻炼嗓音，增强声音的弹性，同时处理好"本色"与"特色"的关系，使发声能力持久，色彩丰富、变化自如。

在进行音域练习时，应掌握"气息下沉，喉部放松，用声适度"的要领，从自然声区开始练习，并逐渐扩展。在声音的运用上，遵循"小→大，弱→强，低→高，近→远，实→虚，短→长，柔→刚"的规律。此外，内容上的训练应遵循"易→难，浅→深，简→繁，单项→多项"的原则。

训练过程中，要按照"字→词→句→段"的顺序循序渐进，持之以恒，坚持"曲不离口"。科学练声的综合感觉应是气息下沉，喉部放松，不挤不僵，声音贯通。气随情动，声随情走，音往外送，字往外流，刚柔并济，色彩丰富，字音轻弹，如珠如流，运用自如。

值得强调的是，即便个体具备优秀的先天条件，若不在训练和保护嗓音上加以重视，滥用嗓音，过度消耗，也会在短时间内破坏嗓音，甚至引发严重的咽喉疾病。因此，嗓音的保护和训练应引起高度重视，科学、严谨地训练。

【课堂练习】

一、单字练习。

1. 练习发音准确度：请分别准确地读出以下10个字。在发音过程中，注意气息下沉，喉部放松，用声适度。

妈　麻　马　骂　猫　帽　矛　貌　煤　梅

2. 增加发音速度：请按照从慢速逐渐提高速度，读出以下10个字。

一　二　三　四　五　六　七　八　九　十

二、词语练习。

1. 练习词语连贯性：请按照"小→大，弱→强，低→高，近→远，实→虚，短→长，柔→刚"的规律，将以下10个词语组成句子。

繁华　浩瀚　惬意　朦胧　炫彩　奋进　恬静　蜿蜒　苍穹　信念

2. 增加词汇量：请用丰富的形容词和副词修饰以下简单词语，使句子更生动。

花　草　树　鸟　太阳　月亮　春天　夏天　秋天　冬天

三、短句练习。

1. 练习句子流畅度：请按照"字→词→句→段"的顺序，从简单到复杂，逐渐提高难度，读出以下五个句子。

（1）成都这个冬季，用"暖冬"来概括一点也不夸张，原本以为下雪这件事与今年的成都无缘了，但没想到，一场寒流来袭，也给成都带来了别致的雪景。

（2）此次京津冀之行，企业签约、讨论的内容中，科技创新、绿色低碳成为不可或缺的关键词。

（3）昨天晚上，又一场"代表局长面对面咨询交流会"举行，现场分三个领域展开了热烈的交流讨论，一起去看看吧。

（4）2月1日，成都市第十八届人民代表大会第二次会议，在我们身后的锦江大礼堂开幕。

（5）"民生无小事，枝叶总关情。""就业是民生之本。""推动营商环境优化看得见、摸得着、感受得到"。

2. 提高句子表达能力：请根据以下10个主题，按照"易→难，浅→深，简→繁，单项→多项"的原则，将以下词组组成句子。

家乡的变化　旅行的见闻　环保的重要性　读书的乐趣

四、段落练习。

请按照"气随情动,声随情走,音往外送,字往外流,刚柔并济,色彩丰富,字音轻弹,如珠如流,运用自如"的原则,朗读以下稿件。

稿　件

爱心传递,圆梦山乡,10月下旬,由本台策划推出的"梦想课堂"大型公益活动第二站走进南充市高坪区走马乡村学校少年宫,在这所偏远的乡村学校,我们的爱心老师会给当地孩子带去怎样的艺术课程,当地老师和孩子又会有怎样的期待和收获,今天就随我们的镜头去看一看。

一大早,参加此次"梦想课堂"的鲁莉和唐中微老师随我们的爱心团队一起向南充进发,尽管初冬寒气逼人,但两位爱心老师心情却非常激动,并不时在大巴上商讨授课细节,交流教学体会。

【同期声】

爱心老师唐中微:南充的小朋友们大家好,我是爱心老师唐唐老师,这会儿我们从成都前往南充的高速路上,我心情非常紧张,非常期待,盼望和你们见面,不知道你们现在的心情是不是和我们一样呢。

【同期声】

爱心老师鲁莉:南充的小朋友们你们好,我是鲁莉老师,准备为你们上啦啦操的课程。为了这堂课,我真的准备了很久,很期待和你们相见,等着我。

200公里外的走马乡中小学,参加本次爱心课程的孩子们也异常激动,对于很少走出乡村却又热爱艺术活动的他们来说,能够接受来自省城的专业老师的近距离指导,心情既兴奋又期待。在该校舞蹈室,老师正带领孩子们更换服装,热身准备,迎接爱心老师的到来。

【同期声】

学生:我非常期待,也非常高兴从成都来的那位老师可以教会我跳舞跳出力道来。

【同期声】

学生:这次我希望成都来的老师能教给我更多专业的动作,让我展现更多魅力。

【同期声】

走马舞蹈老师袁静:希望他们能够教给我们孩子跳舞的方法,某些动作的发力点在哪里,怎么才能达到这样的效果,这是我最希望的。

历时两个多小时的车程,我们的爱心团队顺利抵达走马中小学,经过与学校短暂商议,结合学校少年宫教学课程,爱心团队决定由鲁莉老师先为孩子们授课。

【同期声】

爱心老师鲁莉:同学们大家好,我先做个自我介绍,我是成都金沙小学的老师,也是原四川艺术体操的运动员,现在担任艺术体操幼儿体操的裁判,今天我来给大家上一堂课。

面对这位经历了大场面的漂亮老师,孩子们眼神中充满敬佩和期待,这也让鲁莉老师顿感压力。为保障教学效果，鲁莉决定先观摩该校舞蹈老师袁静带孩子们练习他们最喜欢跳的拉丁舞，以此了解孩子们的舞蹈基础，在此期间鲁莉不时帮助孩子们规范动作。

【同期声】

爱心老师鲁莉：我想给同学们提一点意见，就是拉丁舞一定要上身不动，只动下半身，胸以上是不动的，然后我们要有跳拉丁舞的气质与感觉。

说起平日里最爱跳的拉丁舞，孩子们的学习兴趣顿时高涨，可要短时间内纠正长期形成的不规范动作，孩子们有些力不从心。为此鲁莉老师不厌其烦地教授孩子们每个分解动作，让孩子们不断收获自信……

在练习过程中，应注意气息下沉，喉部放松，声音贯通，遵循"小→大，弱→强，低→高，近→远，实→虚，短→长，柔→刚"的规律。同时，要保持积极的心态，持之以恒，坚持"曲不离口"。

2.7.2 语言艺术工作者保护嗓子的基本措施

掌握发声技巧，遵循循序渐进的原则，避免一开始就过度消耗嗓子。逐步增加训练量，以适应发声练习的需求。

在练声过程中，要保持精力集中和情感专注，摒弃所有杂念，全心投入。发音时，注意保持正确的姿势，确保声道畅通，避免仰头、低头、歪头、下巴前伸等动作，以免对喉肌和声带造成不良影响。

为了保持良好的嗓音状态，还需养成良好的生活习惯和饮食习惯：

（1）注意锻炼身体，保证充足的睡眠。每晚用热水泡脚，勤换枕巾，有助于嗓子放松和恢复。

（2）避免暴饮暴食，尤其是过热、过冷、过于刺激的食物和饮料。戒烟、避免饮烈性酒，以免声带黏膜干燥、充血、肥厚、粗糙、干涩、生痰、发黏、浑浊，影响发音。

（3）在夏天用声后，避免马上吃冷饮或过于刺激的食品，以免一时痛快而损害声带。

（4）发声前不要吃辣椒、大蒜、生姜等辛辣食物，避免油炸、坚硬、干燥的食物，以免对嗓子造成损伤。

女性在经期应停声，注意休息。保持身体活动，尤其是晨练，让大脑神经系统保持清醒，发音器官协调运动。避免在刚起床时昏昏沉沉、懒散、迷糊的状态下大声喊叫，以免损伤发音器官。

2.7.3 常见的嗓音疾病的防治

语言艺术工作者时常面临发音器官疾病的挑战，如咽炎、鼻炎和声带小结等。了解这些疾病的成因、症状和治疗方法对保护嗓子至关重要。

1. 咽 炎

一种常见的嗓子疾病，由上呼吸道感染（如感冒）或过度发声、咽部强烈刺激引起。长期感冒不愈或过度抽烟、饮酒可能导致慢性咽炎。急性咽炎症状包括喉部发痒、灼痛感、烧烫感等,而慢性咽炎则表现为喉部不适、发音困难、容易疲劳等。对于感冒引发的咽炎,及时药物治疗和服用具有润喉消炎作用的中成药至关重要。戒烟、戒酒对于治疗抽烟、饮酒导致的咽炎也至关重要。

2. 鼻　炎

另一种发音器官疾病,由感冒引起,可分为急性、慢性、过敏性三种。鼻炎会导致鼻音重,影响发声效果。对于感冒引起的鼻炎,应及时进行药物治疗,如鼻火宁、鼻炎康等。过敏性鼻炎则需脱敏治疗,远离过敏原,必要时服用相关药物。

3. 声带小结

虽发病率较低,但对嗓子的危害程度较大。声带小结与发声方法不当、用声过度过量有关。轻度声带小结会导致发音不畅、极易疲劳;重度声带小结则会使声音暗涩、沙哑。手术治疗是声带小结的主要治疗方法,一般不会影响发声。

预防发音器官疾病的关键在于日常保健,养成良好的用声习惯和生活习惯。只要我们认识科学用声与嗓音保护的密切关系,注意有效预防嗓音疾病的发生。

3 语言表达技巧

3.1 外部技巧

有声语言表达是一门艺术，我们在语言表达的时候要用语言表达技巧对原本的稿件、剧本等进行理解与分析，进而体现原作者以及自己要表达的意图，有声语言既要领会稿件的内在情感，又要锻炼声音上的技巧。有声语言以内部技巧为主、外部技巧为辅，二者相辅相成，缺一不可。

有声语言的外部技巧包括重音、停连、语气和节奏四个部分。把文字稿件转化为有声语言是语言工作者的再创造劳动。在这个再创造的过程中，语言工作者把文字这种视觉形态转化为声音这种听觉形态。这不仅需要语言工作者对文字形态稿件有准确认识，还需要有将它转化为有声语言的构思和传达的能力。而重音、停连、语气、节奏这四大外部技巧，就为构思和传达能力提供了重要的方法。本节就将带着读者学习、训练这四大外部技巧。

3.1.1 重 音

在语音学中，重音是相连的音节中某个音节发音突出的现象。在朗诵艺术中，我们朗诵的文学作品中的语句，是由若干的词或词组组成的，但一句话中它们之间的关系总有重要和次要的区别。对那些重要的词或词组，要运用轻重对比的手段加以强调，给予突出。对于这些被强调、突出的词或词组就是重音。重音解决的是语句内部词与词或词组之间的主次关系的问题。它可以使语句的目的更突出、逻辑关系更严密、感情色彩更鲜明。

3.1.1.1 重音的分类

1. 语法重音（意群重音）

语法重音是由语法结构的特点决定的，一句话中的某些成分需要读得略重一些，但一般语法重音不带特别强调的感情色彩，不表示特殊意义。语法重音只是根据语法结构的要求而自然重读，出现的位置比较固定。一般而言，在主谓短语中，需要重读的是谓语；如果是定语或状语等修饰语，也要重读。在述宾短语中，需要重读的是宾语，尤其是疑问词或指代词。

例句1：湖面被这霞光（染）成了红色。（重读谓语）

例句2：山坡上的细草长成了一片（密密的）厚发。（重读修饰语）

例句3：我才发现，原来爬山虎是有（脚）的。（重读宾语）

例句4：（什么）是一去不复返的呢？（重读疑问代词）

例句5：（这）件事，你做得不错。（重读指示代词）

2. 感情重音（逻辑重音）

感情重音不受句子语法的限制，它是根据语句中所要表意的重点决定的，同时受到朗读者的意愿制约，它在句子中的位置并不固定。正确处理感情重音，可以合理地揭示语言的内在含义。同一句话，感情重音不同表达的意思也会不同，我们要认真理解作品意旨，揣摩作者意图，才能准确找到强调重音。

（我）是××师范大学的学生。（强调"谁"）

我是××师范大学的学生。（强调"哪儿"）

我是××师范大学的学生（强调"身份"）

3.1.1.2 重音的处理方式

"重音"的"重"是指"突出、明显、重要"的意思，重音的处理方式不仅仅是重读，还包含重音轻读、重音慢读、次重音等。除了加大音强、增加音量、延长音长外，还有减小音量、扩大音域、增加或缩短音长、前后稍停、加入虚声气声等处理方式。

1. 重音重读

增加发音力度，使音量增强，可表达高亢、激昂的情绪。

2. 重音轻读

减弱发声力度，使音量减小，柔化语气，形成差别以达到强调目的。

3. 延长音长（重音慢读）

对包含特殊情感的词语延长发音。

4. 重音变读

运用颤音、变调、拟声等方法来表现特殊情感。

5. 重音顿读

在被强调的字词之前或之后稍停顿，使情感更加充分地流露。

例句 7：你们放心吧，屋里准保暖和。（重音重读）

例句 8：我们的船渐渐地逼近了那棵榕树。（重音轻读）

例句 9：病床前，话音落下，只剩叹息良久。（重音慢读）

例句 10：他的嘴唇苍白干裂，呻吟着："水……（水）。"（重音变读）

例句 11：往后余生，他都有一个响亮的名字——武警战士！（重音顿读）

【课堂练习】

在这句 7 个字的话中，重音不同可以有不同的理解。请大家分析并尝试重读。

"我"没说他偷我钱。（我没说，但有人这么说）

我"没"说他偷我钱。（我确实没有说过他偷我钱）

我没"说"他偷我钱。（我没说，但我可能暗示了）

我没说"他"偷我钱。（我说有人偷我钱，但我说的不是他）

我没说他"偷"我钱。（他可能拿走了我的钱或者对我的钱做了某些事，但不是偷）

我没说他偷"我"钱。（没偷我的钱，可是他偷了别人的钱）

我没说他偷我"钱"。（他偷我东西，但不是钱）

【练习稿件】

他一天就喝了三瓶水。

这是我的书。

我知道你会唱歌。

练习后可看总结重新思考重音分别在哪里并且尝试读出。

1. 他一天就喝了三瓶水。（谁一天喝三瓶水？）

他一天就喝了三瓶水。（他多久喝三瓶水？）

他一天就喝了三瓶水。（他一天喝三瓶水是很少的）

他一天就喝了三瓶水。（他一天喝的水是很少的，只有三瓶）

他一天就喝了三瓶水。（他一天喝三瓶什么？）

2. 这是我的书。（哪是你的书？）

这是我的书。（这是谁的书？）

这是我的书。（这是你的什么？）

3. 我知道你会唱歌。（别人不知道你会唱歌）

我知道你会唱歌。（你不用瞒着我了）

我知道你会唱歌。（别人会不会唱歌我不知道）

我知道你会唱歌。（你怎么说不会呢？）

我知道你会唱歌。（会不会唱戏我不知道）

3.1.2 停　连

停连，就是指停顿和连接，它是语言工作者借以表情达意的语言技巧之一。语言工作者必须学会合理运用停连组织语句。在语言工作有声语言的语流中，为表情达意而做出的声音中断和休止就是停顿；文字稿件上有标点符号但在语言工作中不需要中断或休止的地方就是连接。停连使语意明晰、逻辑严密、目的鲜明、内容完整，还能使传情更加生动，令人回味无穷，创造意境。

3.1.2.1 停　顿

停顿除为了休息换气外，更是为了充分表达朗读者的思想感情。

3.1.2.1.1　停顿的类型

包括语法停顿、语意停顿。

1. 语法停顿

包括自然段落、标点符号的停顿，要显示条理分明，句子中的也要注意逻辑停顿，语断气连就是其中的一个方法。

【课堂练习】

加强停连，用停顿来更加强烈表达每句话的意思。

1. 一位女同学／急切地问我儿子。

（主谓之间的停顿）

2. 远远的／街灯明了。

（限制与中心词之间的停顿）

3. 盼望着，／盼望着，／东风来了，／春天的脚步近了。（句子之间的停顿）

2. 语意停顿

也称为逻辑停顿。逻辑停顿是指为准确表达语意，揭示语言内在联系。

（1）下雨／天留客／天留我不留。

（2）下雨天／留客天／留我不／留。

停顿地方不同，意思完全不一样。如何停顿，需要根据上下文而定。逻辑停顿被称为无形的"标点符号"，包括并列性停顿、照应性停顿、强调性停顿等多种方式。书面语中某些有歧义的短语和句子可以用朗读的停顿来揭示其不同的语法结构，从而表达不同的意义。

3.1.2.1.2 停顿的技巧方法

1. 慢停法

停顿缓缓而来。

例如：风流啊，/风流啊，什么/是风流？

2. 快停法

迅速收声，快速停顿。

例如："快看/蛇/在那儿！"

3. 强停法

一字一顿将字词送出。

医生强忍住悲痛说："这位同志/恐怕最多/只有二十几天了。"

4. 拖停法

停顿节拍相对拖长。

例如：北国/风光，千里/冰封，万里/雪飘。

3.1.2.2 连　接

连接的方式包括以下两种。

1. 直　连

即顺势而下，连接迅速，不露连接的痕迹。多用于内容联系紧密，持续抒发情感的地方。

2. 缓　连

也称为曲连，即在连接处有一定空隙又环环相接，迂回向前，多用于既要连接，又要有所区分之处。

【实例分析】

下面是一篇介绍省畜牧局调研组到凉山州进行调研的文章。文章有三个自然段。

第一个自然段讲述了调研组深入凉山对畜牧产业进行调研；第二个自然段讲述了调研组召开座谈会的情况；第三个自然段是调研组在听取工作报告以后对凉山畜牧产业提出的要求。分析文意之后可以发现，第一个自然段是文章的中心自然段，是文章的主体，"祝均"作为人名第一次出现，应重音处理。调研组对工作进行调研是主干，所以这几个词做重音处理。在"深入我州后"进行呼应性停顿，在第二段末尾做第二次呼应性停顿。第二个自然段，三县对情况"进行了汇报"做重音处理。第三段主干是对"调研组肯定了三县的工作"做重音处理。

近日，省畜牧食品局副局长祝均率调研组深入我州，对昭觉、布拖、美姑三县草原生态奖励补助机制政策落实情况、国家天然草原退畜还草工程建设、草原承包到户、基本草原划定等工作进行调研。

3 语言表达技巧

座谈会上，昭觉、布拖、美姑三县重点对草原生态补助奖励工作、退牧还草工程、草场确权承包及目前工作中存在的困难及需要帮扶的建议等情况进行了汇报。

听取工作汇报后，结合实地调研情况，调研组充分肯定了三县的工作，认为三县草原生态建设工作开局良好、起步顺利，各项工作都在稳步深入推进。调研组希望各县在今后的工作中做到把落实政策和宣传政策相结合，把草补资金的发放与监管相结合，把采取工程措施与转变畜牧业发展方式相结合，把棚圈建设与彝家新寨建设、新农村建设相结合，把日常培训与解决落实政策相结合，把党委政府落实工作任务与工作保障相结合，抓紧完成2012年各项扫尾工作，全面启动今年工作。此外，要进一步提高认识、抢抓机遇，推进和完善草原承包，努力抓好退牧还草和省级配套项目的建设，全力做好今年草原生态建设的各项工作。

3.1.3 语　气

3.1.3.1 语气的定义

语气，是指播音语言表达的重要技巧之一。在一定的具体思想感情支配下具体语句的声音形式。出于全篇稿件和整个思想感情的运动状态的要求，各个语句的本质不同，语言环境不同，每一个语句必然呈现出"这一句"的具体感情色彩和分量，并表现为千差万别的声音形式。语气的色彩和分量是语句的灵魂，但必须固定在一定的声音、气息的形式、形态中。语句中所包含的是非、爱憎方面不同程度的区别，也叫作分寸、火候。其分量的差异要具体把握，并要在表达中用重度、中度、轻度来分别。语气表现在两个方面：一方面是一定的具体思想感情；另一方面是一定的具体声音形式。思想感情酝酿于心，声音形式体现于外，二者相辅相成，缺一不可。思想感情决定着声音形式，声音形式又反作用于思想感情。不同的思想感情会导致声音形式的变化，声音形式的准确与否直接体现思想感情的准确与否。我们在学习的过程中，要注意两方面的结合。

3.1.3.2 语气在语言工作发声中的重要性

思想感情具体包含以下两个方面的内容：一是语气的感情色彩；二是语气的分量，它是语气的灵魂。

语气的感情色彩，主要指语句中所包含的喜、怒、哀、欲、惧、爱、憎等感情态度方面的具体表现。它以句子为基础单位，所以当我们需要把握语句感情色彩时，就必须准确地把握每一句话的个性特点，避免出现句句都一样、句句都不准的问题。但还要注意的是，文章中的每一句话都不是孤立存在的，它存在于篇章之中，有着具体的语言环境和表达意义，绝不能够脱离具体的语言环境来谈"个性"，尤其是要注重稿件的内容和基调在把握语气感情色彩时的作用。不同的声音能够展现出不同的感情色彩。

语气的分量是指在把握语气感情色彩的基础上，还需要进一步掌握稿件对表现程度的要求，也就是需要去把握好稿件的感情色彩的分寸和火候。可以从以下两个方面来把握语气的分量：

（1）要区分语句中语气感情色彩本身分量上的差异。比如"喜"这样一种感情色彩，起码有满意、开心、喜悦等程度上的不同。

（2）要从文章的整体出发，依据文章的主次关系来把握语气分量上的差异。准确的语气分量对贴切的语气表达有着重要的影响。我们通常为了便于区分，会把语气的分量分为三个等级，分别是重度、中度、轻度。

语气的感情色彩和语气的分量构成了我们具体的思想感情，并且语气感情色彩和分量上的细微的差异，造就了稿件中丰富多彩的思想感情，同时也决定了声音形式的各种变化。

语气的声音形式是语气的躯体，语气的感情色彩和分量通过恰当的声音形式体现出来。口腔状态、气息状态和声音等要素都会造成声音形式的变化。我们通过口腔的松紧、开合，吐字力度的强弱，气息的深浅、强弱，声音的高低、强弱、长短以及音色等来表达不同的思想感情，表现不同形式的声音变化。

3.1.3.3 语气的类型

语气主要有四种：陈述、疑问、祈使、感叹。

陈述语气是直陈事实，或肯定，或否定，有时单纯表述事实或发表意见。

疑问语气与陈述语气相对，它与陈述语气、感叹语气、祈使语气的最大区别就是它是用来问一些事情的，表达的内容并不是陈述，所以是不确定的。

祈使语气表示说话人的建议、请求、邀请、命令等。

感叹语气通常抒发某种强烈感情，与陈述语气相比，情感要更强一些。

【课堂练习】

我要拍照。（陈述）

我可以拍照吗？（疑问）

请勿拍照！（祈使）

我太爱拍照了！（感叹）

示例：

1. 陈述语气练习

今天我早餐吃的是油条。

这种签字笔最大的好处就是不用更换笔芯。

魔兽世界是美国暴雪公司出品的一款风靡全球的游戏。

2. 疑问语气练习

下午和我一起散会儿步，好吗？

你知道自己错在哪儿了吗？

你哪天去，明天还是后天？

3. 祈使语气练习

严禁吸烟！

保持肃静！

起立！

请等我一会儿。

4. 感叹语气练习

既生瑜，何生亮！

我实在太开心了！

大丈夫当如是也！

山顶的空气真是太棒了！

了解了这四种语气类型的不同后，请尝试对下面的稿件或内容做语气类型上的分析，并进行练习。

稿件一

全国首期党政领导干部国防专题研究班在江苏开班，50名学员围绕国家安全与发展等主题进行学习研讨，并观摩武直-10等国产新装备和部队演练。

5月12日是国际护士节，目前全国注册护士总数达到249.7万人，接近世界卫生组织提出的每千人口应有2名护士的标准。其中具有大专以上学历的护士人数占56%，临床护理专业水平显著提高。

连日来，持续的降雨，大大缓解了南方部分地区的旱情，云南省宣布将全省抗旱应急响应由重大级降为一般级。鄱阳湖水位也快速上升，水体面积比降雨前扩大了近四倍。

宁波海关近日集中销毁了海关查获的15万支仿真枪，这批走私仿真枪极具杀伤力，有的足以致人伤残。

"中央电视台首届少儿京剧电视大赛"海选第一场今天在天津开赛。大赛面向全国3~15岁热爱京剧的少年儿童，依次在天津、北京、济南、上海、深圳五个赛区进行，比赛持续到6月初。

稿件二

锦溪古镇位于昆山市西南隅。镇外湖光环绕，镇内溪水穿流，一派泽国景象。因晨霞夕辉之时，水面跃金，灿若锦绣画卷，故得名锦溪。

锦溪和大多数江南水乡一样，青瓦白墙，流水潺潺；但锦溪又和大多数水乡不一样，这里没有铺天盖地的商店，也没有黑压压的人群。其实，梦里那最初的水乡，都是安详静谧的，但这份静谧，都奈何不了闻名后的喧闹。

我们一行人来到锦溪时，细雨霏霏，天色暮沉。离开京城秋的萧瑟，转眼间，已步入温润的江南，心中不免有些感慨。沿着湖面长桥闯入古镇的夜色中，眼前灯火微弱，心中涌上些许诧异：这难道就是锦溪夜色，如此这般凄冷？之前有去过西塘，对比起来，锦溪的夜色当然算不上绚烂。但当我们走进这深深的街巷中，眼前的场景令人欣慰：幽幽的路灯下，门庭清寂，巷深人稀。晚上八九点的光景，若换作其他的水乡，肯定是店铺喧噪、游人比肩的。当我们游走在静幽的木廊之时，从远处传来咿呀呀的吴侬软曲，曲声阵阵、温婉动情，曲调掠过门楣瓦檐，随着灯火倒映在溪流中，又随着秋风剪碎的光斑流转，静静守候千年。

在锦溪两天多的时间里，经历了江南阴、晴、雨等几种天气。只可惜，期待的晨雾并未出现。若能见到雾中的水墨江南，那该是一种怎样的喜悦啊。那两天从一大早，我们就在古镇内外四处游走，小镇里的居民对我们都很友善。当我们拿起相机对准他们的时候，他们回报的都是微笑，他们也会凑到相机跟前，看看相机中的自己，还会乐呵呵地夸赞我们的摄影技术。当初晨的阳光斜射到水面上，漫卷的云朵摇曳，五彩斑斓，锦绣无边。尤其是当炊烟飘散，晨起的居民洗衣做饭、买菜攀谈，安详的小镇之晨，演绎着心底那份最初的美好，这样的质朴，是我们最奢望的绚烂。这一季，在江南秋的余音里采集枯风中的黄菊，也在烟柳迷离的五保湖畔记取着古旧的记忆，青瓦、石巷、镇东柴扉里的落痕，有点儿时曾经的模样。湖畔温暖的茶室里，一杯缱绻的香茗，沸水冲泡的柔情澄澈无杂，一如水乡的颜色，安然、清雅……

锦溪，虽然也曾吸引过骚客达贵，虽然还遗留着宋皇妃冢，但这里却依然还是百姓的村庄，恬静安逸，不施粉黛。朝代远去，时光在这里沉寂，那令人向往的最初美好，如蚕丝一般绵长，岁月的剪裁，长长短短，窄窄宽宽，剪去了些许遗憾，却依然将这份质朴的美好，剪裁得锦绣璀璨！

3.1.4 节 奏

3.1.4.1 语言工作稿件中节奏的字义

节奏是一种重要的语言表达技巧。在稿件中，它主要表现为有声语言的抑扬顿挫、轻重缓急的回环往复。我们在前面的学习中了解了语气是指稿件中每一句话的思想感情的色彩和分量，而节奏则是指稿件中每一段、每一篇的思想感情运动状态的外部呈现。

3.1.4.2 节奏的类型

节奏大致可分为以下六种类型：高亢型、低沉型、紧张型、舒缓型、轻快型、凝重型。它们是由基本语气、基本语势、基本转换所建构的。

每一种类型，都可以以相似、相近的语气、语势、转换为主，也可以有其他类型的语气、语势、转换，但是不宜喧宾夺主。需要注意的是对节奏的把握并不是由字数的多少来确定主次之分。也就是说，字数多，有可能仍在"次"位字数少，也可能正是"主"位。

把握节奏，其实就是要把握有声语言的变化。这种变化，与停连、重音不同，也不同于气，主要是要着眼于"回环往复"。

回环往复，是指声音高低、间歇长短、节拍快慢等有规律的变化，而不是那种杂乱无章、散漫无序的变化，既需要基础性的表情达意，又需要艺术美感和语言魅力相互融合。

3.1.4.3 掌握节奏的方法

掌握节奏时，具体要运用以下几种方法和技巧。

1. 欲停先连，欲连先停

停连关系不仅仅是区分语意，更主要的是体现思想感情的有序运动及词语系列的各种关系。在语言工作中，停顿是少量的，连接是大量的，停要停得恰当，连要连得顺畅。停顿时间的长短、停顿次数的多少，都与节奏有着十分密切的关系。有时又需要少停多连，有时需要多停少连，它们甚至可以强化或弱化语气内部的停连关系。

综上所述，我们在运用节奏技巧时，要善于处理停连关系，从而使语流中充满停连的有机结合成分。也就是说，当我们在连接的时候，要同时考虑停顿；在停顿中，同样要注意连接。如果后面的部分需要一气呵成，那么前面就一定要有适当的停顿；如果后面要有必要的停顿，那么前面一定要推进语流，注意连接。

2. 欲快先慢，欲慢先快

快慢变化，可以通过语速的不同来体现，也可以通过停顿的增多来体现。当重点的语句需要减慢时，前面的语句则需适当加快；当重点的语句需要加快时，前面的语句则需适当减慢。快慢不仅是单指一个语节，还应该再扩大些，甚至是多个句子。在加快和减慢时，不但要注意变化的多样性，更要注意不可使疏密度千篇一律。

以上所讲的两组矛盾是完全浑然一体的，不可单一使用，不可割裂开使用。但这两种方法各有所长，在不同的语篇中可以有所侧重地使用。

3.1.4.4 不同类型稿件节奏训练

1. 轻快型

声轻不着力，多扬少抑，语流中顿挫较少，且时间短暂，语速较快，轻巧明丽，有一定的跳跃感。

山茶花又开了，那样洁白而又美丽的花开了满树。

每次，我都不能无视地走过一棵开花的树。那样洁白温润的花朵，从青绿的小芽儿开始，到越来越饱满，到慢慢地绽放；从半圆，到将圆，到满圆。花开的时候，你如果肯仔细地去端详，你就能明白它所说的每一句话。就因为每一朵花只能开一次，所以，它就极为小心地绝不错一步，满树的花，就没有一朵开错了的，它们是那样慎重和认真地迎接着唯一的一次春天。

所以我走过一棵开花的树，都不得不惊讶与屏息于生命的美丽。

2. 凝重型

多抑少扬，多重少轻，音强而着力，色彩多浓重，语势较平稳，顿挫较多，且时间较长，语速偏慢。重点处的基本语气、基本转换都显得分量较重。

2008年5月12日14时28分，四川汶川发生8.0级地震，这是每个中国人刻骨铭心的时刻：地面剧烈晃动，楼体倒塌，在那一瞬间，天崩地裂，数以万计的鲜活生命被压在废墟之下，喊声、哭声、求救声，曾经的"无忧之城"顿时被痛苦笼罩。那一次，大自然带来巨大的灾难，但中国人民始终没有输给灾难。

十五年前，有人死里逃生，又再次冲进废墟参与救援；母亲用身体护住还在襁褓中的孩子；老师用生命挽救学生；废墟上下的坚持创造了一个又一个生命奇迹。灾区外，中国人民众志成城，献血、捐钱、捧出自己的一颗颗爱心。十五年后，"双向奔赴的爱""长大后我就成了你"……自强不息和勇敢团结的英雄人民，让这座无忧之城获得了重生且更加坚毅，更让这份沉重的记忆充满了爱和勇气。

从众志成城的抗震救灾，到一座城、一群人扑灭重庆山火，中国人民靠的就是勇敢团结、自强不息与艰苦奋斗，每一次从考验中走出，在灾难中强大。

多难兴邦，中国人民从不会因为灾难而放弃希望，反而会在与苦难的斗争中，对幸福生活倍感珍惜，更加理解家国情怀。十五年前的今天，我们为那些不幸的人祈祷，今天，我们为经过灾难洗礼的人欣慰。被父母护在身下的孩子健康长大了，在担架上向解放军敬礼的小男孩如今成了人民子弟兵，倒塌的建筑也重建得更美更好了。纪念灾难，不是纪念那个心痛的瞬间，而是纪念在那个瞬间中我们的英勇无畏，在那个瞬间后我们的乐观坚强。

"乔木亭亭倚盖苍，栉风沐雨自担当。"因为祖国的强大，人民的无畏，我们总能在一次次灾难中浴火重生。我们要纪念灾难，更要纪念那段记忆里的勇气和爱。

3. 低沉型

声音偏暗偏沉，语势多为落潮类，句尾落点多显沉重，语速较缓。

2008年的5月12日，汶川大地震震痛全世界，时隔一周，国务院决定2008年5月19日至21日为全国哀悼日。这是中华人民共和国成立以来，第一次为严重自然灾害造成重大伤亡举行的全国性哀悼活动，也是第一次为自然灾害中遇难同胞降半旗致哀。2010年4月14日，青海玉树地震以猝不及防的方式再次震痛了国人，又是时隔一周，4月21日，以国家的名义，全国为遇难同胞举行哀悼活动。2010年8月15日，在舟曲特大山洪泥石流发生的第八天，全国哀悼活动再次庄严举行。这表明，国家对生命的尊重已经形成了制度性安排。2008年的哀悼日是一种突破，是对国旗法条款的激活。《中华人民共和国国旗法》第十四条第二款明确写道："发生特别重大伤亡的不幸事件或者严重自然灾害造成重大伤亡时，可以下半旗志哀。"如果说上一次的举国哀悼是一种自觉，是一种自然而然的众望所归，是政治文明的制度结晶，那么，这一次，我们分明读出了更深沉的价值。

我们读懂了生命的尊严，读出了国家对生命的尊重，也读出了一个国家的坚强和自信。举国悲伤的背后，站立着公民尊严；每个公民的背后，站立着整个国家。国家对生命的尊重，不是心血来潮式的一次突击，不是浮光掠影式的点到为止，而是凝聚着深刻的制度性安排，而这无疑让人更为感慨和欣慰。

显然，支撑国家哀悼的制度性安排，是融入国家血液的生命至上理念。我们记得，从汶川地震到玉树地震再到舟曲泥石流，在灾难发生后的第一时间内，国家就集结各种力量加紧救援，"第一还是救人"，"早一秒钟就可能救活一个人"，"要切实解决好灾区学生复课问题"，"要加强对次生灾害的预防"，"第一就是救人，要继续全力搜寻幸存者，人民群众的生命安全是最重要的"……救援大军不分昼夜地搜救，更进一步强调了尊重生命的深刻含义。

同舟共济，舟曲不屈。只要有爱，只要尊重生命，只要有昂扬不屈的灵魂，我们就能挺过任何灾难。

"民惟邦本，本固邦宁"，国家尊重生命、善待生命，才能唤起国人抗灾、重建家园的决心和信心，从而激发国人的向心力和创造力，才更能提升国家的文明指数和推动政治进步。让我们向每个逝者默哀，向生者致敬，让我们一起期待每个公民生活得更有尊严，一起期待公民的各项权利都得到最大限度的捍卫。

4. 高亢型

声音多明亮高昂，语势多为起潮类，峰峰紧连，扬而更扬，势不可遏，语速偏快。重点处的基本语气、基本转换都带有昂扬积极的特点。

我的青春飞扬

  背起旅游的行囊
  踏上那宏伟的邮轮
  驶向那浩瀚的海洋
  青春 没有停留
  梦想 充满激扬
  蓝蓝的天空 心灵释放
  波涛的海水 激情能量
  瞭望远方 漫无边际青春正值 我心飞翔

5. 舒缓型

声多轻松明朗，略高但不着力，语势有跌宕但多轻柔舒展，语速徐缓。重点处的基本语气、基本转换都显得舒展徐缓。

雨，有疾风暴雨，有倾盆大雨，有急促阵雨，有绵绵冬雨，我，最爱春雨。

春雨，如丝如帘，不急不慢，雨滴像一个个晶莹的精灵，有序地追逐着，在树叶上跳舞，在花瓣里嬉戏，在树梢上成为滴泉，在草尖上变为珍珠，在小溪里唱歌，最终都投入大地母亲的怀抱。

春雨如丝丝琴弦，在微风的纤纤之手的拨弄下，弹奏一曲曲节奏舒缓的春之歌，在片片绿叶上，缓慢流出。春雨如慈祥母亲的轻语，表达着对大地的温情柔意，诉说着春天之梦。春雨像银线似花针，连接着天地，密密斜织着春天的彩卷。

此时，在雨中，任凭雨落在脸上，凉凉的，润润的，像少女的手在抚摸你，继而那温柔的感觉融入心间，滋润着，流淌着，幸福着。

此时，远看，细雨蒙蒙，连天接地，似一首朦胧的诗，如一幅奇妙的画。禁不住心中诗情涌动。

此时，打一把雨伞，听雨轻打伞面，啪啪，啪啪，似爱你的人在轻叩心扉，并和着你的步伐，伴你走向花香氤氲的前方。湿润的空气慢慢进入你的肺腑，心中充满舒适、满足、惬意，一切烦恼忧愁离你而去。

此时，随风飘来的，有新翻泥土的气息，有草木的清香，有花朵的芳香，有雨丝的甘甜，一切都在湿润的空气中酝酿，这是春天特有的味道，陶醉其中，其乐融融。

此时，老农穿着雨衣，走向田野，丝丝透地的雨，如甘露滋润着心田，望着麦苗上的水珠，望着碧绿的大地，脸上洋溢着发自内心的笑容，在希望的田野上，他看到了金色的希望。

春雨贵如油，它不仅滋润干涸的土地，也滋润花草树木，更洗亮每一个人的希望。

春雨，洗净了长空，洗绿了大地，小草冒绿，树木吐翠，杨柳如烟，百花争春，麦苗拔节，大地一派生机勃勃。

春雨，在诗圣杜甫笔下是喜雨："好雨知时节，当春乃发生。随风潜入夜，润物细无声。"春雨善解人意，悄无声息，悄然而来，又悄然离去。而韩愈的春雨则细润滑泽："天街小雨润如酥，草色遥看近却无。最是一年春好处，绝胜烟柳满皇都。"韩诗准确捕捉春雨的特点，称赞春雨早春别有新意，与杜诗有异曲同工之妙。

春雨，洗尽了冬日的铅华，让世界焕然一新，春雨，似神奇的宝墨，让大地如诗如画，春雨，宛如清纯的酒，让人们精神焕发。

我爱春雨。

6. 紧张型

声音多扬少抑、多重少轻，语速快，气较促，顿挫短暂，语言密度大。重点处的基本语气、基本转换都较急促、紧张。

在生活中，有许许多多的活动，有些让人十分难忘，因为那是最后一次的活动，也有些让人开心，因为那是一次十分有趣的活动，但是我参加的活动都不是这些，而是一次演讲比赛。

今天是一个特别的日子，虽说是一个特别的日子，倒不如说是一个紧张的日子，在这个世界上，谁去参加什么比赛都会很紧张吧？一想到比赛我就浑身发抖，感觉我有比赛恐惧症。

我来到了演讲台，周围一片安静。到处都是同学，到处都是老师，我现在已经处于紧张的时候，腿已经不受控制了，全场的观众都望着我，我这时脑海里想起了老师说过的话，只有脸皮厚才能吃得够，如果脸皮薄根本吃不够。我这时又回过神来，于是我开始了我的演讲。台下的观众全神贯注地望着，有的人对我微笑了一下，我这时心里面涌出了一种感激：老师说的话可真有用，看来脸皮厚这个贬义词也是一个褒义词嘛，我以后还是不要胆小了，今天的这次演讲就是对我的教训。自从那次让我十分难忘的演讲比赛，我就再也没有胆小害怕过，因为那次演讲比赛不只是一场比赛，而是一场让我懂得一个道理的比赛，以后如果你有什么胆小的地方的话，就请你跟我学吧。

3.2 内部技巧（情景再现、内在语、对象感）

掌握外部技巧的同时还要将其付诸内部技巧之上。有声语言的内部技巧包括情景再现，内在语和对象感。内在语的把握用于提示我们找到恰当表达语气的方法。对象感和情景再现也是我们使用正确停连、重音、节奏的方法。内部与外部的关系在影视戏剧上实际上是演员在创造角色时体验与体现的关系。我国戏曲表演艺术家们常说"情动于衷而形于外"，还说"容动而神随，形现而神开"。这应该说是比较正确地阐明了演员在创作中体验与体现的关系。在演员的创作中，从接触剧本开始直到人物形象创作完成，即在演员孕育角色和在观众面前表演角色的整个过程中都不能离开体验。在表演创作中，演员能不能够深入地体验人物的内心生活和思想感情是区分演员在表演上是真实还是虚假的标尺。

声音的高低强弱，重音和顿歇处理、语调的抑扬顿挫、身体姿态的变化、手势与表情的配合等，都需要演员的精心雕琢。只有这样，人物的内心体验才有可能得到充分的体现。因此，掌握并学习内部技巧也是我们学习必不可少的一环。

3.2.1 情景再现

情景是指具体场合境地的情形和景象。我们要在日常生活、工作、学习中对新鲜事物、具体人物、场景和情感等进行深入的观察，把看到的、听到的事物像摄像机一样，用自己的眼睛和大脑拍摄、录制下来。当我们遇到与之相似的稿件内容的时候，就对这些情景进行筛选并进行新的排列组合，把它们再现出来，同时再以丰富的想象与联想来进行精细的描绘，并可伴有形体动作。它是艺术创作中调动思想感情、使之处于运动状态的重要手段。

情景再现具有特定含义，是指在符合稿件需要的前提下，以文章提供的材料为原型，使稿件中的人物、事件、情节、场面、景物、情绪等内容在读者/语言工作者脑海里不断呈现，并形成连续活动的画面，并不断引发相应的态度和感情。这个过程就是情景再现。

情景再现并不是任意驰骋的一种想象联想活动。它是以稿件所提供的材料为原型，符合稿件的需要，并服务于视听需要的想象联想活动。

以下详细讲解情景再现的步骤。

理清头绪，是情景再现的基础。确定脑海里连续活动画面，按照剧情或文章内容，思考开始是什么，怎样变化的，如何发展的，结果是什么，哪里是特写。要做到心中有数,知道在哪里该横向扩展、怎样扩展和扩展的程度,分清楚"特写镜头""远景""全景"的位置和区别。

设身处地,是情景再现的重点。以亲身所见、亲耳所闻、亲身经历,融入稿件所叙述、描写的场景,获得现场感,进入具体的事件、场面中去,产生"我就在"的感觉。但我们可能会遇到这样的问题,如果并没有亲身经历过,就要通过类似的经历或所闻所感在脑海中合理想象"模拟"现场。比如读者没有亲身体会过被绑架,但需要我们用有声语言表现,这时我们要在脑海里想到能带给我们同样情绪的类似事件。又比方说考试考差了怕被妈妈打时的恐惧、要出成绩时的紧张、坐过山车时的忐忑刺激感,等等。

触景生情,是情景再现的核心,特别强调积极地反映。如果稿件融情于景,我们就需要触景生情。在毫无准备的一个具体的"景",马上勾起具体的"情",还要完全符合稿件要求。

现身说法,是情景再现的关键。当我们头脑中再现了稿件中的情景之后,还需要经过自己的消化吸收来进行加工制作,使受众产生同样情景的再现,从中受到感染,这便是情景再现的意义。

情景再现,要明确以下问题:

(1)情景再现必须要以稿件为依据,在分析理解稿件的基础上来进行。语言工作者不能随意运用稿件的材料,从主观愿望出发给予取舍,特别是不能为了生动、为了把稿件播"活",只要稿件有一句半句的提示,就极力渲染。语言工作者要为稿件主题和播出目的服务,避免对稿件精神实质的背离。

(2)情景再现一定要产生于具体感受中,把文字稿件变为自己要说的话。

我们要用感受来把文字稿件化为内心的实有事物,催动内心主动来接受、容纳、消化文字稿件的多层次刺激。

情景再现一个重要的环节是想象,再造想象。比如说"一位漂亮的形体课老师"。当看见这句话时,我们头脑中会出现一位符合自己审美眼光的形体课老师形象。在每个人头脑中,这位老师的形象不尽相同,但都符合自己对于美的定义。"这个学期教授我们形体课的老师很年轻,她个子不高,但是长期专业的形体训练使她的身材非常匀称,皮肤呈现出健康的小麦色,她的眼睛大而有神,时尚的她有一头浓密的褐色短发,显得精神又干练。"通过详细的描述,每个人心目中的形象逐渐得到统一,最终在头脑中出现了一个年轻、漂亮、时尚的形体课教师的形象。前一种想象是发散性的,后一种是根据作者的描述进行的具体想象,也叫作再造想象。在语言工作学中,再造想象运用的频率很高,需要熟练掌握。

【课堂练习】

(1)擦干泪水,她轻轻地踮起脚,看着窗外那一片蔚蓝的海,在阳光的照耀下,呈现出一片金色的波光来。

在表述时,应该表现出女孩子刚刚哭泣过,一副梨花带雨的可人模样,同时心中又对未来充满希望的场景。表达时应该是带有希望的、亲近的感觉。

（2）"我太想去香港的迪士尼公园了！"小男孩仰起头，一脸期待的表情。

小男孩去迪士尼乐园游玩这种心情无疑是带着期盼和盼望的。播读这句话时，播讲者在讲述小男孩的话语时应该抱着同样的感觉，才能达到预期的效果。

（3）锅里的水吱吱地响，老大娘里屋外屋地忙，烧完热水，又端饺子又端鸡蛋，香味儿伴着腾腾的热气在屋里弥漫。

一系列的动作步骤表示屋子里的忙忙碌碌，烟火气十足。"吱吱""腾腾"此类描述声音词更方便讲述者情景再现。播讲者应通过较快的语速、温和的声音来表达出家庭温馨气氛。

（4）在一只渔舟上，我们大开了眼界。一个白发老渔人从舱里捧出一握珍珠来，只见那颗颗珍珠，有大如羊奶子的，有小如红豆的，光华夺目，熠熠生辉。

比喻是很方便的一种情景再现的手段。讲述者通过比喻大如羊奶子小如红豆可以真切地感受到珍珠的大小，让观者大开眼界看到的光彩夺目、熠熠生辉，脑海中浮现出此场景之后，语言中应当带有惊喜、喜爱、好奇的情绪。

3.2.2 内在语

内在语是指文章中语言所不便表露、不能表露或没有完全表露出来以及没有直接表露出来的语句关系和语句本质（即话里有话、弦外之音）。内在语帮助我们使自己的思想感情运动起来，并把稿件变成自己要说的话，用以提示我们找到恰当地表达语气的重要方法。它对语言工作表达有着重要的意义。

按性质和作用的不同，内在语大体上可分为以下六种基本类型。

1. 发语性内在语

所谓发语性内在语，就是语言工作者把适当的词语放在语句、段落、层次起始处，并把这些词语在心里播出来，与稿件语句、段落、层次等自然衔接，并把其引出来。

例如：

"亲爱的各位观众朋友们，这里是凉山广播电视台。朋友们，你们知道吗？西昌是一座春天栖息的城市，这里四季如春，气候宜人，是 您休闲度假的最佳选择。"

2. 寓意性内在语

寓意性内在语是隐含在语句深层的内在含义，即我们平常所说的"弦外之音"，是结合上下文语言环境挖掘出来的语句本质和语句目的。对寓意性内在语的把握，应注意参照上下文语言环境，并结合作者的写作风格、语言习惯，文章的主题、目的、背景，人物的性格、身份、心理、语言特点及其所处环境和人物之间的关系去分析，需要我们从全篇整体去把握。

比如热恋中的女生对男生说："你真坏！（你真好！）"恋人之间的情话，往往包含着很多内在的信息。又如："在干吗呢？（我想你了。）""笨猪。（小可爱。）"因此，在具体的语境当中，应当注意区别。

3. 关联性内在语

关联性内在语是指那些体现语句逻辑关系和语法意义的隐含性关联词和关联词短语。它们一般出现在语句、段落、层次之前和之间，这里是指那些没有用文字表现出来的语句关系。关联性内在语，我们通常用隐含的"因为""所以""虽然""但是""如果""而且"之类的关联词或是用简洁的短语来使上下文自然地衔接、过渡。运用关联性内在语可以使语言链条衔接得更加自然、顺畅并符合逻辑，使语意和语言目的的表达更加准确。

例如：

天空乌云密布，（虽然）豆大的雨滴溅落在他的帽檐，（但是）他一动不动，任凭雨水冲刷着自己的身体。

4. 提示性内在语

要使上下句语气衔接，我们还要借助于提示性内在语，它通常被用于语句、段落、层次之间。其内容更加灵活多样、丰富多彩，是语言工作者的主观能动性和创造性赋予稿件的。在那些文气不太贯通、前后句转换突兀、语气不好衔接的语句间，为了使语句自然地衔接、过渡，就必须设计一个恰当的提示性内在语。相较于关联性内在语重在使语句的逻辑关系更加严密而言，提示性内在语则更加注重表达语气富于灵动的活力。要想使语气的表达更加丰富多彩，使自己创作思维和创作个性得到更好的发挥和施展，就要通过设问呼应、提醒关注、表现情态、展示过程、感叹强调等提示性内在语的设定来实现。

例如：

（1）放学回家，刚到门口，我就闻到了一阵香气（回锅肉）。刚进门，妈妈就笑眯眯地对我说："儿子，今天妈妈给你做了回锅肉和西红柿汤，都是你爱吃的。"

（2）最近，有一件事在市民中广泛地传播。（什么事呢？）相传三岔口一位六十岁的大爷每天都要步行环邛海一周。

5. 回味性内在语

语言工作者以回味、思考、想象、憧憬的语气在稿件文字段落、层次和全文结尾处设置相应的词语，给人以语已尽、情尚存的印象。它包含有寓意式回味、反问式回味、意境式回味、线索式回味等形式。

例如：

（1）我们不能为了眼前的利益毁掉后代的未来！（可不是吗？）

（2）自从"5·12"大地震以后，我再也没有见过他。（他在哪里？他还在人世吗？）

冬天来了，春天还会远吗？（……）

6. 反语性内在语

反语性内在语是通过反问来表达确定意思的内在语，用以体现语句的表层意义与深层内在含义之间的对立或对比关系。

例如：

老父亲看着因为聚众赌博而被抓获的儿子说："你可真是我的好儿子啊！"（"你这个混蛋！"）

通常情况下，这六种类型的内在语不是单独存在的，在一篇文章当中，它们可能同时或者部分出现。这个时候需要我们逐字逐句地梳理文章的结构，分析其中具体内在语的表达方式。

【实例分析】

济南的冬天（节选）

设若单单是有阳光，那也算不了出奇。请闭上眼睛想：一个老城，有山有水，全在天底下晒着阳光，暖和安适地睡着，只等春风来把他们唤醒，这是不是个理想的境界？小山整把济南围了个圈儿，只有北边缺着点口儿。这一圈小山在冬天，特别可爱，好像是把济南放在一个小摇篮里，它们会安静不动地低声地说："你们放心吧,这儿准保暖和。"真的，济南的人们在冬天是面上含笑的。他们一看那些小山，心中便觉得有了着落，有了依靠。

第一个小层次：

设若单单是有阳光，那也算不了出奇。

内在语：济南的冬天可不只有阳光，还有更加美好的事物，且听我往下说。

语气：这句的重点落在"单单"上，因为看到后文，知道还有更多出奇的地方，形成呼应。情感色彩上，略带感叹。感叹着济南冬天的难得。

第二个小层次：

请闭上眼睛想：一个老城，有山有水，全在天底下晒着阳光，暖和安适地睡着，只等春风来把它们唤醒，这是不是个理想的境界？

内在语：济南的冬天真是太美好了，而且这美好在全中国也是难寻的。

语气：这句话中"理想的"是重点，作为重音处理。这个词中，透着一种美好到如梦般的情感。从"一个老城"到"把它们唤醒"这部分内容，要作为一个整体处理，在有声语言上多连少停，语速稍缓，节奏缓和，语势变化不大，气息均匀，音色柔和。冬天，作为一个整体，是温暖、柔和、让人期待与向往的。

第三个小层次：

小山整把济南围了个圈儿，只有北边缺着点口儿。这一圈儿小山在冬天特别可爱，好像是把济南放在一个小摇篮里，它们安静不动地低声地说："你们放心吧,这儿准保暖和。"真的，济南的人们在冬天是面上含笑的。他们一看那些小山，心中便觉了着落，有了依靠。

内在语：这小山，让人心里真踏实啊！

语气："圈儿""含笑""依靠"是这个小层次中的重点词语。因为这小山围成的圈

语言表达基础及其应用

儿让人们心里踏实上都是含笑的。这一个小层次是自然心里面儿,由四句话组成,句与句之间以连接为主。

在"真的"前面,可以有一个短暂的停顿,"真的"的语势可以稍低一些,音高稍低,同时腹壁力量此刻加强,增加分量感。一个小层次的语气温暖,"你们放心吧,这儿准保暖和"这句可以增加一些俏皮与可爱的语气。

【课堂练习】

火光

[俄]柯罗连科

很久以前,在一个漆黑的秋天的夜晚,我泛舟在西伯利亚一条阴森森的河上。船到一个转弯处,只见前面黑魆魆的山峰下面,一星火光蓦地一闪。火光又明又亮,好像就在眼前。

"好啦,谢天谢地!"我高兴地说,"马上就到过夜的地方啦!"船夫扭头朝身后的火光望了一眼,又不以为然地划起桨来。

"远着呢!"

我不相信他的话,因为火光冲破朦胧的夜色,明明在那儿闪烁。不过船夫是对的:事实上,火光的确还远着呢。

这些黑夜的火光的特点是:驱散黑暗,闪闪发亮,近在眼前,令人神往。

乍一看,再划几下就到了……其实却还远着呢!……

我们在漆黑如墨的河上又划了很久。一个个峡谷和悬崖,迎面驶来,又向后移去,仿佛消失在茫茫的远方,而火光却依然停在前头,闪闪发亮,令人神往,依然是这么近,又依然是那么远……

现在,无论是这条被悬崖峭壁的阴影笼罩的漆黑的河流,还是那一星明亮的火光,都经常浮现在我的脑际。在这以前和在这以后,曾有许多火光,似乎近在咫尺,不止使我一人心驰神往。可是生活之河却仍然在那阴森森的两岸之间流着,而火光也依旧非常遥远。因此,必须加劲划桨……然而,火光啊……毕竟……毕竟就在前头!……

3.2.3 对象感

对象感是指语言艺术工作者通过调动自己的思想感情,使之处于运动状态,从而设想和感觉到对象的存在和反应,必须在感觉上意识到听众的心理、要求、愿望、情绪等。这是语言艺术工作者思想感情的单向流动,并不与听众产生语言交流。语言艺术工作者设想和感觉到的听众方面的情况与客观事实可能并不等同。其所设想的听众感觉到的反应也可能并不真实存在。一般来说,没有实在的传播对象,"目中无人",但是心中必须有人。要让听众始终在脑海里浮现着,好像和他们面对面说话一样。不仅意识到他们的存在,还要意识到他们的"反应",与之进行思想感情上的交流与呼应。

对象感属于某种联想、想象中的东西,只是被语言工作者用来作为使思想感情处于运动状态的一种手段、一种途径而已。

在语言艺术工作中,应时时处处感觉到听众的存在及其喜怒哀乐。受众的各种反应又能引发语言艺术工作者的更饱满的感情,两者之间形成互相激励、鼓舞的默契。

对象的设想,可以从性别、年龄、职业、人数等量的方面进行,还要从环境、气氛、心理、素养等质的方面把握。

对象感不仅要设想对象的一般情况和个性要求,还必须解决好与听众的关系问题。他们之间是平等的、朋友式的关系,要避免居高临下、装腔作势地说教,也不要一味地迎合听众。

掌握对象感的练习方法有以下几方面。

1. 照镜子练习

与镜子里的自己对话、交流,同时多练习眼神交流和微笑,找到自己最美的表情,摆脱眼神的犹疑,助力语言表达。

2. 理解稿件表达的感情

充分理解稿件表达的含义、蕴藏的情绪等,在条件允许的情况下可以做情景模拟练习,帮助自己找到表演时所需的状态。

3. 明确面对的对象

要明确知道自己所面对的对象,学会捕捉稿件中的重要信息,通过对话带入,让角色之间呈现出彼此能够互相理解的状态。

4. 反馈接收到的信息

要做到"心中有人",理解听众传递回的信息,进而做出反馈,在如此往复中,传递信息,递进情感。

【课堂练习】

稿件一

世界上最早的记者,是在欧洲的威尼斯诞生的。16世纪的意大利威尼斯是欧洲的经济中心,商业活动非常频繁,各个国家的商人、银行家以及达官贵人等,都纷纷汇集到这里进行商业活动,参与市场竞争,同时享受资本主义的繁华生活。

这些人聚集在城市里,迫切需要了解和掌握世界各地的信息,尤其是涉及他们切身利益的政商资讯,更是十分关切。于是,就有些人投其所好,专门去采集有关政治事件、物价行情、船舶起航等方面的消息,采取手书写成单篇新闻,或者刊刻成报纸,然后公开售卖。

后来,人们根据这些人工作的特点,分别称呼他们为"报告记者""手书新闻记者""报纸记者",进而演变成一种职业。这些以采集并出售新闻为生的人,就是世界上最早的职业记者。

稿件二

科学证明：伸懒腰时，两手上举，肋骨上拉，胸腔扩大，使胸肌活动加强，引起深呼吸。这既可减少内脏对心肺的挤压，有利于心脏的充分活动，又能促进全身血液循环，从而改善睡眠和紧张工作学习后的血液分布。尤其是人脑组织，虽其重量仅占体重的五十分之一，但需氧量却占全身的四分之一。可以说，伸懒腰是消除疲劳、焕发精神、增进体力和健康的一种积极活动。

3.2.4 情感表达

3.2.4.1 播音专业的情感表达

"情"是所有艺术创作的生命。没有情感，也就没有艺术。播音朗诵作为语言表达的艺术，自然也不例外。情感是播音朗诵的基础，对情感把握的好坏，是播音朗诵成败的关键。

播音、朗诵时的语言讲求字正腔圆、呼吸无声、语流畅达，这些都是对吐字发声的要求。不仅如此，播音、朗诵时还要充满爱憎分明，充满真挚饱满的情感，要入而不陷、淡而不离。只有这样才能让听众伴随着自己的情感感受语言的魅力，达到预期的播音朗诵效果。学习者可以从以下三个方面去努力把控好播音朗诵表达时的情感。

1. 加强学习是把握好情感的前提

播音、朗诵时的情感体现是无源之水、无本之木。这些情感都是有来源的、可追溯的，源头就是平日里学习、积累打下的基础。这里说的学习，不仅包括学播音发声的方法，还要学习方针政策和理论。

只有有了扎实的业务理论功底，才能树立正确的世界观、人生观、价值观和审美观念，提高政治敏锐力和洞察力，在练习播新闻或朗诵时才能明辨是非、爱憎分明，表达时才能把握好自己的情感，才不会出现情感把握失衡的现象。

2. 勤于实践是把握好情感的关键

播音朗诵工作需要对社会、对生活、对事业、对他人、对家庭有一颗真诚的爱心和一份真挚的情感。这些情感不是与生俱来的，也不是一朝一夕就能形成的，需要勤于实践、勤于感受。正所谓"台上一分钟，台下十年功"。

要多深入实际，在生活中注意观察，多阅读各类稿子，体会其中不同的情感需求。把每一次开口当成情感酝酿的过程、锻炼的机会。在每一次语言表达时，都要调动自身的情感储备，按照稿件的需要，认真把握情感基调。

3. 善于传情是把握好情感的金钥匙

如何才能做到语言"传情"呢？

首先，要使自己尽早地进入稿件，了解稿件的来源、事物的背景和想要表达的主题，进而有充足的时间充分调动自己的情感储备。这样一来，在表达时才会有对象感，内容的把握才能准确，情感的把控才会真实。

3　语言表达技巧

其次，播音、朗诵表达时情感要"真实"且"真诚"。除了真实的感情，更要有激情！

最后，不能为了追求这种情感而做作地表达，更不能用一种刻意修饰的语调、声音、形体语言去面对听众。并不是声音高就能表达出激动的情绪，也不是声音大就会显得强悍震慑。声由情发，声随情动，这需要我们用一颗真诚坦荡的心，用自然、热诚的态度，使自己内心的情感自然流露，并与新闻事实融为一体，借助情感因素做催化剂，去获得观众情感上的共鸣。

【课堂练习】

朗读稿件，合理运用本章所学技巧，先思考，后朗诵。

青春

人生有一首诗，当我们拥有它的时候，往往并没有读懂它。而当我们能够读懂它的时候，它却早已远去，这首诗的名字就叫青春。青春是那么美好，在这段不可复制的旅途当中，我们拥有独一无二的记忆，不管它是迷茫的、孤独的、不安的、还是欢腾的、炽热的、理想的，它都是最闪亮的日子。雨果曾经说："谁虚度了年华，青春就将褪色。"是的，青春是用来奋斗的，不是用来挥霍的。只有这样，当有一天，我们回首来时路，和那个站在最绚烂的骄阳下曾经青春的自己告别的时候，我们才可能说："谢谢你，再见。"

理想树

你是一株美丽的树，你是一株智慧的树。并且，你是一株与日月俱增其美丽、智慧与生命的树，是的，生命的树。

我原以为你在我这心的贫瘠的泥土上是不能生长的。我认为，你应当是另一个乐园沃土上的理想树。谁知你竟在我的心上发芽了，生长了。

在我心的瘠土上，我植下了一株又一株的树，它们都没有长起来。并没有注意你的顽强的存在，你却在那里默默地伸展着，毫无怨言地茂郁地长起来。

我已惊讶地见到你，闪光的你，张开了美丽的华盖，开放了美丽的花朵，结出了智慧的果实，培育着辉耀的理想。

我膜拜着你，我的艺术之树。我膜拜着你，我的理想之树。

【练习稿件】

运用有声语言的内部技巧与外部技巧结合情感表达，有感情地朗诵这篇著名散文。

春
朱自清

盼望着，盼望着，东风来了，春天的脚步近了。

一切都像刚睡醒的样子，欣欣然张开了眼。山朗润起来了，水涨起来了，太阳的脸红起来了。

小草偷偷地从土里钻出来,嫩嫩的,绿绿的。园子里,田野里,瞧去,一大片一大片满是的。坐着,躺着,打两个滚,踢几脚球,赛几趟跑,捉几回迷藏。风轻悄悄的,草软绵绵的。

桃树、杏树、梨树,你不让我,我不让你,都开满了花赶趟儿。红的像火,粉的像霞,白的像雪。

花里带着甜味儿;闭了眼,树上仿佛已经满是桃儿、杏儿、梨儿。花下成千成百的蜜蜂嗡嗡地闹着,大小的蝴蝶飞来飞去。

野花遍地是:杂样儿,有名字的,没名字的,散在草丛里,像眼睛,像星星,还眨呀眨的。

"吹面不寒杨柳风",不错的,像母亲的手抚摸着你。风里带来些新翻的泥土的气息,混着青草味儿,还有各种花的香,都在微微润湿的空气里酝酿。

鸟儿将巢安在繁花嫩叶当中,高兴起来了,呼朋引伴地卖弄清脆的喉咙,唱出宛转的曲子,跟轻风流水应和着。

牛背上牧童的短笛,这时候也成天嘹亮地响着。

雨是最寻常的,一下就是三两天。可别恼。看,像牛毛,像花针,像细丝,密密地斜织着,人家屋顶上全笼着一层薄烟。

树叶儿却绿得发亮,小草儿也青得逼你的眼。傍晚时候,上灯了,一点点黄晕的光,烘托出一片安静而和平的夜。

在乡下,小路上,石桥边,有撑起伞慢慢走着的人,地里还有工作的农民,披着蓑戴着笠。他们的房屋,稀稀疏疏的,在雨里静默着。

天上风筝渐渐多了,地上孩子也多了。

城里乡下,家家户户,老老小小,也赶趟儿似的,一个个都出来了。舒活舒活筋骨,抖擞抖擞精神,各做各的一份事去。

"一年之计在于春",刚起头儿,有的是工夫,有的是希望。

春天像刚落地的娃娃,从头到脚都是新的,它生长着。

春天像小姑娘,花枝招展的,笑着,走着。

春天像健壮的青年,有铁一般的胳膊和腰脚,领着我们上前去。

3.2.4.2 影视戏剧专业的情感表达

在影视戏剧表演中,情感表达是至关重要的。情感表达不仅关系到演员的表演质量,还直接影响着观众的观影体验,在影视戏剧中具有极其重要的地位。情感是故事的核心,它连接着角色、情节和观众。情感的表达不仅有助于演员塑造出鲜活的角色形象,还能让情节更加引人入胜。

首先,情感表达是塑造角色和传达故事核心思想的关键。

其次,情感的表达是影视戏剧作品打动人心的关键。在影视戏剧中,角色之间的情感冲突和心理变化是剧情发展的动力。无论是喜怒哀乐还是爱恨情仇,影视戏剧中的情感总能引发观众的共鸣。通过细腻而真实的情感表达，演员能够更好地刻画角色的性格和内心世界，让观众对角色产生共鸣和情感认同。同时，情感的准确表达也有助于传达剧本的核心思想，引导观众对剧情进行深入思考和理解。

再次，情感表达也是演员个人风格和魅力的体现。

此外，情感的表达也是演员塑造角色的重要手段。演员通过情感的流露来展现角色的性格、内心世界和成长历程。通过对情感的精准把握和表达，演员能够让角色更加立体、丰满。

总的来说，情感表达在影视戏剧中具有不可或缺的重要性。它不仅关乎作品的品质和观众的观影体验，更是连接演员与角色、演员与观众的重要纽带。

最后，情感表达还有助于提高观众的观影体验。

总之，在影视戏剧表演中，情感表达具有举足轻重的作用。因此，演员在表演中应该注重情感的表达和传递，以更好地诠释角色、传递故事和打动人心。

影视表演语言技巧是演员塑造角色形象的重要手段之一，主要包括以下几个方面：

（1）语音和语调：语音和语调是表达情感的重要手段。通过改变语音和语调，可以表达不同的情感，如快乐、悲伤、愤怒等。

（2）台词：台词是表达情感的重要方式。通过编写具有情感色彩的台词，可以让角色更加生动有力地表达情感。演员需要掌握台词技巧，包括对白、独白、旁白等，够根据不同的情境和角色性格运用不同的台词技巧，以更好地表现角色的内心世界。

（3）节奏感：演员需要掌握语言的节奏感，包括语速、停顿、重音等，以更好地表现角色的情感变化和情节的发展。

（4）情感表达：演员需要具备丰富的情感表达能力，能够准确地传达角色的情感状态，使观众产生共鸣。

（5）语言风格：演员需要具备多重的语言风格，能够根据不同的情境和角色性格调整自己的语言风格，以更好地表现角色的个性特征。

（6）肢体语言：肢体语言也可以表达情感。通过角色的肢体动作，可以让观众更好地理解角色的情感状态。

（7）音色与音量：演员需要具备丰富的音色和音量，能够根据角色的性格和情感状态调整自己的声音，以更好地塑造角色形象。

总之，在影视方面使用语言情感表达需要综合运用多种手段。通过这些手段的运用，演员能够更好地表现角色的内心世界和情感状态，为观众呈现更加真实、生动的影视作品。

【练习稿件】

一、仔细阅读剧本《听见风》，完成以下任务。

1. 通过语言、动作等描写感受每个人物的特色，在自己总结之后再看编剧总结的人物性格，与自己思考的相融合，从而加深对剧本的了解。

2. 运用有声语言的内部技巧与外部技巧，情景再现，仔细分析剧本内在语，把握对象感。

3. 重点练习第四场阿支爸爸向大家做的长篇解释。

<h3 style="text-align:center">听见风</h3>

人物介绍：

李行：男，23岁，大学生，身高1.83米，长相俊朗，性格热情活泼，亲和力强。

杨坤：男，23岁，大学生，身高1.8米，李行大学同学，长相平凡，性格憨厚老实，善于与孩子相处。

阿支：女，13岁，中学生，彝族女孩，李行、杨坤推广普通话的学生之一。

第一场　农村教师（内、日）

【农村教室里，李行正在擦黑板，杨坤正在收课桌上的课件，阿支推开门抱着包裹一下冲了进来，两人同时转身看着她，阿支缓缓地走向行李】

阿支：（一脸悲伤）老师，我走了。

李行：（面带笑容，温柔地）嗯，阿支咱们周一再见，回家注意安全哦。

阿支：（点了点头，慢慢地转身向前走了两步，又转过身来）李老师，再见，杨老师再见。（转身向前）

【阿支突然想起了什么，又回过身去，将包裹塞入李行怀里，转身跑了，边跑边抹着眼泪】

李行：（看着阿支的背影笑了笑）这傻孩子，放假哭什么啊。

李行：（对杨坤开玩笑）你说咱们小时候放假，高兴得把地板都要跳穿，现在的小孩哎……

【杨坤看着阿支离开，渐渐皱起了眉头】

杨坤：哎，她刚才哭得那么伤心，会不会是有其他话想和我们说啊？

李行：（露出疑惑的表情）嗯？不会吧……

杨坤：（故作神秘）我听说这里的小孩家长大多不愿意让他们来读书，一般十多岁就把她们送出去打工了。

杨坤：（惊讶地）不会是她爸妈不让她读书了吧，要让她去打工！

李行：不会吧，阿支这么小能打什么工啊？

杨坤：那就是她爸妈要把她嫁人，这来钱就快哦！

【李行楞了一下，正好一位挂着拐杖的大爷路过窗边，李行赶紧跑到大爷跟前】

李行：大爷，你看见阿支了吗？

大爷：不是刚……刚……刚跑……跑走。

李行：大爷，她家最近出啥事了吗？

大爷（抬头看了他俩一眼）：她她她她，要去，加加加加加加加加……

杨坤：（震惊惊呼）她就是要去嫁人了！

【李行急匆匆地跑走，杨坤追在他后面跑】

大爷：我没说，说说说，嫁人啊。

【大爷从窗边看见课桌上的包裹透出了一抹红，从缝隙里抽出了包裹中的红纸】

第二场　阿支家门口（外、夜）

【两人急匆匆地往阿支家跑，突然走在前方的李行一下子停了下来，杨坤撞在了他的背上】

杨坤：（推开李行）你干什么？

杨坤：都跟你说了不是这儿，偏不信呢，这下好了吧，走错了。

【两人边说便离开了阿支家门口】

第三场　阿支家墙头（外、夜）

【两人来到阿支家围墙前，看了一眼柴垛子，慢慢爬上了墙头，在爬的过程中听见了换童装的音乐，两人露出头，看见阿支穿着长裙，她妈妈正在给他梳辫子盘发，还唱着歌谣】

杨坤：完了完了，真要嫁人了。衣服都换好了。

【李行捏紧了拳头，脑海中渐渐浮现出阿支嫁人的画面：穿着嫁衣的阿支躲在角落瑟瑟发抖，她面前是一个身材魁梧满身肌肉胡子拉碴的中年男子，正在不断地朝她靠近。阿支背着小娃娃正在厨房不停地忙碌（洗锅、烧火、炒菜）旁边男人不停地催促，背上的孩子不停地哭泣，阿支一边抖搂着背上的孩子，一边炒菜】

李行：（回过神来）不行，我们要想个办法拯救阿支。（目光渐渐地变得坚定）

杨坤：（重重地点头）嗯。（将手重重地拍在围墙上，发出"啪"的一声）

阿支妈妈：（转过头）谁啊？

【两人一下子将头缩了下去，李行轻巧地落地，随后传来了杨坤的痛呼"哎哟"】

第四场　教师宿舍（内、夜）

【两人回到宿舍，杨坤拿起扫把比划着，李行回头看见了桌上的纸筒和红纸，脑子里出现了一幅画面：穿着黑色风衣的李行和杨坤踢开了阿支家院子的大门（背景音乐起）。院子里的人都转过身看着他俩，李行左手拿着纸筒做的炸药，右手拿着打火机，按下了火机大喊："都不许动，全部蹲下。"院子里的人见状都惊恐地双手抱头蹲下，阿支穿着民族服饰从房间里跑出来开心地笑着，旁边杨坤对着村民正做着思想教育，李行看着这一切满意地笑了。最后在村口，阿支坐在小汽车上从窗户口探出身子和他俩招手再见，李行杨坤欣然地笑着】

杨坤：（拿扫把拍了拍李行）喂，想什么呢，走啊。

【李行盯着纸筒点点头，胸有成竹】

【院子里觥筹交错】

村民们（不停给阿支爸爸敬酒）：恭喜啊恭喜！你家阿支真是好福气哦！

【阿支爸爸笑脸相迎，突然院子的大门被人踢开，李行、杨坤穿着黑色风衣，一摇一摆地走了进来（背景音乐起）】

李行：（左手拿着纸筒卷的"炸药"，右手拿着打火机）都不许动，全部抱头蹲下！

【村民们看着他们俩愣了一下】

一男村民：（把烟放在打火机上，吸了一口）谢了啊，兄弟。

【李行怀疑地偏头，村民看到李行、杨坤之后蜂拥而上，给他俩喂酒、喂肉。不一会儿李行嘴里塞满了肉，转头看了一眼杨坤，他正在和村民们一起举杯喝酒，李行恨铁不成刚地摇了摇头】

阿支爸爸：各位亲朋好友，街坊邻居们，今天是个好日子，也是我家阿支的好日子，更是我们全家的好日子，我很高兴，大家一起举杯，来来来，我们一起喝一个。

【李行把嘴里的肉吐了出来，拿起桌上的酒瓶摔在了地上，酒瓶还在地上弹了弹】

李行：（气愤）喝什么喝，你们都很高兴吗？

【村民们停了一下，马上又开始举杯喝酒。李行看了看，抬起了桌子的边角，又看了看满桌的酒肉，不舍地放下，看了一眼周围，又举起了凳子发现是塑料的，失望地又放下】

李行：（转头瞥见火盆，气愤地走到火盆边，一脚踢翻火盆）我让你们别喝了！

【火盆在地上翻滚，大家一下子都静止了，纷纷转头看着李行】

李行：太残忍了，一个14岁的小女孩本应该在学校里学着自己喜欢的东西，沐浴着阳光，享受着教育，做自由的鸟儿，可是，有的人却想禁锢她，把她困在这个小黑屋子里面，剥夺她享受教育的权利，你这和杀了她有什么区别啊！

村民：是啊，太残忍了……

阿支爸爸：李老师说得对，这太残忍了，我们应该坚决打击这种行为，不能让这种事发生在我们身边，李老师你告诉我，这个人是谁，我去收拾他？

李行：（从愤怒变成疑惑）啊，不是……你……吗？

阿支爸爸：（疑惑）我？

李行：这不是，阿支的婚礼吗？

阿支爸爸：（反应过来）不是的，李老师，杨老师，是这样的，我和阿支妈之前在嘉兴打工，现在呢也攒了一点钱了，所以我们想把阿支也带去嘉兴，让她就在城里读书了，但是我们还会回来的，所以今天这顿饭主要是想请街坊邻居帮我照看一下家，等阿支长大了学到了知识我们就回来。我虽然没读过多少书，但是做人不能忘本，无论走得再远也不能忘记自己是从哪里出发的这点道理还是懂的，所以我们一定要把阿支培养出来，让她用在城里学到的知识把我们村变得更加美丽、更加富饶，这是我的梦想，也是阿支的梦想。我们本想着等假期结束再去学校给你们说的，谁知道这孩子等不及先给你们说了，这说得又不完整，才让你们误会了。

李行、杨坤：（露出尴尬的神情）啊？

大爷：（从门口走进来）你你你，你们，误误误误，误会了。

【大爷递给李行、杨坤一张红纸，两人接过（背景音乐起）】

3 语言表达技巧

【画面回忆：阿支在桌前拿着铅笔在红纸上写字："李老师，杨老师，我要走了，从明天起我就不来学校了，我爸爸说要带我去大城市读书，只有这样才能学到更多的知识，才能成为一个对家乡有用的人，以后才能把家乡建设得更加美丽、富饶，村子里才会有更多的欢声笑语。李老师杨老师，再见。"】

【李行、杨坤呆住】

大爷：我我我我我，就说，你你你，你们误会，了了了，了嘛。

两人（尴尬地笑了笑）：都是语言不通惹的祸，看来这普通话推广工作任重道远啊！

二、朗读剧本《葬礼那些事儿》。

本文对话较多，有助于读者找寻对象感，一定要把握好对象感，做好情景再现工作。另外，本文台词情感起伏较大，注意情绪激动时的语气和节奏把握。

葬礼那些事儿

第一幕

阿子日拉：老头儿我名叫阿子日拉，今年正好七十八，生了个儿子叫木色，成天土里把财发。自从脱离了贫困户，这日子是天天乐开花！

唱词：

水泥路上车来往，房子重装真亮堂；

冰箱彩电洗衣机，全都忙着往里放。

生活水平也提高，门口就有菜市场；

鸡鸭鱼肉时常见，家家户户腊肉香。

新裤新衣新鞋袜，老汉的酒啊是……

（拿起酒壶）欸？怎么没酒了？这说来我老汉是真奇怪，明明日子蒸蒸日上，可我老汉是越过越不开腔，原本是顿顿吃坨坨肉，自从把家里的地交给儿子，饭桌上天天是没点肉香。三个月的伙食是直线下降，搞得我老汉是心发慌——

水洛伊莎：阿爸，吃饭了，木色回来了——

阿子日拉：欸——不用猜啦，今天呐又没有坨坨肉吃！

沙马惹达：日拉哥——你在家不？我来找你喝两杯啦！

阿子日拉：哎呀哎呀，这不是沙马老弟吗？咱们都多久没见面了，你看你，来就来了嘛还带什么东西呀！

沙马惹达：唉！这不是天气热嘛，想着咱老哥俩好久没聚聚了，来找你好好地喝一顿嘛！来，大哥，这是村头小卖部买来的卤牛肉，新鲜卤出来的，好吃得很嘞！欸？大哥，你家今天咋不吃肉呀？

阿子日拉：唉！说不得啊老弟，老哥我啊是三天没吃肉了！哎呀，想想那坨坨肉，那烤小肠，我这个心呀……木色小子！去村头曲木家买点小肠回来烤着吃嘛！

阿子木色：阿爸，不是我不去，家里的洋芋到现在都还没有老板来收呢！连我都没有叫着要吃肉，家里现在日子过得紧得很，您呀，委屈一下吧！

阿子日拉：嘿！你这个小子，叫你这么说，我吃一顿小肠就能给家里吃穷了？哎呀，我看你们就是不孝顺！看着老头子我快死了，没办法干活了，我就连口肉都吃不上了！天底下哪有你这样的儿子？

沙马惹达：哎呀哎呀，老哥，不要动气，娃娃们也为难嘛，我今天不是带了卤牛肉来嘛，实在不行，我们吃土豆下酒也是可以的嘛。只要有酒喝，怎么样都行得哎呀。

阿子木色：你……哎哟，我这么节省是为了哪样？

唱词：
家里有活要下地，
全家日子紧巴巴！
七旬老头不讲理，
本事不大脾气大！

再说——这桌子上，不是有肉吃的吗！

水洛伊莎：当家的，你少说两句（伸手去扯阿子木色的袖子）

阿子日拉：你那几片肉花花也叫吃肉？你们阿爸要吃的是坨坨肉！是烤小猪儿肉！彝家汉子从来都是大口吃肉、大碗喝酒的，你那几片肉还得拿筷子挑着吃，叫什么吃肉？我看你就是嫌我老了干不动活了，嫌我碍事了！我不管，我今天就是要吃肉！哼！

阿子木色：你……

【水洛伊莎拉住阿子木色，埋怨地看他一眼】

水洛伊莎：别说了，当家的！

唱词：
家中洋芋无人拉，
何谈牛羊和鱼鸭。
家里日子是难过，
可他终究是阿爸，
把你养到这么大，
莫要嫌他麻烦多！

沙马惹达：不是我说你呀木色小子，你们家这个伙食吗——也开得太差了嘛。你阿爸你还不知道呀，三天不吃肉，他可就浑身难受呀！老人嘛就是要供着哄着的，你们这样干，传出去怎么说呢？

水洛伊莎：当家的！阿爸想吃肉吗，你就去买一点回来嘛。去，村头曲比屠户家还开着门呢，你去买一斤小猪肉、一斤小肠，回来烤了给阿爸下酒。

【阿子木色哼了一声，夺门而出】

阿子日拉：哼，我就说吧，老头子七老八十了，不中用了，说一句话都没有人听了！

水洛伊莎：阿爸，不是木色不孝顺，家里这段时间是的确不富裕。村里新来的大学生干部教了咱们机械化种洋芋，要下个星期才有老板来收呀，的确是没钱天天买肉了。这样，等洋芋收了，咱们好好吃上一顿，好不好？

3　语言表达技巧

阿子日拉：这可是你说的啊，到时候收了洋芋卖了钱，我要好好喝上一顿！

水洛伊莎：喝，让木色陪阿爸喝！沙马叔，既然今天来都来了，那就好好地喝一杯！

【阿子木色从门外进来，拿着买回来的肉】

水洛伊莎：回来了？阿爸，沙马大叔，咱们开饭吧。

阿子日拉：来了——就是嘛，这才像我们彝家汉子吃的饭嘛，来！沙马老弟，动筷子！今天咱哥俩喝个痛快！

沙马惹达：要的大哥！

【此时，供销社会计提着包进来】

供销社会计：木色哥！木色哥！我给你送钱来了！

阿子木色：咳嗯，什么什么呀，这么着急大中午的就过来了！（将供销社会计拉出门外，水洛伊莎擦擦手，也跟了出去）

【阿子日拉和沙马惹达对视一眼，赶忙起身偷听】

水洛伊莎：大哥，什么钱啊，这么急匆匆地跑过来，还没吃饭吧？要不家里吃两口？

供销社会计：不了不了，这不你们家土豆收了嘛，今天供销社核算完了，我给你们送钱来了！你看，一共十六万八，全是现金！

【会计把钱袋子塞进水洛伊莎手里】

水洛伊莎：天哪，这么多钱！

阿子木色：是呀，谁也没想到，机械化生产的效果会这么好！咱们今年的洋芋全给卖了，足足卖了十几万呢！

水洛伊莎：这下好了，忙了这半个月，阿爸天天嚷嚷着要吃肉，这下就可以告诉他，家里的洋芋今年有个好收成，咱们可以顿顿吃肉了！

阿子木色：你这婆娘，告诉阿爸干什么，这钱不能花！回头咱就跟阿爸说，咱家今年的收成不好，没赚到钱！

阿子日拉：好啊，总算是让我逮着了，天天跟我说没钱没钱，今年卖了那么多钱都不给我买肉吃，这几个不孝的东西！我——

【阿子日拉抬脚准备冲出去】

阿子木色：这钱在手里都捏不热乎，赚了也跟没赚一样！咳……

【沙马惹达赶紧拉住阿子日拉，因为力气太大，差点将他拉摔。阿子日拉瞪了一眼沙马惹达，两人小心翼翼地又趴回门边，继续观察儿子儿媳的反应】

水洛伊莎：啊？为什么啊，这么多钱，咱就是天天吃肉也仅够了，怎么会捏不热乎呢？

阿子木色：哎呀，傻婆娘！之前曲比大叔去世，咱家和吉克家一起赶了一头牛，这钱得还给吉克吧？这个月三舅家的大儿子接媳妇，二叔家二媳妇的爹过世，还有吉日大叔过两天要嫁女儿……村里的习俗都知道，街坊四邻关系那么好，咱们家是要打牛宰猪杀羊给他们撑面子的。你自己算算，这么多钱花出去，咱们手里还能剩几个？还是忍忍吧，大不了到了办事的时候，去人家宴席上吃个痛快！

水洛伊莎：啊？这么多啊，咱们家条件也就这样，打牛什么的……最多也就三四头吧，花得了这么多钱吗……

阿子木色：婆娘，你知道什么哦，隔壁曲比家前段时间阿爸去世，各家各户凑着赶牛，凑了十五六头出来呢！村里人都分到了，现在还有人说他家大方人缘好呢。这几家要赶礼的，都是我从小一起耍到大的兄弟，不是我非要摆阔气，你送了这个不送那个，那不是丢人吗？再说了，村里哪家哪户不是这样的，婚丧嫁娶就是给家里撑门面的时候，这钱必须得花！

水洛伊莎：唉，也不知道这钱什么时候才收得回来。

阿子木色：什么时候收得回来？哼，等着吧，我看也就阿爸死的时候能收回来了！

阿子日拉：好啊，这几个不孝顺的东西！我还没死呢，就惦记着拿钱给别人家撑门面了？有钱打肿脸充胖子都不给老子吃肉，我……（抬起脚准备踹窗户）

沙马惹达：（拉住阿子日拉）老哥老哥，你也不能怪娃儿他们啊，毕竟也是为了家里面子上挂得住嘛，你现在出去，孩子们脸上怎么下得来啊？

阿子日拉：那怎么办？我就由着这几个不孝的这么虐待我啊？还到人家宴席上去吃，就那几天摆席能吃多少回来？真是吃饱了撑的！

沙马惹达：唉，要不然你先去死算了，这样我就可以来吃你的丧饭了，连着吃三天牛肉，想想都香……你放心老哥，我肯定记得给你烧点！

阿子日拉：你这个死东西，那你怎么不去死？

沙马惹达：我……欸，老哥，真死不行，那咱们装死吧？

阿子日拉：装死？咋个装？

【两人对视几秒，然后仿佛想到一起去了】

阿子日拉：好嘛，反正他们都不给我吃肉，不是我死了就能把钱都收回来了吗？老子这回就好好给他们个教训！

第二幕

人物：阿子日拉、沙马惹达、阿子木色、水洛伊莎

场景：阿子日拉家的小院

【阿子日拉躺在彝家棺板上，沙马惹达站在他身边】

沙马惹达：哎哟，木色小子哦，你老汉归西了——

（画外）阿子木色、水洛伊莎：啊？阿爸——

【阿子木色、水洛伊莎上场】

水洛伊莎：阿爸！阿爸呀，你怎么就这么走了呀！

阿子木色：哎哟阿爸呀，你就这么走了，我们可怎么办呀？

沙马惹达：好啦好啦，唉，你们阿爸没福气，就这样走了，你们呀，赶紧准备后事吧！

3 语言表达技巧

阿子木色：是，谢谢沙马叔，我这就去打牛宰羊来，送我阿爸最后一程……（哭出声）

水洛伊莎：也别光顾着难过了，阿爸走了，咱们得去请毕摩，亲朋好友的也都得通知联系不是？这样，当家的，你先去曲木大叔那宰一头羊来给阿爸供上，然后去请毕摩来。

阿子木色：那你呢？

水洛伊莎：我当然要去打电话通知亲朋好友啊！别愣着了，快去吧！

【水洛伊莎推着阿子木色下场】

沙马惹达：（探头张望，确定两人走了）日拉大哥，日拉大哥，走了。

阿子日拉：（腾地从棺板上坐起来）哎哟喂啊，可憋死我了，这屋子里哪里来的毛絮絮，呛得我想打喷嚏，刚刚差点就没憋住！

沙马惹达：嗨，忍忍吧大哥，吃得苦中苦，才有好酒喝呀！

（画外）阿子木色：沙马叔，我回来了！

【沙马惹达和阿子日拉大惊失色，赶快躺好，阿子木色上场】

阿子木色：沙马叔，我刚从曲木叔家割回来的羊头，剩下的羊身子等会儿就抬过来，您辛苦了，等下您跟我们一块儿吃饭吧？

沙马惹达：这怎么好意思呢哎呀……中午吃什么呀？哎哟！

【阿子日拉悄悄掐了沙马惹达一下】

阿子木色：怎么了叔？

沙马惹达：噢，没事儿，没事儿，就是不小心撞到板子了。

【阿子木色转过头去看父亲】

阿子木色：欸，不对啊，我走的时候，阿爸的手是放平了的呀？

沙马惹达：啊？噢——这个，不是天气热吗，你阿爸喜欢喝酒，我就给他把手拿出来了，免得到了那边，不能两个手喝酒！

阿子木色：多谢沙马大叔这么为我阿爸着想……

沙马惹达：没事没事，应该的，哈哈……哎哟！

【阿子日拉又掐了沙马惹达一下】

阿子木色：叔，您小心点……曲木大叔家抬羊来了，您去给我帮个忙吧？

沙马惹达：呵呵，好，走吧！

三、运用有声语言的内部技巧与外部技巧、情感表达方式等，合理融入下面的电台主持稿件。可以分角色进行扮演对话，重点注意主持人的语言。

稿件一

主持人：大家好，955音乐街区现在开始营业，欢迎大家在线通过蜻蜓Fm、云听、喜马拉雅收听我们的节目。我是汪希，您正在锁定的是岷江音乐广播 Fm95.5，《955 音乐街区》。

主持人：接受自己的普通，然后拼尽全力去与众不同。人生不是看到了希望才去坚持，而是坚持了才会有希望。

主持人：我们今天的嘉宾就来和我们分享他成长的过程，接下来让我们欢迎今天的音乐人——×××。

主持人：所有的逆袭都是有备而来，所有的幸运都是在努力埋下的伏笔，把努力当成习惯，机会是留给努力奋斗的人的。

主持人：心有所期，全力以赴定有所成，一路向阳待花期，最难的步伐不是步而徘徊，最快的脚步不是冲刺而是坚持，只要朝着一个方向努力，一切都会变得得心应手！

【嘉宾打招呼】

主持人：满心欢喜，是一种对生活的热情与执着，让我们在每一个平凡的日子里都充满了阳光与活力，满心欢喜，是对美好生活的向往与追求，让我们在每一个角落都能发现生活的美好。

主持人：总是眼前迷雾荡漾，要依然相信会有漂亮的风景，真正有光的人是压的时间越久，深度越深，绽放的光芒才会越灿烂。

【嘉宾推荐的第一首歌曲《信》】

嘉宾：一首歌曲送给大家一种信念，要永远心中有信念，要相信未来可期，希望大家热烈一点，不给青春留遗憾。

问：听到这首歌是否激起了你的一些回忆，能跟我们分享一下你的故事吗？

答：身为一个新疆人，天生喜欢载歌载舞，所以小时候一直将音乐作为兴趣去培养，在初中那一年自己了解音乐更深入了一点，便喜欢上了音乐，在那一刻确定了要当音乐人，所以一直朝着这个目标努力着，但是当时并不懂什么叫作艺术生，一直是凭着自己的努力考上了艺校，从家乡新疆来到北京求学，过程很辛苦，但是自己很喜欢努力的这个结果，之后在大学也积极参加各种音乐比赛和演出，积攒了很多经验，也让自己的音乐之路越来越丰富，也支撑着自己一直走到了现在。

问：美好的时光，热爱的音乐，想分享给大家哪首歌曲呢？

答：今天要分享给大家的这首歌叫作《信》，希望大家热烈一点，不给青春留遗憾。勇敢的人不是落泪的人，而是愿意含着泪，继续奔跑的人。下面请欣赏×××带来歌曲《信》。

【播放歌曲《信》】

主持人：《信》这首歌前面的 intro 就是前奏加了一个偏 so，就是灵魂乐一点的旋律，这一段只有钢琴的伴奏，然后唱完了以后，会接到一个 hiphop 一点的说唱。然后说到这整首歌的寓意，也就是作者写这首歌的初衷是给自己写了一封信，或者说是给听众写了一封信，觉得离开这个世界之前应该是，身边是没有一个人的，应该是孤独的，所以作者是在一个这样的状态下写了一首歌。

这首歌鼓励大家笑对生活，永远相信美好的事情即将发生，人生没有不可治愈的伤痛，没有不能结束的沉沦，所有失去的都会以另一种方式归来。

（接广告）

主持人：欢迎回来，这里是《955 音乐街区》，您正在收听的是岷江音乐 Fm95.5，我是主持人×××。欢迎大家在线通过蜻蜓 Fm、云听、喜马拉雅收听我们的节目。

主持人：世界弥漫着焦躁不安的气息，因为每一个人都急于从自己的枷锁中解放出来，人活一世，值得爱的东西很多，不要因为一个不满意就灰心。

主持人：再长的路，一步步也能走完，再短的路，不迈开双脚也无法到达，还在咬牙坚持的你，请不要泄气，你的日积月累，早晚会成为别人的望尘莫及。让我们欢迎音乐人×××。

【嘉宾选择歌曲《六子》】

问：我们这一环节呢，有什么想要和大家分享的歌曲吗？

答：今天要给大家分享的这首歌叫作《六子》，希望大家都可以在困难之后勇敢面对。

问：那关于这首歌有没有什么故事可以和大家分享一下呢？

答：毕业后就踏上了音乐这个道路，朝着自己心中的那个目标一直奋斗着，但是在不久之后自己沉淀了两年。将重心放到了后期，做了两年多的后期工作，很久都没有上舞台。后来一个偶然的机会遇到了一个比赛，但是自己已经好久没有进行过台前表演，出于梦想还是报了名参加了，没想到最后结果还不错，拿到了第四名的好成绩，也获得了最佳台风奖，也是这一次的比赛让我重拾了回到台前的信心，之后便一发不可收拾，继续回到舞台上演唱。

一定要试着去接受不一样的自己试一下，认可你自己，认可你自己身上也有闪光点，接下来请大家欣赏×××带来的歌曲《六子》。

【播放歌曲《六子》】

主持人：《六子》这首歌是一张新专辑的主打，然后它是来自歌手很喜欢的一部电影，姜文的《让子弹飞》里面的一个人物角色，然后这个小六子他在。他为了证明自己吃了一碗粉儿，而没吃两碗粉儿就剖腹了。看这个的时候很触动了作者的灵感，觉得跟他身上有很多相同点，就是这一类人为了自己的理想主义，然后付出了一些看起来很荒唐的代价，但是歌手写这首歌也是写了一些自己的经历，最后我想说，其实都在歌里，就是有些事儿还是得干，有些话还是得说，还是继续要以自己的方式去活着。

主持人：这首歌略显伤感，尽管眼下十分艰难，可不代表之后都是这样，努力坚持过后一定会开花结果，大劫大难之后不应该失去锐气，应该依旧燃烧，依旧热爱浩荡。

【嘉宾选择歌曲《流沙》】

嘉宾：《流沙》通过流沙的比喻，传达了爱情的无常、无奈、辛酸以及深入骨髓的爱，让听众能够感受到歌曲中所蕴含的深刻情感。

主持人：歌词表达了对爱情的回忆和对爱人的思念，流沙在这里被用来比喻爱情的远离和消逝，表达了作者对爱情的怀念和对与爱人在一起的每一个瞬间的感激。《流沙》这首歌通过流沙这个意象，表达了对爱情的珍视和无奈，展现了作者对爱情的复杂感受和情感变化。

主持人：《流沙》听起来清寂、落寞、自我挣扎，又听天由命，充满光泽、柔顺惬意，仿佛将曾经情感流沙的比喻延伸为对生活流沙的感悟与理解，与其越是挣扎，越是沉陷，不如在自然接纳中自在地对抗这下坠之力，你会发现生活的沙底所潜伏着的意义与跳动。

【广告】

主持人：欢迎回来，这里是《955音乐街区》，您正在收听的是岷江音乐Fm95.5，我是汪希，大家可在线通过蜻蜓Fm、云听、喜马拉雅继续来听广播里的现场Live秀演唱。

主持人：一个以慢闻名的城市，却让人心动不已，在这里你可以漫步在杜甫草堂，感受诗人的墨香，也可以在宽窄巷子寻找旧的时光。成都总有一种恬淡，透过晨雾，夜幕慢慢渗透进旅人的心底。

主持人：夜幕降临，这里的夜生活开始，琴瑟和鸣，也是热闹非凡，每一个夜晚都有不同的故事发生。无论是在霓虹灯下品尝美食，还是在夜空下听一场街头音乐会，这座城市总能给你惊喜，它不仅仅是一个地方，更是一种生活，一种永远留在你心中的味道。让我们一起欢迎音乐人——×××。

【嘉宾选择歌曲《巴塞罗那》】

问：关于这首歌听说有一个故事，可以和大家分享一下吗？？

答：和第一次离开家乡的那一刻便去到了北京上学，毕业之后留在北京工作，即期间也签约了一个公司，在很多演出的时候会来到成都这个城市，这里的氛围让我慢慢地喜欢上了，所以即使在北京待了十年左右，有一天我很郑重地问自己，留在北京的原因是什么？想了很久可能并没有太多让我留下的原因，所以毅然决然来到成都发展。这边也有很多好朋友在这里发展，所以我感觉在这个音乐氛围很好的城市，我会获得更多的机会，也会让自己更加开心愉快，所以对这座城市的感觉一直是相见恨晚。

问：这首歌要表达什么样的情感呢？

答：对成都这座城市的期待，因为来过几次成都，便爱上了这里，希望之后我可以在此获得美好。

主持人：总要去趟成都吧，感受巴蜀大地的古韵风情。下面请欣赏由×××带来歌曲《巴塞罗那》。

【播放歌曲《巴塞罗那》】

主持人：《巴塞罗那》这首歌开头一听以为略显伤感，慢慢进入音乐中心，旋律变得轻松愉快，仿佛是写给一个人的一封信一样，以诉说的方式唱出来，很适合一个人的时候听，轻轻聆听，让一个人的世界慢慢静下来，和内心的自己诉说。

主持人：歌词不仅描述了一个人在现实与理想之间的挣扎，也展现了他对于自由和成功的渴望。通过对歌词的深入理解，我们可以感受歌手表达的感受，人是为了活着本身而活着，而不是为了身外之物而活着，生活属于我们自己的感受，不属于任何人的看法。

（广告）

主持人：欢迎回来，这里是《955音乐街区》，您正在收听的是岷江音乐Fm95.5，我是汪希。欢迎大家在线通过蜻蜓Fm、云听、喜马拉雅收听我们的节目。

主持人：热爱不是永恒不变的少年热忱，是所爱之物被撕裂，被击碎后，能将其重建的力量和勇气，每个少年都有肆无忌惮的青春。

主持人：少年的肩膀要挑起清风明月和草长莺飞，请成为永远疯狂、永远浪漫的存在，要有最朴素的生活和最遥远的梦想。让我们一起欢迎音乐人——×××。

【嘉宾歌曲 Please don't kill my heart again】

问：此时此刻你脑海里想起的第一首歌是什么？

答：第一首想起的歌曲叫作 Please don't kill my heart again。

问：那关于这首歌有没有相关经历可以和我们大家分享一下呢？

答：在很小的时候就确定了自己的音乐梦想，期间也遇到过很多困难，也跨越千里出来求学。但不管是生活的经历还是任何阻碍，都没有改变自己想成为一名真正的音乐人的想法，哪怕期间做个后期的工作。最后还是毅然决然地回归到了舞台上面，好像自己天生喜欢舞台，也适合舞台，所以一直支撑着自己走到现在，我想未来依旧会像现在一样，努力成为一名音乐人，朝着梦想的道路不断出发。Please don't kill my heart again 是一首很浪漫的 R&B soul 的歌曲，也是个人的一个经历，就是在很浪漫的一个有海的城市，遇到了一个女孩儿，然后在那座城市呢，很开心，度过了几天，然后彼此没有留下对方的联系方式，然后她就消失在世界里了。说起这样的一段经历，所以就写了很浪漫的一首 R&B 的情歌。

【嘉宾演唱 Please don't kill my heart again】

主持人：在这个世界里，我们可以跟任何人相遇，就像宇宙浩瀚，我们只是小小的一粒尘埃，不期待留住所有，但对一切留有期待，不到最后是不知道结果的，也许美好会如期而至。

问：今天送给大家的最后一首歌叫什么名字呢？

答：《勇士》。希望我们不管在任何时候、任何年纪，依旧可以勇敢追寻梦想。

朝朝暮暮里沉淀过往，迎来星光，找到生生不息的热爱和梦想。接下来请大家欣赏×××带来歌曲的《勇士》。

【播放歌曲《勇士》】

主持人：《勇士》这首歌就跟歌名一样，人性最重要的品质、最难得的品质是勇气，拥有勇气，所以在这首歌里面讲了一些作者看到的东西，类似于觉得怎么样活着，用什么样的方式去活着,觉得最帅的,就是当我们当危险面对的时候,或者前面是迷雾的时候,你依然向前进,向前走,没有一点点犹豫,觉得这才是一个永世拥有的品质。歌手自己也是希望自己能成为这样的人,所以写了一首这样的。这首歌的风格也是偏hiphop,但是在这首歌的后半段,做了一个布鲁斯蓝调的一个东西,来丰富这首歌本身。

主持人:当你有疑问的时候,你就出去闯一回。当你定不下决心时,不如勇敢地去做自己想做的。不完美的才有缺陷,人非圣贤,不完美的才是敢于在泥泞中对抗命运的王者。这首歌表达了卑微的生活和梦想并不能击垮每个平凡的奋斗者。

主持人:再次感谢×××给我们带来的故事和音乐,也希望大家能在×××的歌声中领略一些人生的道理。

主持人:感谢大家收听Fm955《音乐街区》,我是汪希,明天同一时间,我们再见!

稿件二

改革开放40年特别节目《逐梦40年》音乐人物访谈之《用音乐记录时代——对话西部民族音乐之父陈川》

节目策划文案:

献礼改革开放四十年,见证四川文艺新发展,特别节目《逐梦四十年》把四川文艺文化界名人请进直播间,本期访谈嘉宾陈川在民族音乐界极具代表性,他用年的时间挖掘民族音乐,弘扬民族文化,长期从事民族音乐的研究、收集、挖掘和整理工作,在民族音乐方面有着巨大的贡献和显著的成绩获得文化部颁发的"中国民族音乐创作策划大师"称号。

陈川既是改革开放的见证者,同时也是时代的受益者。他用民族音乐记录改革开放的时代变迁。

嘉宾介绍:作曲家陈川,74岁,中国音乐家协会会员、中国音乐金钟奖获得者、四川流行音乐协会主席、四川音乐学院西南音乐研究中心特邀研究员。

歌曲代表作:《康定溜溜城》《弦子的传说》《美丽的哈拉玛》《茶马古道》《洗衣歌》《采花》《情深意更长》等。

舞蹈代表作:《溜溜康定溜溜情》《阳光康巴》《酒醉山寨》《麻辣幺妹》等。

其他大型代表作品:九场歌剧《天涯歌女》、歌舞剧《石魂》、实景剧《乌蒙沐歌》、管弦乐《春回林卡》。

出版书籍:《中国传统民歌歌典》《琴弦上的梦》(陈川创作歌曲集)、《追梦》等。

培养的民族优秀歌手和民族组合:蒲巴甲、曲尔甲、桑娜央金、扎西尼玛、泽仁央金、达娃卓玛、张黎玲、哈拉玛组合、高原红组合、白马人组合、南彝组合、亚丁人组合、藏羌组合、四姑娘组合、马尔康姑娘组合等。

【片头:改革的春风吹过四十年,改变了中国,影响了世界。回看走过的路,我们雄心激昂,远眺前行的路,我们豪情满怀。这一路,四川文人墨客灿若星辰,这一路,

3　语言表达技巧

【巴蜀文艺画卷恢弘壮阔。献礼改革开放四十年，见证四川文艺新发展——《逐梦四十年》】

主持人：庆祝改革开放四十年，逐梦四十年。每到这个节目播出的时候，我们都会邀请一位逐梦人。现在听到的这首歌名字叫作《康定溜溜城》，那今天晚上的逐梦人也就是《康定溜溜城》的作曲者陈川老师。

陈川：大家好，我叫陈川。

艺心：听到您这么激情的声音，我觉得太亲切了。陈川老师是中国音乐家协会会员，中国音乐金钟奖获得者，四川流行音乐协会主席。但是，我更想介绍陈川老师也是我的一位老朋友。

我记得在2004年，当时我是在四川岷江音乐工作，当时我们为陈川老师创作的很多音乐都做了打榜，把这些歌曲都作为攻擂的歌曲，拿到了中国民歌大会当中去和各地的民族音乐进行比拼。所以我在那时候就喜欢上了您的歌。

陈川：在十几年前，当你在我工作室我们来交谈的时候、交心的时候，我也到了电台，当时我们是经常在一起，这些歌曲很多都是从电台里传出去的。我就觉得这个音乐创作跟媒体传播是紧密连接在一起的。今天我又到了电台，感到十分亲切。

艺心：所以今天晚上我们是一场老朋友的聚会。陈老师，我们今天的主题叫作《逐梦四十年》，我曾经看到您有一本书名字叫《追梦》，所以您肯定是一个逐梦人吧？

陈川：四十年的追梦，应该说从小我在古蔺的时候，七岁我就喜欢了当地的音乐，把我感染了。我十几岁从古蔺走出来以后，我就一直在追梦。从当工人，然后考取中国音乐学院，又回四川来，这一路几十年都是追梦的过程。

艺心：咱们不如一起怀旧一下，陈老师我们回到时光当中，我们听到的这一段节目并不是文艺广播录制的，是在十多年前四川岷江音乐台录制的，这当中就有您的声音，也有一首和您故乡有关的歌曲。

【插播2005年岷江音乐台节目资料《全国卫星音乐联播网中华民歌大赛》中主持人艺心对陈川的采访】

艺心：陈老师，还记得这首歌吧？

陈川：记忆特别深，因为它的旋律是我在小时候、九岁的时候，到赤水河去，看到赤水河的工人在船上撑竿，你看那个"哟、哟喔嘿嘿"。这些都是当时的元素，现在我们回到古蔺去，当时老一批的撑竿人都没有了，但是我还能记得到它的旋律唱给大家听一下……气一提起来，撑出去了，这些都是在我小时候，是我音乐的源泉，是我的基础，所以我永远记得我自己的第二故乡。

艺心：是啊，看到陈川老师在我们直播间如此激动，好像一下回到自己童年时光。其实陈老师您知道吗，之前我和铁明老师录制了一类节目，它的名字就叫作《非遗文化中的川江号子》，我们真的觉得很遗憾，那样的一些唱号子的船工现在都已经不太会唱了，而且随着这个时代的发展，水陆交通已经不再是我们主要的交通工具，所以它们好像已经变成一种历史一样被留存起来了。但是还好，有这样的音乐可以让我们去感受您在童年时候听到过的声音。

陈川：它已经是留下的一种文化了。它不是一种劳动，是给我们的留下一种遗产。当时铁明老师（该节目音乐编辑）跟我在一起，对民族的东西、非物质文化遗产的东西特别重视。

艺心：是的，我们来一点点时间感受一下这首歌吧。

【播放歌曲《心中的三峡》】

艺心：这首歌好像是谭学胜老师演唱的，非常高亢。您看已经十四年过去了，今天您还是激情澎湃地唱出这首歌，而且在直播间您还可以喊出这样的号子。我注意到陈川老师您的微信号当中有一个字叫"吼"。"西部吼声"我在想这个"吼"字是什么意思。您跟我们注解一下这么独特的微信名。

陈川：这个"吼"，实际上是代表一种激情，就是说我不管我们创作还是平时生活中都要充满激情，也是我在培养学生，我在平时的工作中都是用一种激情，这种激情就是通过"吼"来散发我青春的力量，所以改个"西部吼声"我觉得挺好的，有意思。

艺心："西部吼声"其实这当中有两个关键词，第一个是"吼"，我觉得这个是您对音乐特别热烈、特别呐喊的情怀，还有一个词也很重要叫"西部"，这个其实概念范围很大的。

陈川：这个"西部"呢，因为少数民族就在西部地区很多的，像四川就有藏羌彝包括苗族还有很多不同的民族在我们四川生活，所以"西部"呢，云南贵州，我参军在云南，在贵州我也经常采风，到青海、西藏、新疆都是我走遍的地方，所以我对这个地方的山山水水，包括音乐的特色我特别喜欢，所以我在我的创作中展示各个地方的特色，所以叫作"西部"。

艺心："吼"了有多少年呢？

陈川：应该说从我九岁接触到《康定情歌》，我到了部队，我是68年参军，第一首舞蹈就是《哈达献北京》，那么，68年我就写了《哈达献北京》，到现在整整五十年了，我就整整吼了五十年了。

艺心：这是一种特别幸福的人生啊，所以今天我都还在跟陈老师说，虽然十多年不见了，但是今天看到您，觉得您依然是那么激情澎湃，而且看到您整个状态可能就是吼出来之后的特别幸福的一种状态。

【播放陈川作品《康定溜溜城》】

主持人串接语言：所以今天晚上我们在这里和我们的音乐人对话，今天晚上和我们共同来逐梦的音乐人。我相信您生在四川长在四川，一定听过他的许许多多的歌。不光是他的歌我们熟悉，同时他也捧红了二十八个组合，这样的一个数字是相当惊人的。那么在陈川老师以及他的工作室背后的这四十年间发生过一些什么样的故事呢，今晚的点亮星世界《逐梦四十年》。我们会和你继续讲述，我是艺心，今晚的逐梦人是陈川。好的，我们稍作停留，广告之后我们立刻回来。

艺心：欢迎您亲爱的朋友，和艺心一起逐梦四十年，我相信我们四川的朋友一定对陈川老师不陌生，我们听到太多太多他创作的歌曲，我们可以介绍他是中国音乐家协会

3 语言表达技巧

会员，中国音乐金钟奖获得者，四川流行音乐协会主席。陈老师我们说回到您捧红的那么多的组合，有很多的歌都是他们唱红的，唱出来的，跟我们聊一下您的这些组合、这些孩子吧。

陈川：这些孩子们是我到农村去，去民族地区发现了他们，因为我跟四川音乐学院培养学生还不同，四川音乐学院的学生四年毕业以后，他们就出来自谋生路，我是发现了农村的一些学生，带到成都来以后，吃住行都要管，一直要帮他们宣传培养出来，走上一条民族音乐之路。所以我又是他们的老师，又是他们的父母，还是他们半个经纪人。

艺心：对，我觉得这完全就是师父，现在在我们这个社会当中其实没有叫师父，但我觉得您这样完全是师父。但有一个疑问，就是二十八个组合，这接近二十年的时间当中的这个费用呢，这是我很好奇的。

陈川：一般作为民族音乐的培养，人才的培养，创作这些基本上在民族地区是有国家资助的。但是我在成都地区，我是把藏羌彝地区的学生作为推向市场的一种精神产品。我通过这二十年来，我走出来了。社会效益和经济效益都达到了一种很好的结合。那么这些娃娃开始比较艰苦，后来就挣钱了。我也通过不断巡回，我把挣到的钱拿去培养一批新学生，所以在二十多年来，领导都说你培养这么多学生还不要国家分文，还搞得这么好。实际上我早就看到了我们藏羌彝的特点了。

艺心：是，其实一说到这些组合，我可以跟大家列举一些名字，大家听起来可能都会觉得特别熟悉。比如说陈川老师捧的第一个组合：哈拉玛组合，之后有高原红、白马人、男彝、亚丁人、藏羌组合、四姑娘组合、马尔康姑娘组合，等等。好像您说这个马尔康姑娘组合是您最小的闺女是吧。

陈川：这是我的关门弟子了，我现在已经七十四岁了。现在关门弟子也已经跟了我三年半了。

艺心：我觉得您在讲这些的时候您不像个音乐人，您更像个老父亲。

陈川：因为培养年轻人，不仅仅从业务上，更要从生活上去关心他。所以我们又是老师——很严肃的老师，又是他们最慈祥的父亲。

艺心：对，我们接下来的时间来自回顾，我们将会聆听到的是当时的一档《中华民歌大赛》这么一个节目，这个节目其实是全国的十五家音乐联播网当中，我做的音乐节目，陈川老师来回味一下，当时那些音乐当中的几首歌似乎都是跟您有关系的。

【插播2004年岷江音乐台制作的《全国卫星音乐联播网中华民歌大赛》】

艺心：怎么样，是不是有一种特别怀旧的感觉？

陈川：这几首歌都是我在打造学生的时候为他们创作改编的歌曲。听到还是很亲切，一下就回忆到十几年前的故事情节里面去了。

艺心：没错啊，所以我说我们今天晚上其实是老朋友的聚会啊。十多年之后我们再次坐到一起，其实你知道吗？那个时候我刚开始做民族音乐的这个节目，在岷江音乐台，那个时候我很年轻，对民歌还没有特别深的理解，跟您聊天的时候您反复地强调一句话：我希望民族的东西可以走向世界，民族的就是中国的，就是世界的。我看到了您对于民族音乐的热爱。所以时隔十多年之后，我可能在工作当中也更多地去理解了工作的价值。

151

陈川：实际上我们都知道，民族的就是中国的，也是世界的。在我的整个创作工作中，在发现人才中，我真正体现了民族的东西真伟大。我们只是从一个很小的角度上去接触到一些民族的东西。但是中国的民族音乐的发展是靠整个大家的支持和支撑发展它。我在四川的藏羌彝范围里面找演员，我的演员是从农村找出来的，中午还在挖洋芋，介绍来说这个娃娃的声音好，我一听可以，明天就跟我到文化馆去去拿话筒了。他们昨天都还在拿锄头，今天就拿话筒了。这样奇迹的事情，在我这里经常产生。

艺心：对，我们很多人可能对于这种场景不太能理解，但是实际上你真正走进这种少数民族的生活，你会发现他们身上有最淳朴天籁的东西。所以他放下锄头拿起话筒的时候就能传递出来特别美妙的声音。

陈川：因为我们的少数民族地区，就是说能说话就能唱歌了，能走路就能跳舞了。他实际上到了十几岁，我把他们选中之前，他就跟着当地的父母、爷爷奶奶学了不少当地的音乐了。所以就在这个过程中间，我都已经确定选他来的时候，我就不费力气了。

艺心：我发现在您的这么多的组合中间，有很多藏族彝族羌族，但是有一个名字很特殊，我记得曾经我也推过她的一首歌《歌从雪山来》，演唱者是张黎玲。然后我当时我就在想，陈川老师不是都推少数民族的歌手吗，怎么这个好像看起来是个汉族的名字。

陈川：她在我这里是"少数民族"，她是众多少数民族中间的汉族。

艺心：所以我觉得这是非常特殊的一位弟子对吗，我们今天也把张黎玲请到了我们的直播间，黎玲来和大家打个招呼吧。

张黎玲：听众朋友们大家好，我是张黎玲，陈川老师的学生，今天已经是我来到第二次来到我们的直播间，很高兴见到我们的艺心节目主持人还有铁明老师。

艺心：其实我们今天也说了是老朋友聚会，黎玲今天你说你还有一个藏族名字的，跟大家说说你的名字吧。

张黎玲：我的藏族名字呢是因为我唱歌的原因叫央吉拉姆，它的汉语意思就是妙音仙女的意思，祝福吉祥，然后把美妙的声音播撒到全国大地，撒向世界。

艺心："妙音仙女"这个名字真是太好听了，我们来感受一下十多年前我们初识的时候为你推送的那首歌，看看你还有记忆吗？是不是很有怀旧感。

【播放歌曲《歌从雪山来》】

张黎玲：哇，听到这个歌特别亲切，耳熟能详的歌曲，感觉好像发生在昨天。

艺心：没错这首歌真的已经是十多年前的歌声了，这是陈川老师为你写的，这算是第一首歌吗？为您量身打造的。

张黎玲：这首歌获得了很多的全国金奖，感谢陈川老师，专门为我量身定做的歌曲。

艺心：您要说这个金奖，我觉得有一首歌就不得不说了，您应该知道我要说那一首吧。中国音乐金钟奖的歌曲《情深意更长》，你一说到这首歌曲，就应该很有感情是不是？

张黎玲：对，这首歌曲呢它获了很多的大奖，重量级的奖项是中国声乐的最高奖项中国金钟奖、唱响四川百姓喜爱的歌曲一等奖以及成都市"五个一工程"奖，为什么能够获此殊荣呢？我在演唱这首歌曲的时候好像和以前《情深意长》是姊妹篇，但是又不一样，它展示的现代社会人与人之间的亲近感和亲密感，我在演唱的时候就感觉我非常的快乐非常的温馨。

3 语言表达技巧

艺心：太棒了，其实我相信说到《情深意更长》，我相信大家都有记忆，我们现在这首歌就是张黎玲演唱的，获得了中国音乐金钟奖的《情深意更长》，我们稍作停留，广告之后再回来。

【播放歌曲《情深意更长》、广告】

艺心：欢迎亲爱的朋友和我一起逐梦四十年，我是艺心，今天晚上在我们直播间的另外两位逐梦人，让我们一起来听听他们的声音。

陈川：大家晚上好。

艺心：这是我们的逐梦人——陈川老师。

张黎玲：听众朋友们大家好，我是张黎玲。

艺心：太棒了，其实今天晚上我们在这里是在讲述四川音乐的故事，黎玲是中国音乐金钟奖的获得者，这首歌叫作《情深意更长》，其实就是陈川老师作曲的。黎玲，陈老师在生活里是个什么样的人呢？

张黎玲：生活里是个非常慈祥的人，但是在创作的时候他应该是一个非常严厉的人非常严谨的人。正是因为他的严谨吧，使我跟随了他这么多年，然后永远不离不弃，他的精神鼓舞了我。

艺心：如果要用一些词语来形容你和陈川老师之间的关系，你觉得有没有什么词语可以形容？

张黎玲：应该说在音乐上叫亲密无间吧。

艺心：所以您应该有很多的歌曲都是陈川老师为您量身定制，然后才让您真正让大家所熟悉的对吗？

张黎玲：是的，因为我在演唱陈川老师创作作品的时候，我曾经问过他，我能够反映陈川老师心境有多少，他说达到了八十五到九十甚至是九十五。

艺心：这评价可是非常高啊。您当时是怎么被他关注到的。您还记得吗？

张黎玲：记得，我跟陈川老师见面的时候实际上他对我的印象也不是很好，但是正是因为我不被看好，才让我努力发奋跟随陈川老师二十多年，不离不弃，并且打算一直跟随下去。我演唱了陈川老师的很多作品比如说藏族、彝族、土家族、维吾尔族等很多的作品。所以说在这种艺术的追求当中使我们非常紧密，就有点像俗话说的包包白菜，越包越紧的那种感觉。

艺心：真的很幸福，您知道吗？在您讲的时候我在看陈川老师的表情，他就像欣赏自己的孩子一样特别慈祥地看着你。黎玲之前也是加入过陈川老师打造的音乐组合吧。

张黎玲：严格说来我一直都是一个独唱演员。曾经陈川老师很想把我加入他的组合。因为他说我太有个性，他说我可以更张扬地放出很多的唱腔，因为我在四川音乐学院的时候学的是美声唱法，离开了川音以后进入社会后要根据市场的变化，学习了很多的通俗唱法、民族唱法。

艺心：其实我们听到的基本都是你民族唱法的歌曲。

张黎玲：是的，在跟随陈川老师这么多年的时候，我也学会了陈川老师在创作方面的一些技法，跟陈川老师学习了很多创作歌曲，比如说我的《动车到我家》也反映了我对家乡的一片情感的歌曲。

艺心：其实这也非常有时代的特色，十多年前我们对于动车这个概念可能都是模糊的，而现在动车已经改变了我们的生活。黎玲我在这儿也给你发出一个盛情的邀请可以吗？老朋友的邀请，我希望可以做一期你的专辑，包括你的音乐和陈川老师为你创作的音乐可以有机会更多地展示给我们的听众。

张黎玲：好的，谢谢。

艺心：好，我们听到了黎玲和陈川老师之间的故事。我刚听到说不离不弃，陈川老师，可不可以也把这四个字用在你对民族音乐的创作当中呢？行吗？

陈川：我和我的学生也是民族音乐把我和我的学生联系在一起，所以我和音乐和我的学生是不离不弃，永远在一起。

艺心：非常美妙的词，不离不弃，一个人只有在对梦想有真正的坚定，真的是有一份初心，才可以在逐梦的路上做到不离不弃。

主持人：今天我们为大家邀请到的逐梦人名字叫陈川，他是中国音乐家协会会员，中国音乐金钟奖获得者，四川流行音乐协会主席。不如我们来说说她有哪些代表歌曲，比如说《康定溜溜城》《弦子的传说》《美丽的哈拉玛》《茶马古道》《洗衣歌》《采花》《情深意更长》，等等。而且他还有很多创作的大型作品，比如九场歌剧《天涯歌女》、歌舞剧《石魂》、实景剧《乌蒙牧歌》等等等，当然陈川老师还有他的大型音乐工具书《中国传统民歌歌典》，另外还有他的专著《琴弦上的梦》。我觉得说到它们的时候都是特别有民族的特色。

艺心：其实在十多年前第一次见陈川老师我就问过您一个问题，为什么会有这么多少数民族的歌曲，难道你也是少数民族吗？答案却是否定的。

陈川：在少数民族地区，都把我当作少数民族了，而且生产队都叫我陈队长。我觉得很好听，因为我和他们打成一片了，我的学生说我可能前世就是藏族。

艺心：您信不信这是一种缘分？

陈川：是一种缘分，我觉得少数民族的血脉也融化到我的血脉中去了。和他们打成一片才能写出很好的民族歌曲。这里面就是体现了生活，从生活中找到灵感。

张黎玲：陈川老师有个名字叫大藏，在陈川老师的感召下，我也有藏族名字，叫二藏，意思就是离藏族文化非常近，当然我们俩同时也是康定的荣誉市民。

艺心：您写了很多很多和康定有关的歌，所以可能走到那个地方是最受欢迎的人了吧！

陈川：刚才甘孜州的宣传部部长还在联系我，想在甘孜搞一场大型音乐会。

艺心：我们很期待。您曾经写过一首歌叫《再唱二郎山》。我其实当时看到就很有感受，想起了我的父亲，在我很小的时候父亲就很喜欢唱"二呀嘛二郎山"，虽然我不是很会唱，但是这种记忆很深刻。后来您有了《再唱二郎山》，这是不是一种时代的记录和变化。

陈川：是，二郎山我们四川人都非常熟悉，是时乐蒙创作的一首歌曲。时乐蒙时代的《二郎山》是艰苦劳动，你看"二呀嘛二郎山"，是一种高亢的劳动号子的样子。但是我现在《再唱二郎山》就不能这样了，时代已经变化了，天全县整个都变了，二郎山也变了。我们不翻山了，所以我的这个歌曲就显得比较抒情。旋律比较流畅，通过阿吉太组合唱出了我自己的心愿。

3 语言表达技巧

艺心：对呀，这就是时代带给我们的变化。曾经的我们在翻越一座山的时候觉得行路难，我们也会觉得蜀道难难于上青天。可是时代变化，改革开放的春风吹向了我们的生活，如今天堑变通途。我们再在二郎山行走不再是感叹行路难，我们可以去欣赏风景，去感受二郎山带给我们的山林中的美好。

陈川：对，歌曲要反映人们生活，所以得变化成现在时代的特点了。

艺心：所以您看您的歌曲一直在变，像刚才的《情深意长》变成了《情深意更长》，也是时代的变化呀，还有《二郎山》《采花》《又见康定城》等都是时代的变化和记录。

陈川：因为音乐人要跟着时代走，我教我的学生创作要跟着我们的时代步伐前进。

艺心：我特别希望那些曾经唱过《二郎山》，翻过二郎山，受过艰难困苦的人们听到这首歌的时候内心会有触动。现在时代变了，我们接下来聆听的这首歌名字叫《再唱二郎山》。

【播放歌曲《再唱二郎山》】

主持人：今天晚上我们的节目叫《逐梦四十年》，我特别想告诉搭档铁明老师，特别深刻地体会到一种感觉我想舞动，我都想你来帮我直播，我想跳舞，这种感觉太美妙了，真的叫作闻乐起舞，然后你好像就真的觉得你好像来到那个地方，听着少数民族带来的美妙歌声，我们现在听到的这首歌它的名字曾经牵动过中国人的心，牵动过习近平总书记的心，这首歌的名字叫作《悬崖村》。

【播放歌曲《悬崖村》】

艺心：所以陈老师，我其实很好奇，您说歌声在记录时代，那这首叫《悬崖村》的歌是什么时候创作的，是新的歌曲吗？

陈川：这首《悬崖村》是2017年在开两会之前，凉山州一位领导写的歌词，他拿给我看之后，我觉得很好。悬崖村在山崖边上，我们中国的变化多大啊，我们写的是悬崖村，实际上是写的是改革开放四十年来整个农村的变化。两会召开以后，我们连夜就把它送达北京，凉山州的书记拿了这首歌就用手机放着听，并且宣布我们悬崖村的村歌来了。习近平总书记在接见我们四川代表团的时候，说他要去悬崖村。总政歌舞团的独唱演员阿鲁阿卓唱了这首歌，现在整个凉山都在跳。我是根据凉山的达体舞的形式，让演员能欢快地来唱出我们悬崖村的变化，唱出彝族人民改革开放四十年来的精神面貌。

艺心：我在想如果有一天习大大听到这首歌，他会很亲切也很欣慰，因为悬崖村地方是他一直在牵挂的地方。

陈川：说实话悬崖村啊，习近平总书记第一次看到报道以后他很揪心，他说他想悬崖村得到变化了，说明整个中国就有变化了。

艺心：当习大大后来看到悬崖村有了新的铁梯的时候，他是露出了非常欣慰的笑容的。所以在您的歌里就是一步一步真的在记录时代的发展和变化。我觉得作为音乐人真的好幸福，如果说作为一个作家，可能在文字当中起舞，而在你的音乐当中，真的是沉醉其中，而且好像是周游各地。我特想问陈老师，创作这么多的歌，有没有一些歌是您最喜欢最喜欢的？

陈川：作为作曲家就是创作歌曲，你要说喜欢不喜欢，我觉得凡是自己写的都用心，既然写出来了就像是儿女一样的爱的，但是这里面要经过广大群众去鉴定它。现在我也不敢说，我写一首歌，群众就会受欢迎，那得通过实践去证明。

当然了这里面我最喜欢的歌还是我的《康定溜溜城》，它是我的成名作。这个是不容易的，这首歌助力中国花样游泳获得了世界冠军，全美芝加哥艺术团比赛它获得了全美冠军，在我们中国也获得了舞蹈二等奖，参加了春节联欢会。所以这首歌是家喻户晓，不管是专业的还是业余的，全世界的华人都来跳都来唱。所以这首歌是一个作曲家能够写上一首这样的歌，我就心满意足了。

【播放歌曲《康定溜溜城》】

艺心：听到这儿的时候，我发现所有直播间的人都在跟着旋律摇晃，跟着音乐起舞。铁明老师也在享受这个音乐。我觉得这个音乐是可以历经岁月的考验的，这首歌到现在应该有十几年的时间？

陈川：已经十九年了。

艺心：一首歌它能够有十九年的时间还能够被大家喜欢被大家记住，才能够证明是一首历久弥新的歌曲。所以一个音乐家创作歌曲我觉得除了灵感、除了音乐可以成名，还要经过岁月的沉淀和检验。

陈川：这首歌是跟时代结合在一起，所以我们老中青都喜欢。

艺心：没错，我相信所有的人心里都会留下一些和陈川老师有关的歌。作为这样一个把四川的音乐推向全国、推向世界的人，我觉得您是一个很幸福的人。但是生活当中您应该也是一个特别勇敢的人吧？因为我注意到一个时间节点，您是在53岁的时候给自己选择的转型。

陈川：这个按照现在习近平总书记说的幸福是奋斗出来的，但是53岁我转型了，看到了时代的变化，我也看到了我自己的特长。但是我是冒着风险走了这一条路——民族音乐之路。要舍得去掉你的很多东西，你才能走上这一条艰苦奋斗追梦的路上去。

艺心：对，其实那时您是在四川文艺出版社当社长，五十多岁很多人都已经生活安逸，可以更好地休整。而您在53岁选择转型去全身心做音乐，真的是太大胆了。

陈川：而且我是在六十岁的时候越做越好、越做越红、越做越有信心，是我们民族音乐的支撑。我想尽我最微薄力量去弘扬发展我们的民族音乐。

艺心：但是说回来，如果没有这个时代，估计也不敢这么大胆吧？

陈川：我遇到的这个时代太好了，特别是改革开放四十年，新文艺群体发展的过程中，我才迎着这个时代荣获自己的辉煌和幸福。

艺心：没错，新文艺的发展。其实这个时代当中记录下了这么多的美好，音乐家之所以能够创作出这么多经典的作品、而且能够被时代所记录，音乐家们也会觉得自己是时代的宠儿，是因为时代赋予了你可以去这样创作的激情、可以有这么安心去做创作的环境。

陈川：对呀，社会的发展、时代的进步和我们的国家这么强大，也给我们艺术家增添了无穷的力量。

3 语言表达技巧

艺心：没错，有一句古语叫作"天高任鸟飞，海阔凭鱼跃"。可能就是在这样的一个环境当中，我们的艺术家，我们的文艺人才可以享受改革开放所带给我们的这种环境。如果没有这样的环境也许我们可能没有办法从思想上去解放，去真正地享受创作。

陈川：对，改革开放人人都可以看到变化，农村的精准扶贫，我们走到各个地方欣欣向荣，真正地感受到改革开放四十年起了天翻地覆的变化。

艺心：我们今天和陈川老师我的老朋友坐在这里聊着在音乐创作中的这么多的故事，其实我的内心充满了很多的喜悦。这种喜悦一方面是来自老朋友聚会的快乐，一方面是陈川老师在十多年前告诉我，我要做的是我心中的梦想，而在许多年之后习大大提出了一个词叫作"中国梦"。陈川老师在十多年前的采访当中一再告诉我，我的梦想是要把推广民族音乐，很多年之后在文艺工作者座谈会中听到了，我们要去真正树立自己的文化自信。

陈川：对，习近平总书记最近提出要把优秀的文化送到老百姓中间去，"优秀的"，我们的任务就更艰巨、责任就更大了，所以我们就必须深入生活去，深入到百姓中去，要为他们创造更多优秀的作品出来。

艺心：我们希望有更多的作品能呈现出来，也希望陈川老师永远保持这样"吼"的活力。永远有一种呐喊和青春的活力，为我们大家、为四川、为西部创造更多优秀的作品。

今天非常感谢您和您的弟子张黎玲做客我们的直播间，和我们聊到了这么多关于改革开放关于音乐创作中的故事，我想故事还有太多，也希望还有机会能听到您的讲述。今天节目的最后呢，我精挑细选了一首歌，选择的是高原红组合带来的《采花》，因为它本来就是一首四川的民歌，经过您的改编之后简直太有味道了。

陈川：九寨民歌，这个民歌的确是在社会中，在全国产生了很大的影响，它和《康定情歌》《九寨采花》都是我们四川最有影响的民歌。

艺心：没错。我们在这首特别有四川韵味的歌声当中结束今天的《逐梦四十年》，其实我相信您这样的音乐人就是真正的采花人，你们就是把花中的蜜采给了我们，滋养着人民群众，滋养着我们的生活，滋养着属于我们的幸福人生。

感谢陈川老师、感谢张黎玲，今晚的点亮星世界也就结束了，我是你们的好朋友艺心，明天晚上我们再会吧。

四、运用有声语言的内部技巧与外部技巧、情感表达方式等等，合理融入下面的新闻稿件。

12月9日，由四川省文化和旅游厅、四川省教育厅、四川省文学艺术界联合会主办，四川省剧目工作室（四川艺术基金管理中心）、四川省戏剧家协会承办的2023四川省大学生戏剧大赛暨大学生校园戏剧展演季落下帷幕。历经四年的磨砺，西昌学院凡剧社再次凭借深厚的实力，成为本届戏剧展演的黑马。

凡剧社作为一支立足于大凉山深处的"红色文艺轻骑兵"，由文化传媒学院和彝语言文化学院师生组成，一直致力于打造反映新时代的优秀文艺作品。在2019年的比赛中，首次于平台亮相的凡剧社打造的校园原创音乐剧《阳光不锈》就狂揽下了最佳风采剧目、最佳音乐、最佳男演员、优秀编剧、优秀导演、优秀指导教师六项大奖。今年，凡剧社又带着四川省艺术基金项目、大型川剧音乐剧《乡村好声音》和小音乐剧《逛新城》参加了比赛，从众多专业院校作品中脱颖而出，一举斩获最佳大型剧目、最佳编剧、最佳音乐设计、优秀导演、优秀男演员、优秀小型剧目、优秀指导教师七项大奖。

西昌学院地处四川凉山，独特的地域文化为凡剧社的创作提供了得天独厚的艺术氛围与源源不断的素材灵感。最佳编剧获得者、文化传媒学院汉语言文学专业生蔡佳锐表示，剧社经常开展下乡采风及演出活动，让她见识到了很多真实的、富有生活气息的画面。这样的经历对她的创作来说是一笔宝贵的财富，让她下笔不空，落笔有神，文字更有烟火气。

在此次戏剧展演中，西昌学院凡剧社以专业的演技、深入人心的剧情，赢得了观众和评委的一致好评。原创音乐剧《乡村好声音》聚焦农村生活，通过生动的音乐和表演，展示了乡村改革的成果和新时代农民们积极进取的精神风貌。紧扣时代热点，为迎接成都大运会创作的小音乐剧《逛新城》则以轻松幽默的方式，展现了城市生活的魅力和人们对美好生活的向往。两部作品不仅体现了西昌学院凡剧社的艺术水准，同时也彰显了我校大学生戏剧创作的活力和潜力。

一直以来，文化传媒学院高度重视凡剧社的各项工作，在人员、场地、课程安排等多方面给予了帮助支持，为《乡村好声音》《逛新城》《阳光不锈》等剧的成功编创提供了条件。学校领导也十分关注凡剧社的发展，多次召开专题会议，为剧社提供了宝贵的意见和建议。

文化传媒学院党委书记李秀卿在接受采访时，特别谈到了优秀男演员获得者、20级播音与主持艺术专业生李尔卓。他说，李尔卓同学在比赛中的表现值得称赞。他在比赛前一天患上重感冒，最后是打了两针抗生素顶着压力登台，坚持不打折扣地完成了演出任务，展现出西昌学院学子对艺术的热爱和勇于战胜困难挑战的良好品质，是凡剧社追求卓越精神的集中体现。谈到李尔卓获得的优秀成绩，李书记表示："这个奖项是对他辛勤付出的肯定，也是对我们学校艺教育的认可。我们期待未来能有更多同学在艺术领域发光发热，为我国文艺事业贡献力量。"

优秀指导教师、学校党委常委宣传部部长沈良杰同志表示："我们西昌学院作为一所二本院校，在没有任何戏剧表演类专业背景的情况下，全体非专业学生勇敢地站在了比赛的舞台上，与众多省内顶尖学府以及表演专业的优秀学生同台竞技并取得了如此骄人的成绩，这无疑是我们学校文化和艺术教育的一大突破，充分展示了西院学子的风采和实力。"

四年的时光荏苒，西昌学院凡剧社在不断摸索与成长中，逐渐崭露头角。此次戏剧展演的成功，不仅是对他们过去努力的肯定，更是对未来的憧憬与期待。在未来的道路上，西昌学院凡剧社将继续砥砺前行，创作出更好的戏剧作品。

4 语言表达与修养

4.1 语言表达的道德修养

在沟通与交流中,语言表达不仅是传递信息的一种工具,也是个人素养和道德修养的外在表现。本节引入了语言表达的道德修养这一重要议题,并深入探讨了其基本内涵和要求。通过本节的学习,我们期望读者能够认识到语言表达的道德修养的重要性,并在日常交流中积极实践这些原则和要求,以促进和谐的人际关系和社会环境。

4.1.1 语言表达的道德修养的基本内涵

道德修养是指遵循道德原则,尊重他人,诚实守信,不损害他人利益。在现实生活中,人们往往通过语言表达来展现自己的道德品质。具备良好道德修养的人,在言语中会体现出关爱、友善、谦逊等品质,从而赢得他人的尊重和信任。

语言表达的道德修养是人际交往中不可或缺的一部分,它体现了一个人的教养和素质。在当今社会,随着社交媒体和信息技术的飞速发展,语言表达的道德修养显得尤为重要。一方面,良好的语言修养能够帮助人们更好地与他人沟通,建立和谐的人际关系。尊重他人、礼貌待人,用文明的语言交流,是人际交往的基本准则。另一方面,语言修养也反映了一个人的内在素质和道德品质。在社交媒体上,人们的行为和言语更容易被广泛关注,一旦出现不当言论,可能会对个人形象和人际关系造成负面影响。因此,具备良好的语言道德修养,不仅有助于个人在社交场合中取得成功,也是维护社会和谐、促进文明进步的重要因素。而提升语言表达的道德修养是一个持续的过程,需要在日常

语言表达基础及其应用

生活中不断学习和实践。通过阅读、观察、反思和模仿良好榜样，我们可以逐渐提高自己的道德修养水平，成为一个更加负责任和受人尊敬的沟通者。

俗话说："良言一句三冬暖。"语言的表达也是一门艺术。每个人都有自己的自尊和骄傲，我们不应该拿自己的个性去挑战别人的脾气。"关系好"不等于"什么都可以说"，"对方生气"不等于"开不起玩笑"，"我不是故意的"不等于"你没错"，"我没有恶意"不等于"没造成伤害"。学会尊重，让别人舒服，才是一个人有良好素养的体现。

说话的时候，多些换位思考，多些设身处地。有时候，可能一句轻描淡写的指责就会成为压垮对方情绪的最后那根稻草，一个看似玩笑的评论可能就是轻轻一推的多米诺骨牌。你不了解别人经历了什么，就不要妄加评论。说话有分寸是一个人成熟的表现，体现着做人的尺度。要时刻把握说话的分寸，注意说话的场合、对象。言语之间，少些犀利，多些余地，是对别人的尊重，也是对自己的尊重。

4.1.2 语言表达的道德修养的基本要求

1. 尊重他人

在交流过程中，应当尊重对方的意见和感受，避免使用侮辱性或歧视性的语言。即使在观点不合时，也应保持礼貌和耐心，通过理性的讨论来表达差异。比如生活中我们可能会与他人开玩笑，这本是日常生活中极为普通平常的事，但玩笑的目的在于调节气氛，如果不懂得把握玩笑的尺度，就可能伤害到他人。

从一个人对待玩笑的分寸感，往往能够看出他的人品。不要拿别人的缺陷开玩笑，不要拿别人的隐私开玩笑，更不要拿别人的生命开玩笑。真正的幽默，不是乱开玩笑的哗众取宠，而是在合适的时间和地点，用恰当的话语来活跃气氛。懂得尊重对方，才能让玩笑开得恰到好处。

2. 诚实守信

在言语交流中应保持真诚，不撒谎、不夸大其词、不捏造事实。承诺了的事情要尽力去做，不食言，这样可以建立和维护信任。

3. 公正无私

在公共讨论或评价他人时，应该保持客观和公正，不受私人情感或利益的影响。避免偏听偏信，给予每个人公平的发言机会。

4. 谦虚谨慎

在表达自己的观点时，要保持谦虚的态度，不傲慢自大。同时，对于不确定的信息，应持谨慎态度，不轻信不传播未经证实的消息。

5. 温和有礼

无论在何种场合，都应该使用文明礼貌的语言，避免粗鲁和攻击性的言辞。即使在

4 语言表达与修养

争论中,也要努力保持冷静和克制。利刃割体痕易合,恶语伤人恨难消。说话前一定要考虑清楚,不要只图自己口舌之快,却不顾及他人感受。

说出去的话,形同泼出去的水,不要妄想一句"别往心里去",就能让别人当作你什么都没说过。事实上,不管你怎么提醒对方"别往心里去",别人听完之后,依然会觉得你暴露了内心最真实的想法。这就是说话的分寸感,相当重要。与人善言,暖如布帛;伤人之言,痛如刀割。最能暴露一个人内心的是语言,最伤人心的是语言,最深入人心的也是语言。一个人的言行举止,能折射出其教养与素质。无论外表经过了怎样的包装,发自内心的东西依然会暴露于言行。嘴下留德,掌握分寸,才能彰显智慧、展现人品,也才能成就未来。

6. 保护隐私

尊重他人的隐私权,不在没有得到允许的情况下透露他人的个人信息,也不无故探询别人的私事。

7. 助人为乐

在交流中,如果发现他人有困难或需要帮助,应主动提供帮助和支持,体现出关心和友善的态度。

8. 遵守法律法规

在言语表达中,要遵守相关的法律法规,不发表违法言论,不传播谣言和不实信息,不进行诽谤和侮辱等。

【实例分析】

有一次,列宁下楼,在楼梯狭窄的过道上,正碰见一个女工端着一盆水上楼。那女工一看是列宁,就要给列宁让路,准备自己退回去。列宁阻止她说:"不必这样,你端着东西走了半截,而我现在空着手,请你先过去吧!"他把"请"字说得很响亮,很亲切。然后自己紧靠着墙,让女工上楼了,他才下楼。

列宁的话语就体现了尊重他人,温和有礼,助人为乐。他并不会因为自己是伟人,而女工是普通人而不尊重她,语言中也用了一个"请"字,表达了列宁的温和礼貌,同时看见女工手上拿着一个东西并主动让她先过,体现了列宁乐于助人,这是一个很好的通过语言来表现道德的典范。

【课堂练习】

阅读以下案例,可以进行情景重现与角色扮演,感受这些案例中良好的语言表达带来的效果以及体现出的道德修养。

(一)

孔融小时候聪明好学,才思敏捷,并且还懂得礼节,父母亲非常喜爱他。一天,父亲的朋友带了一盘梨子,给孔融兄弟们吃。父亲叫孔融分梨,孔融挑了个最小的梨子,其余按照长幼顺序分给兄弟。孔融说:"我年纪小,应该吃小的梨,大梨该给哥哥们。"父亲听后十分惊喜,又问:"那弟弟也比你小啊?"孔融说:"因为弟弟比我小,所以我也应该让着他。"

(二)

在南北朝时期的齐国,有一个长史叫陆晓慧,他才华横溢,博闻强识,为人更是恭谨亲切。他从来不把自己看得很高,前来拜见他的官员,不管官大官小,他都以礼相待,一点儿也不摆架子。如果客人离开,他更会站起身亲自将对方送到门外。

有一个幕僚看到这种情景,很是难以理解,就对他说:"陆长史官居高位,不管对谁,哪怕对老百姓也是彬彬有礼,这样实在有失身份,更什么也得不到,长史何必这样麻烦呢?"陆晓慧听了不以为然地轻松一笑,说道:"欲先取之,必先予之。我想让所有的人都尊重我,那我就必须尊重所有的人。"

(三)

第一次世界大战时期美国一名黑人少校军官和一名白人士兵在路上相遇,士兵见对方是黑人,就没有敬礼。当他掠身而过,忽然听到背后一个低沉而坚定的声音:"请等一下。"黑人军官对他说:"士兵,你刚才拒绝向我敬礼,我并不介意。但你必须明白,我是美国总统任命的陆军少校,这顶军帽上的国徽代表着美国的光荣和伟大。你可以看低我,但必须尊敬它。现在我把帽子摘下来,请你向国徽敬礼。"士兵听后便向军官行了礼。

【练习稿件】

思考以下问题并做分析陈述。
1. 你认为在交流中尊重他人的观点有多重要?
2. 如果你在与他人交流时遇到对方情绪激动的情况,你会如何应对?
3. 你认为在与人交流时,如何表达自己的不满情绪而不伤害对方的感情?
4. 你认为在公共场合发言时,应该如何避免过于主观或偏激地表达?
5. 在与他人交流时,你通常会如何应对对方的情绪化表达?
6. 你认为在交流中,什么样的语言表达方式能够增进双方的理解和信任?
7. 你认为在表达自己的观点时,应该如何考虑对方的感受和立场?
8. 在与人交流时,你通常会如何避免使用攻击性的言语?

4.2 语言表达的美学修养

翻译理论原则"信、达、雅"三原则相信大家都非常熟悉,其实,我们的语言表达也是如此,在准确传递信息的基础上,也追求着语言本身的美感。这与语言表达的美学修养息息相关,本节我们将对此进行学习。

4　语言表达与修养

4.2.1　语言表达的美学修养的基本内涵

美学修养是指在语言表达中关注语言的美感,包括语音、语法、修辞等方面。具备美学修养的人,在言语中能够运用恰当的修辞手法,使语言更加生动、优美、富有感染力。美学修养的提升,有助于增强语言的吸引力和影响力,使人们更愿意倾听和接受。

4.2.2　语言表达的美学修养的基本要求

1. 丰富词汇

广泛阅读诗歌、小说、散文等各种文学作品,以增加词汇量和了解不同的表达方式。丰富的词汇可以帮助我们更准确、生动地表达自己的思想和感情。

2. 学习修辞技巧

修辞是美化语言的重要手段,如比喻、拟人、排比、对比等修辞手法可以使语言更加生动和有力。通过学习和实践这些技巧,可以提高语言的艺术性。

3. 注意语言的节奏和韵律

语言的节奏和韵律对于美感的营造至关重要。在口语或书面语中适当运用停顿、重音、快慢变化等,可以增强语言的表现力和感染力。

4. 培养情感表达能力

情感是语言表达中不可或缺的部分。学会用语言传达自己的情感,同时也要能够理解和回应他人的情感,这样可以使语言更加真实和有感染力。

5. 练习写作和演讲

通过写作和演讲练习,可以提高语言组织能力和表达能力。尝试写诗、故事或演讲稿,不断磨练自己的语言表达能力。

6. 欣赏和模仿优秀作品

阅读和聆听优秀的文学作品和演讲,分析它们的语言特点和表达技巧,尝试模仿这些作品中的美学元素。

7. 反思和自我批评

在每次的语言表达后,进行反思和自我批评,思考哪些地方做得好,哪些地方可以改进。通过不断地自我完善,提升自己的美学修养。

8. 跨文化交流

了解不同文化背景下的语言表达习惯和美学标准,可以拓宽视野,丰富自己的表达方式。

不断表达的美学修养不仅仅是为了美化语言,更是为了深化思想内容和情感交流。通过语言的学习和实践,我们可以使自己的语言表达更加优美、高效和有影响力。

【实例分析】

一、阅读《乡村好声音》剧本片段，试着去分析该作品怎么通过语言去塑造的人物形象和推动故事的情节发展。

第一幕

LED：城市，美蛙鱼头开业现场

人物：谷有根、富兰克、迈克、杰克、谢丽娜

道具：吉他1把，木吉他1把，贝斯1把，DJ打碟台1个

第一场

谷有根：

（念白）我个人觉得

你们吃的不是美蛙鱼头

【音乐戛然而止，众人惊：啊？】

谷有根：

（念白）而是一种精神

一种年轻人敢于打破规矩的精神！

梁山伯和祝英台不能在一起

罗密欧与朱丽叶也不能在一起

美蛙和鱼头也不能在一起

这是祖先定下的规矩

读书时候千万不能谈恋爱

毕业以后要赶快结婚生子

努力工作赚钱买车买房子

这是规矩 不能抗拒

有一天美蛙和鱼头相遇

就好像公主遇见王子

奇妙的味道鲜美无比

于是我想要打破规矩

蛙蛙蛙蛙美蛙

自己的佐料我自己加

<u>鱼鱼鱼鱼鱼头</u>

自己的路 我自己走

【谢丽娜把500块递给贝斯手迈克】

谢丽娜：（伸手与谷有根握手）认识一下，龙凤婚庆，谢丽娜。

谷有根：声音乐队，谷有根。

【贝斯手迈克正在数刚才收到的钱，谷有根一把抓过来】

4 语言表达与修养

谷有根：数数数……500块钱有啥数头？

迈克：（用双手指头算了一下，醒悟过来）哎？咋才120？不是说人均低150的活原则上不接吗。

谷有根：新客户嘛，便宜点，打开市场。

杰克：那上周那个手机促销活动还不是120……

谷有根：那个是老客户嘛，要维护关系。

杰克：老客户不讲原则，新客户也不讲原则，还不如不要原则。

谷有根：话不能这么说，没有原则和有原则不讲原则是两码事，对吧……（看着众人的眼神不对）嫌钱少，总比闲着没钱好吧。

杰克：有根，我们要谢谢……（碰到谢丽娜）

谢丽娜：谢丽娜。

杰克：谢……谢老板，麻烦您挪一下，我们跟主唱有话说。

【几个人盯着谷有根，仿佛有话要说。杰克用手推了推迈克，示意迈克说】

谷有根：你们几个，盯着我干啥？

迈克：（郑重地）我们几个商量过了，我们要谢谢……

杰克：谢谢你带我们出来演出。

迈克：但是这样下去也不是办法。

杰克：每天肉都吃不到二两。

迈克：我拨起弦手都是抖的。

杰克：下星期我准备去省城上班，我爸的意思。

迈克：我妈给我找了个媳妇，家里头干服装厂的。

富兰克：有根，我跟他俩不一样，我还是要继续做音乐的……不过乐队真不想做了。我还是回村里做助农直播。

谷有根：你那个直播，有几个人看啊？还不如搞乐队，万一哪天我们的歌火了，搞不好就几百万粉丝了。（恳求地）大家再坚持一下吧？都坚持这么久了，就差那么一点点了，看在，我外公的份上……

富兰克：不看在你外公——我们师父的份上，我们早就不干了。整整一年了，钱没赚到不说，我还倒贴黄瓜二两，给镇上老年协会教广场舞收的钱都搭进去了，也算对得起你，对得起师父了。

【悲伤的前奏音乐起，三人收起乐器离开，渐渐走远】

谷有根：（突然叫住）杰克！迈克！富兰克！

【三人闻言站住回头，有根冲上去，做依依不舍状】

杰克：从今以后，我们就不叫这个艺名了，你收回去吧。

【谷有根愣了半晌，只好悲伤地低下头来，一边抚摸擦拭他们各自的乐器，一边与他们逐一告别】

谷有根：（动情地）再见，牛娃子……再见，羊娃子……

谢丽娜：（打岔）再见，猪娃子？……

谷有根（白了谢丽娜一眼）：再见……狗蛋叔！

【三人走远】

谷有根：再见……我的乐队。

第二场

谷有根：

已经记不清是哪一天

你不安地站在出发的地点

当你展开双手的那一瞬间

天空为你变得湛蓝

我还记得就在那一天

你骄傲地回到出发的地点

当你迈开脚步的那一瞬间

世界为你绽开笑颜

谷有根、谢丽娜：

迈开脚步我们一往无前

既然出发就别回头看

说过要把梦想实现

一起努力直到终点

展开双手我们一往无前

下个起点就在我眼前

趁着最美的华年

和最好的自己遇见

谢丽娜：对了，遇见我就对了。

谷有根：对什么对？

谢丽娜：你需要一个经纪人。

谷有根：我都孤家寡人了，还经什么纪啊。

谢丽娜：好多主唱单飞以后比乐队混得好哦。汪峰、许巍、大张伟……这样吧，经不经纪以后再说，先来试试场。明天中午国际酒店有个婚宴，400，唱两首。

谷有根：（先是惊喜，后又退缩）四百？！……还是算了，谢总。

谢丽娜：别一口一个谢总，叫娜姐。

谷有根：娜姐，还是算了，以前乐队定了规矩的。

谢丽娜：什么规矩？

谷有根：（郑重地）声音乐队三不唱：婚宴不唱，寿宴不唱，葬礼不唱。

谢丽娜：我们这行，就婚丧嫁娶加生日宴挣点，你倒好，全部结扎了。真的是欲练此功，必先自宫。

谷有根：你不懂。音乐家要有音乐家的情怀，摇滚要有摇滚的傲骨。街头卖唱不丢人，那是艺术家的修行方式之一；但去夜市唱就不行，那就是乞讨了。还有，不要乐队、只唱伴奏的演出不接，没有乐队的主唱，跟裸奔有什么区别？给再多钱也不去，伤自尊。还有，人均低于150的演出，不接，因为，巨伤自尊。

谢丽娜：所以，就到了今天饿饭的地步？

谷有根：尊严还在。

谢丽娜：尊严，你看这些观众，哪个尊重你了？你唱了半天，一个主动鼓掌的都没有。死要面子活受罪。跟你说，人要饿死的时候，吃熊猫都不犯法，你乐队都倒了，人都吃不饱了，唱下堂会，不丢人。（拿出手机）来，留个联系方式，想好了联系我。

【谷有根习惯性地拿出一张收款二维码，谢丽娜扫完就走了】

【谢丽娜下，灯光暗下来，一束光照着孤独的谷有根】

谷有根：（自言自语）饿肚子就饿肚子，只要饿不死……生当为人杰，死亦为鬼雄……朱门酒肉臭！……好汉不吃眼前亏！……留得青山在，不怕没柴烧。

【谷有根拿起手机，发现刚才扫的是收款码】

谷有根：（懊恼地一边说一边跑下舞台）娜姐，等等，错了，刚才扫错了，那个不是微信，是收款码。

这段剧情在这部剧的第一幕，虽然字数有限，但却生动形象地描写出了谢丽娜和谷有根的人物性格特点。开场很简洁地交代了时间背景、地点人物以及现阶段人物的处境。关于这份戏剧剧本节选以下就从乐队解散后作为示例去分析。

谢丽娜出场就顺着谷有根最后歌词，说了句"对了，对了，遇见我就对了"，顺势打开了话题，表现了谢丽娜的热情老练，与她进入社会多年的人物背景是相符的。在谷有根反驳的时候，她自告奋勇地说"你需要一个经纪人"，简单明了地指出了谷有根现阶段的处境和改变的办法。看似简单随意，实际是几十年江湖为人的干练。而后更不给谷有根思考的机会，在接下来的语言中，立马就进行分析，顺势引出自己的目的，成功地吸引了谷有根的好奇和注意力。即使谷有根在心里还没有做好权衡舍取，她也通过明贬暗否去加剧谷有根的心理矛盾，最后要好联系方式大方离去，心理方面把谷有根这种没经历过社会的"小白"直接拿捏住了。

谷有根在被她的语言煽动之后，进行艰难抉择，思想还是想坚持，可是饿着的肚子和现实的困境让他不得不低头，说出那句"留得青山在，不怕没柴烧"。这种看似自欺欺人的话语，实际是被现实压迫的无奈。正当他准备联系谢丽娜的时候，发现刚才并没有成功加上好友，自己二维码给错了，只能非常着急地追过去。很显然，加没加上微信谢丽娜无疑是知道的，但是她更知道，谷有根已经被她扰乱了想法，错了就错了，自己不去管，谷有根会主动找过来，这就是对人性的拿捏。

这段剧情作为开场，以生动的语言表达和丰富的人物性格为后续的戏剧剧情发展奠定了基础，为接下来的故事走向和其他人物的铺垫做了很好的开头。

二、阅读散文《城市的孤独》，试着感受散文的语言美感，体会其表达的方式，探究其背后的思想情感。

在这个繁华的都市里，每个人都匆匆忙忙，似乎每个人都有自己的目的地，自己的追求。然而，在这喧嚣之中，我却感到了前所未有的孤独。

我穿梭在拥挤的人群中，看着一张张陌生的面孔，听着周围的嘈杂声，却无法找到归属感。我不知道自己属于哪里，也不知道自己要往何处去。我仿佛是一个漂泊的灵魂，迷失在这个充满钢筋混凝土的丛林里。

我开始反思，是什么让我感到如此孤独？是这座城市的冷漠吗？还是我内心的空虚？或许，两者都有。这座城市虽然繁华，却缺少了人情味；我的内心虽然充实，却无法填补那份孤独的空缺。

我开始尝试寻找答案。我观察这座城市，观察这里的人们，观察他们的生活。我发现，每个人都在忙碌地追求自己的目标，却忽略了人与人之间的情感交流。在这个快节奏的社会里，人们似乎已经习惯了冷漠，习惯了孤独。

然而，我并不想成为这样的人。我想找到一种方式，能够在这个繁华的都市里找到自己的归属感，找到真正的自己。我开始尝试与他人交流，开始尝试去关心他人，开始尝试去理解这个城市的冷漠与繁华背后的故事。

渐渐地，我发现自己不再那么孤独了。我找到了志同道合的朋友，找到了可以倾诉心声的人。我开始感受到这座城市的温暖，开始感受到人与人之间的情感纽带。

我终于明白，孤独并不是外界给予的，而是内心深处的感受。只有当我们敢于面对内心的孤独，才能找到真正的归属感。而这份归属感，不仅仅来自他人的陪伴和关爱，更来自内心的充实和自我成长。

这篇散文的语言表达十分优美，运用了生动形象的比喻和富有感染力的描绘，让读者仿佛置身于城市之中，感受到城市的气息和人物的内心世界。

作者在描绘城市的繁华时，用"喧嚣"和"钢筋混凝土的丛林"等词语生动地勾勒出城市的面貌，让人感受到城市的冷漠和疏离感。同时，作者又通过描绘人与人之间的情感交流，让人感受到城市中的人情冷漠，引发读者的思考和共鸣。

此外，作者还善于运用对比手法。通过对城市中的喧嚣和人们内心的空虚的对比，让读者更加深刻地体会到城市孤独的本质。同时，作者也通过自己内心的变化和成长，与城市的冷漠和繁华形成鲜明的对比，突出了文章的主题和思想。

在语言运用上，作者还运用了许多富有哲理的语句，如"孤独并不是外界给予的，而是内心深处的感受"，让人感受到作者对人生和孤独的深刻思考。同时，作者也运用了许多情感丰富的描绘，如"我仿佛是一个漂泊的灵魂，迷失在这个充满钢筋混凝土的丛林里"，让人感受到作者内心的迷茫和孤独。

总之，这篇现代散文的语言表达十分优美，通过多种文学手法和修辞手法，生动地描绘了城市的面貌和人物的情感世界，读来让人深思和感悟，感受到了人生的意义和价值。

【练习稿件】

一、阅读《乡村好声音》剧本,分析作品的语言塑造方法。

第二幕

LED:在 MV 中变化为酒店、酒吧、夜市等

人物:谷有根、谢丽娜、舞队等工作人员若干

道具:有霓虹灯的移动背景

第一场

谢丽娜:

欢迎各位朋友,欢迎各位来宾。

有请新郎新娘,有请父母双亲。

氛围欢天喜地,仪式流水行云。

笑脸热情灿烂,礼花五彩缤纷。

来……和节奏一起摇摆。

来……听口令来点掌声。

来……享受这幸福派对。

来……演艺人永远年轻。

【LED 转为婚礼宫。舞队推着未亮灯的移动背景上】

【迪斯科节奏的音乐响起,这是一台婚礼,谢丽娜一边招呼工作人员一边跳】

(画外)谷有根:请问,龙凤婚庆谢丽娜谢总,是在这里演出吗?

【谷有根手足无措地上台,与谢丽娜撞了个正着,谢丽娜先是惊讶,然后迅速热情招呼】

谢丽娜:哟,大音乐家想通了?今天要不要试一下,我给你找身衣服。

谷有根:我……现在?……可以吗?

谢丽娜:舞队,你们的亮片装找一套来,妖气一点的。

【舞队拿上来一件女装递给谢丽娜】

谢丽娜:大姐,是男妖,不是女妖!

【舞队拿出男装,七手八脚给谷有根穿上,谷先是局促紧张,渐渐习惯】

谷有根:这样可以吗?

谢丽娜:可以,简直太可以了。今晚我就带你去酒吧驻唱,每天两趴,80 块,一个月就有 2400。

谷有根:这么多……

谢丽娜:还不止。这是岗位工资,都是小钱,今天这种婚丧嫁娶才挣钱呢,400 起价,上不封顶,我见过有个老太太去世,儿子给歌手 1 万小费的。

谷有根:这么多!

谢丽娜:死人比活人大方。先说好了,这个我要抽成。

谷有根:(激动地)抽,抽,抽。

【LED 转为酒吧。舞队打开其中 2 个移动背景上的霓虹灯，上面是酒吧字样】

谷有根：

欢迎各位朋友，欢迎各位来宾。

有请帅气歌手，带来当季流行。

氛围就要爆炸，歌如天籁之音。

观众热情似火，灯光五彩缤纷。

来……和节奏一起摇摆。

来……听口令来点掌声。

来……享受这幸福派对。

来……演艺人永远年轻。

【LED 转为繁华街头。舞队打开剩下 4 个移动背景上的霓虹灯，上面是各种夜市招牌字样，如烧烤、洗浴等，和酒吧背景一起构成了繁华夜市的景象】

谷有根：真要去夜市卖唱啊。

谢丽娜：这里小费多，自己拿，我不抽成。不过要收保护费，一个月 1500。

谷有根：可我……只有 800 块了。

谢丽娜：先收一半（拿过来）。你以后就在这一带唱，这些地盘都是河东田家的。

谷有根：什么河东？什么田家？

谢丽娜：河东田有为，田老大，城里一半的房子都是他修的。有人找麻烦，你就说是田老大的人。赶紧去上班（用手比划了两边街道）整个河东夜市，都是你的了。

谷有根：（兴奋地）太好了，发财了！早点遇上娜姐，乐队都不会解散了。

谷有根：

不管白天黑夜，不管酒吧歌厅，

不管婚丧嫁娶，不管城市乡村。

来……和节奏一起摇摆。

来……听口令来点掌声。

来……享受这幸福派对。

来……演艺人永远年轻。

谷有根、谢丽娜：

来……和节奏一起摇摆。

来……听口令来点掌声。

来……享受这幸福派对。

来……演艺人永远年轻。

谷有根、谢丽娜：

来……卖掉卑微的灵魂。

来……忘掉可怜的自尊。

来……告别那旧日岁月。

来……开启我新的人生。

第三幕

LED：城市

人物：谷有根、田小满、田有为

道具：吉他、拉杆音响

谷有根：

故乡的天空蓝，故乡的湖水蓝，

天水之间映出你的容颜。

风从天边起，云生湖水边，

风云变幻，天地不变，我也不变。

给我一片故乡的天空蓝，

你像一只自由的鸟儿飞过来，

有时风起，有时云开，

你都是我温暖的港湾。

给我一片故乡的湖水蓝，

大地上会画出七色的色彩，

送给你啊，我的女孩，

给你一片金黄的蔚蓝。

【歌曲过程中，LED 背景画面时光飞逝……】

【一个青春靓丽、穿着白色连衣裙的女孩出现在舞台上，一直在旁边认真聆听，她就是田小满。演唱完毕，田小满使劲鼓掌。谷有根一边习惯性地点头致谢，一边认真清理吉他箱中少得可怜的零钱。小满走近】

田小满：不好意思，我没带钱包。

谷有根：（顺手拿出二维码）支持……手机支付。

【田小满拿出手机扫码，电子女声播报"微信收款200"】

田小满：别嫌少啊。

谷有根：已经……是我的大客户啦。

田小满：歌好好听，是谁的歌？

谷有根：我自己写的。

田小满：你会写歌，好厉害！

谷有根：谢谢，认识一下我叫谷有根。

田小满：好有意思的名字，我叫田小满。

谷有根：这是我外公起的名字，他说，水有源，树有根，希望我不要忘本。其实这个名字很土，我也想起个艺名，结果还没出道，乐队就解散了，所以……

田小满：（一边听一边神往）乡下来的……还有乐队……哪里的乡下啊？

谷有根：绿水村，听说过吗？

田小满：听过，听爸爸说，那里景色很美。真羡慕你。

有根：羡慕我？……羡慕我什么？

田小满：羡慕你从乡下来，有乐队，还有朋友……

田小满：
城市的喧嚣，都与我无关，
我从小生在，温室的里边。
爸爸的肩膀，是我的港湾，
他为我挡住，风雨和变幻。
他总说城市人精于计算，
农村人贫穷刁蛮。
这世界烂到了底，
每天都身处凶险。
他还说嫁人要……

【田小满突然停止了歌唱。田有为出现在舞台的另一侧】

田小满、田有为：
嫁人要千挑万选，
农村人必上黑名单。
弹琴的朝秦暮楚，
唱歌的移情别恋。

田有为：
城市的喧嚣，都与你无关，
你从小生在，温室的里边。
爸爸的肩膀，是你的港湾，
我为你挡住，风雨和变幻。
要小心城市人精于计算，
农村人贫穷刁蛮。
这世界烂到了底，
每天都身处凶险。

田小满、田有为：
嫁人要千挑万选，
农村人必上黑名单。
弹琴的朝秦暮楚，
唱歌的移情别恋。

田小满：（赌气地）爸，你都说一万遍了，农村这里不好，那里不好，我觉得农村应该挺好的呀，空气好，环境好，人也好。

田有为：农村好，农村好的话，当年你爸爸我，就不会为了多吃几顿饱饭，跑那么远的地方去打工。农村就那么几分地，有肉的骨头都没几根，就算是当狗都要当城里的狗嘛。

田小满：还有，唱歌的又没惹你，为什么又不能交往？

田有为：搞音乐的，都飘得很，不可靠。

田小满：你一天就知道赚钱，从来不考虑我的感受。

田有为：不赚钱，吃什么，穿什么，住什么。吃穿住都没有，还怎么搞哆来咪法索。

田小满：搞音乐，也能赚钱啊。

田有为：搞音乐能赚钱，我手板心煎鱼给你吃！

田小满：好，你说的，田总。我明天，就出去，唱歌赚钱。

田有为：哦？好啊。不要明天啊，就今天，今天就去！

田小满：好，去就去，今天就今天。

【田有为下，舞台场景回到现实街头】

谷有根：所以，你说那个今天，就是……今天？

田小满：对啊，我跟他打赌，自己独立赚钱一个月。怎么样？可以带我一起吗？我会弹键盘……大不了，我少拿点。

谷有根：（警觉起来）这……我……这……

田小满：那我们说好了。

【谷有根一时竟不知道如何反驳，只好对着观众摆出一个无可奈何的手势】

谷有根：（对观众）得，这下好，又多一个女人来分钱，我太难了。

田小满：

城市的喧嚣，都与我无关，

我从小生在，温室的里边。

爸爸的肩膀，是我的港湾，

他为我挡住，风雨和变幻。

可是我是我，青春的华年，

不是他的续集，不是他的外传。

所以请带我，到你的世界，

美丽的乡村，大地的画卷。

所以请带我，到你的世界，

那神奇的地方，有金黄的蔚蓝。

第四幕

第一场

LED：乡村稻田

人物：马丹、竹大爷、花大姐、驻村工作队员、村民们

【马丹和驻村工作队员1到2人唱着歌上台，村民们喊着"马书记回来了"，上前来迎接】

马丹：

走过千重山，越过万重水，

美丽的村寨迎来了驻村工作队。

修通致富路，引来幸福水，

建起新房一座座，互联网上当掌柜。

吃过多少苦，受过多少累，

眼见乡亲露笑颜，我就心里美。

不是不留恋，城市的繁华，

村村寨寨需要我，咱不去还有谁。

合唱：

一天又一天，山村变了样，

驻村队员也变得又土又黑。

一年又一年，他乡当故乡，

驻村岁月永难忘，青春永无悔。

【唱着唱着，谷有根和田小满也加入了队伍】

竹大爷：谷有根，带女朋友回来啦？

花大姐：谷有根，带女朋友回来啦？

第二场

LED：乡村稻田夜晚，有月亮

人物：谷有根、田小满、竹大爷、花大姐、村民若干

道具：矮一点的桌子、4张条凳、酒坛、花篮等

【开席了，桌上是丰盛的农家菜，人们开始觥筹交错。谷有根向田小满做介绍】

谷有根：竹大爷，我们绿水村最厉害的灯曲非遗传承人。

田小满：大爷好！

【竹大爷为马丹介绍谷有根和田小满】

竹大爷：这是我们村的第一书记马丹书记。

谷有根、田小满：马书记好！

竹大爷：马书记，这就是我给您说过的，我们村的大明星，谷有根。

马丹：你们好。大音乐家，这是女朋友吧，很漂亮啊！

谷有根：不是，不是，我们只是朋友。

花大姐：发展一下嘛，多般配的。到时候结婚要用的花，我花大姐包了。

竹大爷：这是花大姐，养花专业户，我们绿水村当年的村花，长得不比你们城里的女娃子差。

花大姐：哎哟，竹大爷你说啥子哟？现在我也还是村花。

竹大爷：来来来，都坐到切瑟①，还在那儿站到爪子②？

---

①② 均为四川方言，意为"去坐""干什么"。

花大姐：来，敬你们两个年轻人，祝你们白头到老。

谷有根：我帮小满喝。

田小满：我能喝。

【田小满端起酒杯大大地喝了一口，辣得不行】

花大姐：我们村自酿的酒，比你们城里的好喝吧。

田小满：还有一股玫瑰香呢。

花大姐：小满妹妹是懂行的哟。那是我加了春天的玫瑰花。这酒阴到有点醉人，不要喝醉了哦。

【谷有根抢过田小满的酒，准备帮忙喝，田小满继续逞强】

田小满：我自己来，不能给城里人丢脸。

【田小满一饮而尽，围观的人发出一阵叫好声】

马丹：（对谷有根）有根，听说你是我们村最有文化的，吹拉弹唱样样精通，下个月就是丰收节，村里想做一台直播……

【富兰克一手拿着手机直播，一手拉着一台拉杆音箱带着一帮人上，有人还拿来了各式乐器，众人围起来准备唱歌跳舞】

富兰克：各位，马上就要开始乡村篝火晚会，要看我跳舞的在公屏上发"666"（主动去拉众人）来来来，我们一起唱，一起跳。

大合唱：

西湖水，闪金光，

我在湖边跳广场。

美丽乡村生活美，

新时代的舞步多欢畅。

啊……

新时代的舞步多欢畅！

东山上，山苍茫，

我在山顶放声唱。

各族儿女心向党，

歌声唱给共产党。

啊……

歌声唱给共产党！

【伴随着劲歌热舞，马书记一边跳征求谷有根的意见】

马丹：我们下个月准备做一场农民丰收节演出。

谷有根：真的吗，太好了！

马丹：你是专家，村里想请你回来张罗一下。

谷有根：这是好事啊。

马丹：义务的哦，没有报酬哦。

谷有根：（迟疑）我……对了，我城里每天都有演出。

马丹：请请假嘛。

谷有根：老是请假不好，扣钱。

马丹：那太遗憾了。

【人们开始围上来，舞蹈，喝酒，最后把台上的桌子凳子等道具都扛着下舞台】

谷有根：

河两岸的灯火映照着你的脸，

像一个蔚蓝色摇不醒的梦幻。

星星会眨眼，许我一个灿烂的明天。

田小满：

一阵风吹过来飘扬起爱的帆，

像一句说出口不会变的誓言。

星星会眨眼，许你一个灿烂的明天。

谷有根、田小满：

与我共舞，共舞到天边。

为我歌唱，写一首爱你的歌永远都唱不完。

不要害怕，我会一直陪在你身边。

为什么你，还不扬起你微笑的天真的脸。

【在这过程中，人们不时又过来敬酒，田小满渐渐醉了。安静下来，众人下，灯光打在谷有根和田小满两人身上】

田小满：刚才你怎么不答应啊，我看马书记和村民们都好失望。

谷有根：钱都不给，白干啊。

田小满：你一天挣这么多钱干什么啊？钱对你们男的都这么重要吗？

【醉酒的富兰克打着酒嗝返回来，正好听到了田小满的话，打了个岔】

富兰克：不是钱重要，是外公的心愿重要。有根的外公，也就是我师父，章四爷，是远近闻名的灯曲大师，他的遗愿就是哪天把灯曲带到大城市的舞台。那需要很多钱，所以他就组乐队演出，结果钱都没挣到，乐队也解散了。

【伴着悠扬的音乐，静默一段时间，灯光暗下去片刻又升上来】

田小满：

不英俊不潇洒不热情不富有，

却有种奇怪的吸引力像电流。

深深吸引我，或许这感觉就是爱情。

与我共舞，共舞到天边。

为我歌唱，这一首爱你的歌永远都唱不完。

不要害怕，我会一直陪在你身边。

为什么你，还不扬起你微笑的天真的脸。

4　语言表达与修养

【光线变化，早上的阳光照在两人身上。田小满起身，在晨光中伸了个懒腰，阳光照着秀发，美极了。谷有根也慢慢醒来，两人眼神一对，都有点不好意思】

田小满：你要对我负责。

谷有根：我……

田小满：这可是我第一次，跟男生在一个房间，还待了整整一夜。

谷有根：我……我……一点都记不得了……

田小满：你该不会后悔了吧？

谷有根：没有，没有。

田小满：那就是要负责了？

谷有根：只是我……我现在很穷，自己都还……

田小满：跟你开玩笑的，要对我负责，还得我爸同意呢。走啦，回家吧。

【谷有根带着田小满往回走，田小满陶醉地闭眼享受大自然。很快到了分别的时候，两人挥手道别，分别走向舞台两边，突然，田小满转身，飞快而坚定地往回跑，把脖子上的玉坠取下来戴在谷有根脖子上】

田小满：我爸说，找到合适的人，就把这个给他，我觉得你挺合适的。

谷有根：（有点懵）好。

【田小满狠狠亲了谷有根一口，露出发自内心的笑容，转身开心跑开。谷有根呆若木鸡地站在那里。两人在舞台两侧唱】

谷有根、田小满：

与我共舞，共舞到天边。

为我歌唱，这一首爱你的歌永远都唱不完。

不要害怕，我会一直陪在你身边。

为什么你，还不扬起你微笑的天真的脸。

看黎明的阳光映照着你的脸……

第五幕

第一场

LED：田家别墅

人物：田小满、谷有根、田有为、田有为的跟班

道具：移动背景、阳台

【别墅的阳台上，田小满思念着谷有根，开始独唱】

田小满：

天天想着你，夜夜念着你，

没有你的日子天空都下雨。

胡思乱想，胡言乱语，

亲爱的你到底在哪里。

【这时谷有根悄悄出现在阳台边。两人隔着移动背景演唱,因为移动背景一直在动,将两人分隔开来,两人始终不能在一起】

谷有根:
天天想着你,夜夜念着你,
有了你的日子天空都放晴。
你的笑靥,似糖如蜜,
亲爱的我不要离开你。

合唱:
亲爱的你请你一定要珍惜,
这甜蜜的约定来之不易。
这甜蜜的约定我一定会珍惜,
我会把你一直放心坎里。
天天想着你,夜夜念着你,
有了你的日子天空都放晴。
你的笑靥,似糖如蜜,
你是我最甜蜜的约定。

谷有根:小满。

田小满:你怎么来了?

谷有根:带你一起上班啊,我们是组合嘛。

田小满:不是想我了?

谷有根:这……你出来我就告诉你。

田小满:你说了我就出来。

谷有根:那好吧,我就是想你了。

田小满:(开心)上次跟你出去,被发现了,现在关禁闭。你去找个梯子,我收拾一下。

【川剧紧锣密鼓响起,田有为和两个跟班上场。其中一个拿着手电筒直射,三人夺门而入】

跟班甲:(兴奋地)田总,你看,你看,我就说有贼进来了。

田有为:什么情况?

田小满:爸,这是,我朋友,谷有根。(招呼有根)有根,这是我爸爸……

田有为:等一下!(对观众)他看起来像个男主角,我也要搞个霸气点的出场,好歹我是女主角的爹,这部戏的男二号——

我本是,绿水村,一介村民,
为脱贫,去南方,千里之行,
跑工地,闯码头,他乡飘零,
三十岁,赚人生,第一桶金。

现如今，回乡来，一身衣锦，
似羔羊，如鸿雁，反哺归根，
有金钱，有地位，荣誉等身，
无焦愁，无牵挂，钻石先生。
帮腔：
有金钱，有地位，荣誉等身，
无焦愁，无牵挂，钻石先生。
白：你说莫得焦愁喃还是有点焦愁……
跟班：老板还有啥子焦愁嘛？
白：我女儿，从小就，失了双亲。
跟班：安？失了双亲？
白：哦，不不不，是失了母亲。
忙生意，关心少，惯养娇生，
到如今，年华至，论嫁谈婚，
水有源，树有根，我是病因。
田小满：爸，我给你介绍，这是谷有根。
田有为：谷先生是哪里人啊？做哪一行的？
田小满：爸，你查户口呢。
谷有根：我，现在从事……
田小满：有根农村来的，唱歌的。
田有为：那，你们，这是什么情况？

【田小满过去拉住谷有根的手】

田有为（用目光打量一番，突然醒悟过来，气急败坏却又无计可施地对着观众）：什么情况！

【田小满把谷有根的手拉得更紧了，甚至还依偎上去】

田有为：你还记得爸爸给你的约法两章吗！
田小满：记得，当然记得，不光我记得，这里所有人都记得。（说完目光看向两个跟班，跟班甲秒懂，上前一步）
跟班甲：我们田总找女婿的标准只有两条：第一，不找农村的。第二，不找唱歌的。（向观众）来，大家跟我一起——
不找农村的，
不找唱歌的。
当狗都要当城市的，
不当农村的。
汪汪！

语言表达基础及其应用

【伴随着跟班甲的台词，谷有根不断打量自己，感觉好像就是在说自己一样。于是瞅准节奏，开始还击】

谷有根：

我是农村的，

农村唱歌的，

不管城市农村的，

我都不当狗的。

跟班：

汪汪！

【两跟班迅速反应过来自己被骂了，有点坐不住，正想发作，被田小满打断】

田小满：但是，爸，田总，你有没有想过，世界是在变化的。你年轻的时候农村不好，不能代表现在的农村不好……老观念要改，这个约法两章，我不喜欢，废了吧。

田有为：（顿了一会儿，正色）好，废就废。找男朋友这件事，爸爸重新约法两章：第一是人品要好，这第二嘛，要做我田有为的女婿，多少还是要有点本事嘛。这两个要求，不过分吧。

田小满：爸！你……

田有为：（把小满拉到一边）投资商对我们这边的农村很满意，爸爸计划回老家搞乡村文旅项目。你看，爸爸也在与时俱进嘛。

田小满：田总，你说的，不许反悔。（拉住有根）有根他人品很好的，村里人都喜欢他。

田有为：（不屑地瞟了一眼谷有根）就是不知道有没有本事。

田小满：有。他会乐器，会唱歌，还会写歌，还有乐队。

田有为：口说无凭，要考验考验。（田伸手，跟班立即把平板递过来，田一边划平板，一边说）这样吧，年轻人，你不是唱歌吗？那你……研究过你在所在行业的竞争优势没有？有哪些风险需要预防和对冲？有哪些价值洼地可以关注？还有没有可能出现蓝海市场？

【谷有根不知道怎么回答。其他人也尴尬地愣在原地】

田小满：（打断）爸，你到底想说什么。

田有为：（拉着田小满走向舞台中间）爸爸我就是想问，他最近准备干啥，有什么计划没有。

谷有根：（等待很久才回答）最近啊……暂时……没有。

田有为：（立马）年轻人这么没有目标，小满，你看到了，不是爸爸不通情达理。

谷有根：（急于辩解却又词穷）我……

田小满：（突然大声）等一下！他有。他正在筹备一场……演唱会，对，演唱会，就在下个月，丰收节，纪念他外公的演唱会，对不对？

谷有根：（有点没跟上，一会儿明白了）是的，是的，演唱会，演唱会。

田小满：你看，他多有孝心。

田有为：（将信将疑）好，有孝心，我欣赏。事情办好了，你们继续交往；办不好的话，说明你没本事，就不要再和我女儿来往！

谷有根：我会办好的！

【黑场。定点光照到谷有根和田小满】

谷有根：小满，你爸，他叫田有为。

田小满：是啊。

谷有根：河东集团……河东集团收保护费那个田老大？

田小满：他什么时候收保护费了？

第二场

LED：城市

人物：谷有根、谢丽娜、小米

道具：家用课桌1张，椅子2张，都包上蕾丝边。

【一个老小区的老房子，灯光昏黄，一束光照在舞台上。一个小女孩正在埋头做作业，光正好落在她身上。然后谷有根冲进谢丽娜家】

谷有根：谢丽娜！你给我出来。

谢丽娜：（疑惑）有根你怎么来啦？

谷有根：我昨天，见到田老大了。根本就没有保护费，快还我的钱。

【小米看见妈妈被欺负，冲过来护住谢丽娜，嘴里呜呜地叫着，手里比划着手语"不许欺负我妈妈"。谷有根这时才发现这个小女孩有点不同。谢丽娜拍了拍女儿，用手语比划着"没事，这是妈妈的朋友"。女儿安静下来，盯着谷有根，谷有根有点不知所措】

谢丽娜：我女儿，小米，她听不见。其实，她也不是我的女儿。那一年，我到孤儿院慰问演出，第一次看见她，一双大眼睛忽闪忽闪的，我喜欢她，把她带回了家。这些年，我们生活在一起，很快乐，很幸福，但是，她听不见，不会说话，这是我们俩心中永远都无法回避的痛。后来，我听说有一种很贵的人工耳蜗，要20多万，安上后她就能听到，就能说出话。我是一分钟都不想等了，就想马上赚够钱给她安上，让她能够听见这个世界，能够大声喊我一声：妈妈！有根，姐对不起你，姐过去欠你的，姐以后努力挣钱，一定还给你，给姐一个机会，让小米能够听见这个世界，好吗？

谢丽娜：

睁开你的眼容纳世界，

张开你的手拥抱世界，

敞开你的心扉聆听世界，

迈开你的脚步走向世界。

为你穿上最美的衣裳，

陪你度过最好的时光，

一路上洒下最感动的汗水，

实现我们最初的梦想。

加油吧，加油吧，亲爱的宝贝，

世界那么大，我们去飞翔。

努力吧，努力吧，亲爱的宝贝，

用梦想擦亮，我们的时光。

【谢丽娜歌唱时，小米打着手语】

【谷有根沉默片刻。灯光熄灭。三人下】

第三场

LED：城市

人物：谷有根、谢丽娜、小米

【灯光起，谷有根抱着一沓沓现金冲上舞台】

谷有根：（大声，就像之前发怒时候一样）谢丽娜！

【谢丽娜闻声望去，脚步动了两下，但不敢回答】

谷有根：（把钱既不舍又坚决地一沓一沓地交给谢丽娜）以前搞乐队攒的，卖唱的小费，还有上次葬礼，主人家孙子给的。以后你的活，收的钱都给你，但是，你要记得，以后赚钱了，要还我……（甚至嚎了出来）

谢丽娜：不行，我不能要。

【谢丽娜很想收下，但是又不知道怎么回答】

谷有根：大不了以后慢慢还我。

【谢丽娜一咬牙，收钱数钱】

谷有根：等一下娜姐，那个，能不能，能不能，先借我100啊，明天的饭钱没了。

谢丽娜：咳！给你200。

谷有根：还有，娜姐，我有个想法，我想办个慈善义演给小米筹款，你说这样会不会快一点？——你觉得行得通吗？

谢丽娜：（突然醒悟，又恢复乐观的状态）行得通，行得通，就凭我谢丽娜的人脉和手段，一定行得通。你真是姐的福星，你让姐怎么感谢你啊。

谷有根：那咱们先做什么？

谢丽娜：按正常流程，应该是先定场地。

谷有根：我唱街头那里怎么样？

谢丽娜：不好审批。

谷有根：酒吧。

谢丽娜：小气。

谷有根：不如我们回乡下做，在我老家的村头。

谢丽娜：对啊，现在城里人都爱往乡下跑。哎呀，你真是个天才啊！

谷有根：可是，会有人去吗？

谢丽娜：有，绝对有，主打乡土气息，大家都爱看。

谷有根：娜姐，怎么搞啊，我一分钱都没有。

谢丽娜：你忘了我那一仓库的设备了？LED 大屏，耳屏，24+12 全频线阵音响，10 只标准反听，80 组面光灯，30 台光束灯、风扇 2 台、追光 2 盏、烟机 4 个……万事俱备，只欠东风，赶紧打电话摇人吧！

【谷有根感觉有点消化不过来。于是掏出手机联系乐手】

第六幕

第一场

LED：城市

人物：谷有根、谢丽娜、田小满、田有为、富兰克、杰克、迈克

道具：乐器

【死亡金属音乐起，三个人接电话——追光逐一打在三人身上】

迈克：放心，有根，老子等这天等好久了！早就不想干洗脚城了。我要回老家，搞摇滚！

杰克：有根，不是跟你吹，接手这里不到一年，工厂利润整整高了 20%，怎么样？有没有兴趣做个代理？哦？什么？演出，好好好，我马上回来。

富兰克：我倒是无所谓，关键我百万粉丝不答应啊，我每天的美丽乡村直播，停不下来。啊，群众的心声，不能不听啊……

谷有根：那好吧，我另外找……

富兰克：你想得美，另外找，啥时候排练？在哪儿？我马上来！

【舞台灯光变化，排练开始，小满也带着键盘加入】

谷有根：羊娃子，牛娃子，都回来啦

杰克：Please call me 杰克！

迈克：迈克！

合唱：

天若不晴，有我就行，

地若不平，有你就行。

江湖纵横，叱咤风云，

英雄有梦，兄弟有情。弟兄弟兄，雄起雄起。

我们一定行。

弟兄弟兄，雄起雄起。

我们一定赢。

【富兰克迟到了，看到大家走在摆弄乐器，他摆摆手表示没关系。他不急于拿出乐器，而是拿出 10 个手机摆出各种直播机位】

富兰克：我已经把演唱会做了 10 个平台的直播预告，标题就叫《农村小伙办摇滚演唱会叫板巨星任贤齐》，我还@了他的。

谷有根：哪个他呀？

富兰克：任贤齐啊。

【排练还在继续，富兰克出去直播，田有为带着跟班进来，一边还跟着大家唱：弟兄雄起！】

田小满：爸，你怎么来了。

田有为：我来慰问一下艺术家们啊。

田小满：爸爸，我来给你介绍。

【田小满逐一介绍完毕，到谢丽娜这里，田有为被震撼了，好似找到初恋的感觉】

谢丽娜：龙凤婚庆，谢丽娜。

田有为：河东集团，田有为。

【田有为的目光呆呆地看着谢丽娜，久久回不来神。这时富兰克直播着过来】

谷有根：这是富兰克。

【田有为看到富兰克又愣住，富兰克也愣住了】

田有为：你是……狗蛋？

富兰克：你是……田富贵？

【灯光暗下来，追光照富兰克和田有为，进入两人的独白——】

富兰克：三十年前，你是田富贵，我是富二狗。

田有为：我是个做梦都想发财的青年，你也并不富裕。

富兰克：我们都跟着章四爷学灯曲。

田有为：你学的是吹和拉，我学的是弹和唱。

富兰克：你问师父：吹拉弹唱能有出息吗？

田有为：师父说，什么叫有出息，什么又叫没出息？

富兰克：（同时）你说，有钱就有出息。

田有为：（同时）有钱就有出息。

富兰克：所以那天你辞别了师父，说想去外面的世界看看。

田有为：师父说，好男儿志在四方。

富兰克：一转眼，三十年过去了。你现在已经是我们县的名人了。

田有为：可惜师傅已经不在了。

富兰克：（打断）你知道有根和师父的关系吗？

田有为：什么关系？

富兰克：他是师父的外孙。

田有为：师父的外孙？（停顿一会儿，正色）那对他的要求，必须够硬。我倒要看看他有啥子本事。

第七幕

第一场

LED：乡村稻田

人物：谷有根、谢丽娜、田小满、田有为、富兰克、杰克、迈克、小米、跟班

道具：莲箫、黄绸带、乐器、礼物盒、移动背景（双面KTV板）

【在歌声中，众人用移动背景（正面是摇滚吉他音响造型）搭建起一个霓虹舞台】

全体：（由导演按剧情分工，谷有根主唱即可）

你听，是谁在唱，我们的歌谣，

飘扬在那大地之上。

看前方，有多少阻挡，

和我携手一起闯。

一路奔跑一路疯狂一路唱，

把年轻的汗水抛洒，

洒在多彩大地上，

会开出最美的花。

一路奔跑一路疯狂一路唱，

把青春的梦想点亮，

用山河给我的力量，

对全世界唱响，

巨星登场。

【音乐完毕，LED屏幕突然扇动。机器出现故障，音响炸裂，灯光乱闪，电流乱窜，出现火花和烟雾，移动背景纷纷倒下。LED里变成一片废墟】

【音乐变得缓慢而悲伤。众人在原地既想走上来安慰，又挪不动脚。谢丽娜带着小米上场】

谷有根：

我从小就生长在这里，

天也蓝蓝，水也清清。

看晨雾慢慢升起来，

看夕阳渐渐落下去。

我从小就生长在这里，

这里有我的父老乡亲。

老人的笑脸，孩子的笑声

小伙坚强，姑娘美丽。

但我的梦想它却不在这里，

在那遥远陌生的城市。

城市的灯火，让我迷惑，

分不清南北和东西。
我的梦想就是回到这里，
这片我深爱着的土地。
要用智慧和汗水，
把她变得更加美丽。
轻轻地说一声谢谢你，
谢谢你我的父老乡亲。
你们就是土地，给我力量
让我在这大地上站起。
轻轻地说一声谢谢你，
谢谢你我的父老乡亲。
谢谢你，谢谢你，谢谢你，
我的父老乡亲。

【谷有根一个人默默地在地上接着各种散乱的电线，众人也陆续过去帮忙，但是很明显，几乎已经无法复原】

谢丽娜：怪我，这些设备太老了，我之前应该考虑到的。

迈克：贝斯还可以用。

杰克：（弹了吉他）吉他也可以。

【田小满也试了试键盘，声音响的，她望向谷有根，不知道该怎么安慰】

【小米也来了，她捡起地上的吉他，递给有根。谷有根接过吉他，拍了拍小米的头，伸出拇指动了两下，对她表示感谢】

谷有根：其实，就算舞台没倒，演出又有什么意义呢？一张门票都没卖出去，一个观众都没有来，还耽误大家时间，耽误大家挣钱。

【众人想想走过去安慰，但是感觉又不合适，只好在原地说"没事的"】

谷有根：是的，没事的。这次演出虽然失败了，但是看到大家都这么帮忙，我已经很满足了。我知道，这都是外公给我留下的福报。其实，我也知道我配不上小满，我们绿水村有句话，叫板门配板门，篱笆门配篱笆门……

田小满：有根，你不要这样说。

谷有根：小满，我会努力的，等以后我有本事，够强大了，如果还有机会的话，我再来争取。你爸爸说得对，搞什么音乐，回什么农村，我还是跟羊娃子回省城，继续打工，当狗都要当城里的狗。

田有为：（从幕后走出来，边走边说）谁说当狗都要城里的狗啊！

【众人望去，田有为在跟班陪同下出现了，跟班手里还拿着一个盒子】

田有为：你也太小看我了，我田有为也是从农村走出来的，哪里可能看不上农村的人，瞧不起农村的狗了？只是以前农村太苦，我不想让小满回去受苦。现在乡村振兴了，农村面貌一天一个样……

谷有根：可是，我任务没完成……

田有为：不，你的努力，我们都看到了，你的任务，完成了。

【田有为慷慨地把田小满的手送到有根的手中牵起来，众人欢呼鼓掌，幸福来得太突然，谷有根和田小满有点手足无措】

【田有为来到谢丽娜面前】

田有为：是这种吗？

【跟班把盒子递给田有为，田有为拿着递给谢丽娜】

谢丽娜（接过来仔细看，上面有人工耳蜗的产品图）：人工耳蜗？！

田有为：是模型！我已经联系好医生，随时可以复诊，安排手术。

【谢丽娜疑惑地看着手中的模型】

谢丽娜：谢谢，田总，我会还您钱的。

田有为：钱不钱无所谓啦。这样，我也正准备做乡村文旅项目，你和有根都可以来我们新公司，文化旅游不分家，你们可以帮我负责演出业务嘛……

【富兰克手持绑着10多个手机的直播架走进来，一边走一边直播】

富兰克：各位，我们来看看后台，乐手正在做最后的准备，我已经迟到了。不过我资格老、水平高，可以不用准时。来，各位，给观众打个招呼吧！

【众人强装笑颜地向直播手机打招呼】

田有为：有多少人？

富兰克：100多。

谷有根：100多万？

富兰克：就是100多……个。

众人：切！

谷有根：别播了，演出结束了。

【马丹和一众村民带着竹子、稻草、鲜花上】

马丹：谁说演出结束了？这不还没开始吗？乐器不是还能响吗？来来来，大伙儿支棱起来。没有背景，父老乡亲就给你搭背景；没有舞台，咱们就用蓝天大地做舞台。没有观众？怎么能说没有观众呢，直播粉丝不是还有一百多万、（引导现场观众鼓掌）这现场不是还坐着咱们绿水村的父老乡亲吗？大家说，对吗？

谷有根：这……行吗？

马丹：怎么不行。这天底下，还有比咱中国农民更优秀的观众，比咱农村天地更广阔的舞台吗？

古：好，来就来。

【众人将地上的移动背景扶起来，背面是金黄色的水稻图案，前排两个舞蹈演员又扯起黄色绸缎，LED画面也逐渐出现变化，全场出现一个崭新的金黄色丰收舞台，比之那个用桁架搭建的舞台更好看了。乐队披挂上阵，村民们也加入演出】

竹大爷：
锣一声来鼓一声，
（帮腔：鼓一声啊）
锣鼓一响好精神。
（帮腔：好精神啊）
劝君莫管 Anything，
（富兰克念白：喊你不要整英文）
劝君莫管其他事，
（帮腔：那你要做啥子喃？）
看我乡村好声音。
（帮腔：好声音啊）

谷有根：
锣一声来鼓一声，锣鼓一响好精神。
劝君莫管 anything，看我乡村好声音。
八月里来桂花香，农民弟兄喜洋洋，
豆子黄来谷子黄，挑挑担子去赶场。
锣声响来鼓声昂，打起锣鼓接新姑娘，
三星为你来报喜，八仙为你送吉祥。
国舅手持云牙板，瑶池湘子吹玉箫，
仙姑敬奉灵芝草，蓝彩荷花献蟠桃。
拐李老翁道法高，钟离老祖把扇摇，
洞宾背剑清风绕，果老骑驴过仙桥。
家公教我家乡歌谣，四言八句仙乐飘飘。
唱得家乡如此美丽，唱得江山如此多娇。

众人：
莲箫下地锣儿愣登鼓儿愣登一声地响哦，
柳啊柳连柳啊，
各位朋友你听我唱，
荷花一朵莲海棠花！

富兰克：不对，爆了，我直播间爆了，10个号都爆了！真的有100万人！有人引流，是任贤齐，我们的直播被任贤齐转发了。

【LED 出现任贤齐的画面】

任贤齐：绿水青山的乡亲们大家好，我是小齐，祝你们演出成功，丰收节快乐！我也唱两句：

任贤齐：
莲箫下地锣儿愣登鼓儿愣登一声地响哦，

4 语言表达与修养

柳啊柳连柳啊,

各位朋友你听我唱,

荷花一朵莲海棠花!

众人:

莲箫下地锣儿愣登鼓儿愣登一声地响哦,

柳啊柳连柳啊,

各位朋友你听我唱,

荷花一朵莲海棠花!

第二场

LED:乡村稻田

人物:谷有根、田小满、谢丽娜、田有为、马丹、富兰克、杰克、迈克、小米、竹大爷、花大姐等。

道具:碗,勺

【谢丽娜一手一个电话,一边接电话一边上】

谢丽娜:刘老板,广场舞队,没问题,A队定了,还有B队,业务一样好。初八啊?初八日子好,要加钱哈。(换一个手机)王总,元宵节,乡村好声音乐队,已经订出去,开玩笑,有根是我们的台柱子,提前三个月就定了……(从外套的怀里摸出一个大平板)张教授,要来考察,好的,没问题,马上安排,您是乡村振兴领域的专家,想请都请不到呢,必须有时间。

【田有为身穿围裙,一手拿着一个圆形锅铲,一手端着一碗汤上】

田有为:(舀了一口要来喂她)娜娜,来,刚炖好的萝卜丝鲫鱼汤,抿甜、喷香的!

谢丽娜:(推开)这么多人看着……

【马丹上】

马丹:田总,你穿这一身来欢迎我们省艺术基金的专家(根据现场情况改变台词)……也不太正式了吧?

田有为:不正式?这是我们四川省的省服,哪个男人没穿过,哪家男人不穿?这就叫:穿省服,迎省检。是不是嘛?娜娜。

谢丽娜:(嗔怪地)就你话多。

马丹:那这萝卜丝鲫鱼汤……

田有为:绿水村青背小鲫鱼,青山村沙地大萝卜,水里生,土里长,城里人,最爱了。

马丹:绿水青山的山珍海味,都全了。感觉还差点什么呢?

谢丽娜:还差我们的欢迎队伍!小伙姑娘们,都上来吧!

分角色:

金银铜铁锡,

木缸瓦石漆,

雕画弹染篦,

外带箍毛皮。

谷有根：

一门手艺必经千磨万击，

一副身板撑起家顶天立地，

一条大道向前其修远兮，

一生探寻无止境。

分角色：

酸甜苦辣，不负匠心。

十八般武艺，舍我其谁。

三缝九老十八匠，谁与争锋。

七十二行当，行行有能人。

【众男性角色全部下台换装。众人一起合唱谢幕曲】

众人：

花罩衣，花围裙，花花袖笼。

土里生，土里长，土得有用。

上厅堂，下厨房，内外兼容。

大丈夫，耙耳朵，一身武功。

羊娃子，牛娃子，狗蛋莽娃。

有一个，算一个，不要落空。

用智慧，去创造，幸福生活。

用双手，来建设，美丽乡村。

大老板，老百姓，干部明星。

听党话，跟党走，都来践行。

用智慧，去创造，幸福生活。

用双手，来建设，美丽乡村。

【练习稿件】

一、简答题。

1. 什么是语言表达的美学修养？它对个人和职业发展有何影响？

2. 为什么阅读优秀的文学作品是提高语言表达美学修养的重要途径？请举例说明。

3. 简述提高语言表达美学修养的几种主要方法。

4. 如何通过修辞手法提高语言的表达效果。

5. 谈谈培养审美意识对提高语言表达美学修养的重要性。

6. 结合实际，谈谈如何在实践中提高语言表达的美学修养。

二、分析题。

1. 分析一个经典文学作品中的语言表达，指出其美学特点。

2. 针对一个具体的语言表达实例，分析其美学修养的体现。

3. 结合自己的经历，谈谈在提高语言表达美学修养过程中遇到的困难和挑战，以及如何克服这些困难。

三、创作题。

1. 创作一篇短文,运用多种修辞手法,展现出语言的优美和魅力。
2. 设计一段具有节奏感和韵律的演讲词,主题自选。

4.3 语言表达的心理修养

心理修养在语言表达中占据着举足轻重的地位,本节我们将从它的基本内涵与要求两方面进行学习。

4.3.1 语言表达的心理修养的基本内涵

心理修养是指在语言表达中关注自己的情绪和心理状态,以及他人的情绪和心理需求。具备心理修养的人,在言语中能够更好地控制自己的情绪,理解和尊重他人,从而建立良好的人际关系。心理修养的提升,有助于克服紧张、焦虑等情绪,使语言表达更加自信、流畅。

4.3.2 语言表达的心理修养的基本要求

1. 情绪管理

学会控制和调节自己的情绪,避免在愤怒、悲伤或其他负面情绪的影响下进行冲动的语言表达。情绪稳定的人在沟通时更能保持清晰和理性。

2. 倾听技巧

积极倾听他人的说话,不仅仅是听他们说了什么,更要理解他们为什么这么说。这需要耐心和同理心,能够帮助我们更好地理解对方的需求和感受。

3. 尊重差异

认识到每个人都有自己的观点和感受,即使与自己不同,也应该给予尊重。在表达不同意见时,要尽量避免冒犯对方。

4. 自我认知

了解自己的沟通风格和模式,包括自己的优点和需要改进的地方。通过自我认知,可以更好地调整自己的沟通方式,以适应不同的人和情境。

5. 建立信任

通过一贯的诚实和可靠的行为,建立起与他人的信任关系。信任是有效沟通的基础,有助于减少误解和冲突。

6. 解决冲突

学习有效的冲突解决技巧,如冷静地讨论问题、寻找共同点、妥协和调解等。这有助于在出现分歧时,能够以建设性的方式解决问题。

7. 持续学习

不断学习新的沟通技巧和心理学知识，提高自己的心理修养。通过阅读、参加研讨会或咨询专业人士等方式，可以不断提升自己的沟通能力。

【课堂练习】

阅读以下案例，可以进行情景重现与角色扮演，感受这些案例中良好的语言表达带来的效果以及体现出的心理修养。

1. 李华是一名销售人员，她经常需要与客户进行沟通和谈判。有一次，她遇到了一位非常挑剔的客户，对方对产品的细节提出了很多质疑和批评。面对这种情况，李华没有感到沮丧或不耐烦，而是用平和而专业的语气回应道："非常感谢您的宝贵意见，我们非常重视每一位客户的反馈。针对您提到的问题，我会详细记录下来，并与我们的团队一起研究改进方案。请放心，我们会不断努力提升产品质量和服务水平，以满足您的需求。"

2. 张敏是一名公共演讲者，她经常在各种场合发表演讲。在一次演讲中，她突然注意到台下的听众中有一位显得特别困惑和不安。为了确保每个人都能跟上她的演讲内容，张敏临时调整了自己的演讲方式，用更加简单明了的语言解释了之前的观点，并主动走到那位听众身边，询问他是否有什么疑问或不明白的地方。

3. 王磊是一名团队领导者，他需要经常与团队成员进行沟通和协调。在一次团队会议上，他注意到成员们对于某个项目的方向存在分歧和争议。为了促进有效的讨论和决策，王磊用冷静而坚定的语气说道："我理解大家对于这个项目的热情和关注，也感谢大家提出了不同的意见和建议。但我们需要尽快达成共识，以便我们能够顺利推进项目。我建议我们采用投票的方式来决定项目的方向，同时，也希望大家能够尊重投票结果，并全力以赴地执行决策。"

4. 王先生是一位资深的心理咨询师，他经常被邀请去学校为学生们进行心理健康讲座。在一次讲座中，他遇到了一个特别棘手的问题：一个高中生在课堂上突然情绪失控，大声哭泣，引起了全班同学的注意。

王先生首先走到这位学生身边，用温和而坚定的语气说："同学，我注意到你似乎有些不舒服，可以告诉我发生了什么吗？如果你想分享，我会尽力帮助你。"

这位学生开始慢慢地倾诉自己的困扰，提到了家庭问题、学业压力以及与同学之间的矛盾。王先生耐心地倾听，不时地点头表示理解，并在适当的时候用鼓励的话语给予支持。

当学生讲述完毕后，王先生用同理心回应道："我完全理解你现在的感受，这些问题确实会给你带来很大的困扰。但请记住，你并不孤单，我们都在这里支持你。现在，让我们一起来看看如何面对和解决这些问题吧。"

接着，王先生利用自己的专业知识和经验，为这位学生提供了一些具体的建议和方法，包括如何调整心态、寻求帮助、与同学沟通等。他还鼓励学生们之间要相互关心、理解和支持，共同营造一种积极向上的班级氛围。

4　语言表达与修养

最后，王先生以充满信心和希望的话语结束了讲座："同学们，生活中总会遇到各种各样的困难和挑战，但只要我们拥有健康的心态和正确的方法，就一定能够克服它们。相信自己，相信你们的同伴，相信未来一定会更加美好！"

【实例分析】

阅读广播栏目《点亮星世界》之《让四川民俗"活"下去——丁世谦》主持稿件，分析主持人艺心的语言是如何体现本单元所讲的语言表达的三个修养的。

《点亮星世界》节目片头：温暖的故事可以安放疲惫的灵魂，八卦的盘点也能碰撞能量的火花。听别人的故事，找到自己前行的力量。夜晚，成都，星光闪耀。夜空里有颗最亮的星，主播艺心，为你《点亮星世界》。

【《点亮星世界》固定垫乐起】

艺心：欢迎你，亲爱的朋友，欢迎大家继续锁定在四川文艺广播Fm90.0。今天我们夜空中最亮的这颗星，他的名字叫作丁世谦。或许听惯了我们节目中讲述娱乐圈明星的故事，大家会想，这是我们荧屏当中看到过的哪位明星呢？其实艺心要为您介绍的是一位扎根在我们的生活当中、生活在田间地头的一位民间艺术家。这位艺术家他的名字叫丁世谦，他是遂宁市的一位鼎鼎有名的大画家。而今天呢，艺心也和我们所有的听众朋友，共同来讲述丁世谦老师一生当中和作画有关的故事。

本期节目插片：

他以传承中国画为己任，批判性地吸收中西绘画传统精华。他立足本土文化，以乡风民俗为主要素材，敏锐地捕捉生活中的趣味与美。他被市委市政府授予拔尖人才，学术技术带头人，杰出画家等称号。他潜心创作五十余年，多次获得巴蜀文艺等全省大奖。他是今天夜空里最亮的星，艺术家丁世谦老师。

艺心主持语：

在五十多年的创作生涯当中，丁世谦老师始终以传承中国画为己任，他批判性地吸纳中西绘画传统精华。他立足本土文化，以乡风民俗为主要素材，敏锐地捕捉生活中的趣味和生活当中的美感。他潜心创作五十多年，形成了自己独特的艺术风格。丁世谦老师的主要作品有《上学路上》《游春去》《金种子》等，出版有《丁世谦画选》和连环画册16部。

是的，我亲爱的朋友，你没有听错，刚刚我们是不是听到了一个非常有年代感也特别有温暖感觉的词叫作"连环画"。想问问我们正在听节目的朋友，在你小的时候，你有没有看过一些连环画呢？连环画留在你的记忆中的是哪一本儿呢？我到现在还记得，小时候把自己的一些压岁钱攒下来，买上一两本连环画去跟小朋友们交换，我们就是在连环画中了解了好多历史人物，了解了好多人文故事，也从那个时候开始真正地了解我们的社会生活。

连环画，他用非常洗练的工笔画风，非常优美和简洁的文字描述，就可以给我们营造出一个无比神奇的世界。我相信很多小孩子其实也都是在这样的世界里长大的。说到这儿，我突然在想，比起现在只能够在动画片中找幸福感的孩子，咱们那一代，其实也蛮幸福的。因为说不定咱们也曾经看着丁世谦老师的作品长大。

四川人民出版社出版的连环画《说唐》当中的《南阳关》就是丁世谦的作品。如果你现在翻开重新来看，你一定会觉得扑面而来的就是一种特别出众的感觉，每一幅、每一幅真的都很考究，绘画者就是丁世谦。同时他还有一部作品叫作《尉迟恭降唐》，哇，有没有在我们四五岁的时候当我们翻着这样的连环画，其实就已经开始真正在了解的历史故事呢？《南阳关》当中有很多幅的交战场面，每一幅都是经过了精心的设计绝对不会雷同，处处都是匠心独具，真的非常不容易。

有时候，艺心自己也在想，一个画家，他并不是武术家，他并不会懂得十八般武艺啊，可是为什么在丁老师笔下的这些将官，他们的招式、姿态都配合着当时的情形，都可以一目了然，真的看上去比文字脚本还要更加直观。是的，我们现在很多朋友都会记得小时候看连环画的那些经历。而其实在我们看连环画的故事当中，丁老师也为我们奉送了许许多多精彩的作品。

【播配音童谣：远看山有色，近听水无声。春去花还在，人来鸟不惊】

艺心主持语：

当我们在说到"连环画"这几个字的时候，我觉得它一定是带给了我们特别幸福的、特别有年代感的温暖回忆。相信有很多我们的"70后""80后"，其实都是看着连环画长大的。当代很多的大画家他们都曾经画过连环画。连环画真的为我们的童年带来了好多的欢乐，它不光普及了知识，也普及了文学，我们可以从连环画当中，去寻觅一个神奇的世界，而这样的世界，也正是我们的大画家匠心独具之处。

艺心主持语：

今天我们的夜空中最亮的这颗"星"就是丁世谦老师。这位老者已经年过古稀，他的画作总是能激发起我们现代人对于田园生活的向往和回忆之感。你比如说咱们过去生活当中有关系的捕鱼、赶鸭子、做棉被这样的场景是不是在我们的生活里越来越少见了？可是这样的一些民风民俗它总是那么活灵活现地体现在丁老师的画作当中。丁老师的画永远都在画着家乡的人、家乡的景、家乡的事、家乡的那些情感。在这样的故事中总是有着浓墨重彩和熠熠生辉的光芒。而这位老者他曾经还有一幅作品叫作《上学路上》也影响了咱们新中国几代人的成长。因为那个小姑娘上学路过玉米地，用自己的红头绳将倒伏的玉米捆扎起来的图画，就是出自丁老师的国画《上学路上》。因为这样的一幅作品曾经收录进了我们的小学课本，所以我们曾经就是读着他的连环画，读着他画的小学课本长大的一代人。

【歌曲《我们的生活充满阳光》】

【片花《成长纪念册》】

一个故事可能影响一个人，一句话语可能改变生命的航向，这是一个阶梯，开始未来的征程，这是一扇窗口，找到未来的托付。记录成长故事，《成长纪念册》。

艺心主持语：

丁世谦从小学画、从小也爱画，这是源于他的世家家学。其父名叫丁瑞祺，曾师从国画泰斗张大千，以画虎而闻名川中，曾经他父亲有一个绰号叫"丁老虎"。小时候，丁世谦的家里并不富裕，甚至条件并不好，他只能去捡来一些可以画画的石头和瓦片，把它们当作画笔在沙田地上随意涂鸦。丁老师曾经回忆说三岁的时候，有一次他把爷爷裹土烟的草纸偷来作画，而这样浪费的行为自然是会招来母亲的一顿痛骂和责罚。所以那时候丁老师的画作常常都是在沙土地里完成的。

年龄稍微长大一点的丁世谦开始喜欢上了连环画，它对于书中的那些书生小姐、英雄侠客、刀枪战马很是痴迷。他拿起了父亲留下的木炭头有模有样地临摹起了连环画。丁老师曾经回忆过自己的艺术人生，他说除了受到家父的熏陶之外，他还必须感谢绘画艺术当中的一个小门类，就是——连环画。他说那个时候，他们那一辈人都把连环画叫作"娃娃书"。丁老师回忆说，自己小的时候特别喜欢娃娃书，但是家里太穷了，他只能够守着自家的涮水去卖，用卖掉的钱攒下来购买连环画。

丁老师曾经讲自己所熟知的古代人物和历史故事，最先都是从娃娃书里头获得的。对于书里的书生小姐、英雄侠客那叫一个痴迷。儿时临摹的《三岔口》《三英战吕布》至今还是被很多人作为谈资。想想吧，说到连环画，其实我们每个人在成长的时候一定都看过和记得连环画。

【歌曲《那些花儿》】

艺心主持语：

对于丁世谦来说，他的绘画春天是始于1961年他调到遂宁市新华书店，他当上了遂宁市新华书店营业员，在这里他有机会看到更多的书籍，这也激发了丁世谦对于连环画创作的更大的激情和热度。白天上班，晚上就创作。丁世谦很快就完成了自己的第一本连环画作，名字叫作《书房搬家》。而且因为这本书他还收到了自己生平的第一笔稿费，当时可是一笔巨资：130块钱呢。后来丁老师又创作了《聊斋》《说唐》等一系列作品先后和大家见面。

从1973年到1992年他先后创作完成了各类连环画达到20多部，发行量达到了600余万册。并且大量的作品都发表于《连环画画报》这样一个画册当中。不过人生当中总是会有一些转折。对于丁老师来说啊，人生中一个重大的转折在1975年。1975年在他的人生当中究竟发生了一件什么样的大事呢？我们的《点亮星世界》仍然在继续，丁老师的故事仍然在继续。

【歌曲《知己》】

【《点亮星世界》节目片花：看见明星的光芒，听见奋斗的故事。找到自己前行的力量，这是夜空中最亮的星】

艺心主持语：

丁老师的作品好像是年代的纪念册，总是能够记录下咱们老百姓的生活。而他的每一幅画，也都可以成为一个时代咱们值得纪念的深刻记忆。如今的丁世谦仍然画笔不辍他仍然没有沉寂下来，而是把他的注意力转移到了对于民俗的展现和保留上，他将自己的画笔倾注在四川川中红土地上的每一片风土人情和每一个寻常人物的当中。在他的画作里对于民俗的描述不是静态的，而是和那个时代同步的、给一个时代进行曲的谱曲。如果要是把丁老师那上百幅的作品全部连接在一起，那你真的是可以看到川中农村变革的缩影。

丁老师的作品《茶馆》当中，你看到活灵活现的盖碗茶、楠木椅，还有大茶壶、八仙桌，真的会让你觉得简直栩栩如生，那下棋的、打牌抱膀子的、吹牛的挖耳朵的，各色人物将川中生活全景展现出来。

在前些年他创作的《游春去》这幅作品当中，那些农闲时就结伴游春的乡村老太太，他们的胸前开始有了时髦的照相机，双鬓之间插着两朵盛开的梨花儿，把农村老太太们的美，把她们对于生活的热爱真的表现得淋漓尽致。

他还有很多的画，你比如说有一个名字叫作《弹棉花》，还有叫作《川北凉粉》《瓦窑边》《乡巴佬》《窗口》有没有觉得即便还没有见到他的画作，但是这一幅画面都勾起现代人的回忆和思乡的情怀呢？也许咱们现在也会经常去看一些画展，当我们看到那些技艺高超的画作，有些朋友是觉得比较陌生的，无论是他们画作当中的内容还是要表达的情感，好多老百姓真的会说我看不懂。可是如果让你去看看咱们四川的这位画家丁世谦老师的画作，让你去勾连起来生活中弹棉花的，吃着川北凉粉的，蹲在瓦窑边的"乡巴佬"的场景，你会不会觉得极具有四川的民风民俗呢？

【歌曲《四川人的龙门阵》】

艺心主持语：

思乡的情怀、怀旧的情愫这应该是我们现代都市人的一种普遍的情感吧。你比如说，我们现在到了周末会有那么多人喜欢去到农村去到乡镇、古镇去度过自己的假期，其实是因为在那里我们可能可以找到潜藏在基因深处的一种关于故土的情怀。所以丁老师的作品就是这样温暖人心。他的作品当中有回忆、有故乡、也有故乡的人和事。

丁老师曾经说："作为在这片土地上土生土长了七十多年的画家，我更有责任和义务把家乡的美全部展现在所有人的面前。"这就是根植于红土地上的丁世谦，这就是那个永远扎根在土地当中创作的丁世谦，他用自己对于家乡的那股深情，融入了每一幅画作当中。而他的作品其实也在展现着形形色色的四川风俗，更是展现着一个时代和另一个时代的变迁。丁老师曾经说他要永远地画下去，我们也会期待丁老师更多的作品。

今天我们夜空当中最亮的星充满了正能量、也充满了乡土人情、也充满了民风民俗。艺心用这样的一种方式在跟您讲述丁世谦老师的故事。我也希望丁老师这种植根于土地当中的情怀能够勾起我们生活中对于家乡的共鸣、对于家乡的思念和回忆。

好了今晚的节目到这里就结束了，艺心感谢你的聆听。亲爱的朋友，《点亮星世界》明天晚上的九点钟我们再会。

在广播栏目《点亮星世界》之《让四川民俗"活"下去——丁世谦》中，主持人艺心的语言体现了语言表达的三个修养：道德修养、美学修养、心理修养。首先，艺心的语言表达体现了对丁世谦老师的尊重和对传统文化的推崇。以温暖、亲切的语言讲述了丁世谦老师的故事并展现他的艺术成就和对民俗文化的贡献，通过讲述丁世谦老师的经历，艺心传达了对传统艺术和民间文化的尊重和保护，这体现了主持人的道德修养。其次，艺心的语言表达具有较高的美学价值。她用富有感染力的语言描述了丁世谦老师的画作，使听众能够感受到画作的美感和艺术价值。通过讲述丁世谦老师的艺术创作，艺心展现了她对艺术和美学的理解和欣赏，体现了主持人的美学修养。同时，主持人的语言表达也能够引起听众的情感共鸣。艺兴用生动、形象的语言描述了丁世谦老师的画作和故事，使听众能够感受到画作的魅力和故事的情感。通过讲述丁世谦老师的经历，艺心传达了对于家乡、故土的思念和回忆，引起了听众的情感共鸣，为听众呈现了一个充满正能量、富有艺术魅力和情感共鸣的节目。

5 语言表达的应用

5.1 演 讲

在语言表达的应用领域中,演讲是一种极具影响力的沟通方式。本节将探讨演讲这一主题,深入分析演讲稿的撰写、演讲的语言技巧以及实例分析与练习。通过本节的学习,读者将能够掌握演讲的基本要领,并运用这些技巧来提升自己的公众表达能力。

5.1.1 演讲稿的撰写

演讲的稿件,作为一种特殊类型的文稿,旨在供口头讲说之用。其独特之处在于,它并非供读者书面阅读,而是通过口头表达让观众聆听。因此,稿件的内容和语言必须符合演讲的特定要求。具体而言,有以下几点需要注意:

1. 确保有较强的针对性

演讲稿种类繁多,如事迹介绍、事理阐发和各类致辞等,它们的目标、需求和对象各异,因而撰稿内容和形式也各有不同。演讲稿应首先针对演讲的目标和要求;其次要考虑不同年龄、文化程度、职业和场合的听众,做到精准出击,以满足各类听众的需求,达到震撼人心、鼓舞人心的效果。

例如,以一位企业高管为例,他在公司年度庆典上发表的一篇演讲稿与在公司新产品发布会上发表的演讲稿内容与形式截然不同。在年度庆典上,他需要对公司的业绩进行事迹介绍,对公司的文化、价值观进行事理阐发,以激励员工继续为公司的发展贡献力量。此时,演讲稿的目标是回顾过去、展望未来,需求是既要体现公司的成就,又要激发员工的士气。因此，撰稿内容要兼顾公司的荣誉与员工的福利，形式要庄重大气，符合庆典的氛围。

而在新产品发布会上，他的演讲稿则更侧重于事理阐发，对新产品的设计理念、技术创新、市场前景等进行详细阐述，以吸引客户、合作伙伴的关注。此时，演讲稿的目标是展示公司的创新能力，需求是内容要专业、严谨，形式要富有激情，展示出公司对新产品的信心。因此，撰稿内容要突出新产品的核心竞争力，形式要生动活泼，激发听众的兴趣。

2. 确保主题鲜明突出

演讲是面对面的交流，听众没有足够的时间深入思考。因此，演讲稿一般不追求含蓄深邃，而是主张直抒胸臆。演讲者的观点和立场，如同意或反对某事，应让听众一目了然。如《未有天才之前》这篇演讲稿，在开头便明确提出了观点：要诞生天才，就必须有孕育天才的群众；要发展新文化，就必须创造有利于新文化发展的社会条件。如此旗帜鲜明地表达观点，让听众一开始就清楚作者的看法。同时，演讲主题不仅要鲜明，更要突出。一位演讲家曾说："在演讲中，你要告诉听众你要告诉他们什么；正在告诉他们什么；已经告诉他们什么。"这意味着主题需要在演讲过程中反复强调，以深入人心。

3. 确保材料真实可信

演讲稿中的材料，包括事实、故事、名言警句、数字统计等，无论哪一种，都应真实无误。政治家常常对他们的演讲撰稿人说："我需要真正的感动。"如今的人们已经不再相信官话、大话和套话，要让听众感动，就必须说真话、讲实情。例如，一篇题为《为了共和国大厦永远矗立》的演讲稿写了作为共和国税官的高尚行动，但同时也坦陈了自己的心路历程：

那位老板娘拽着我的袖子说："大兄弟，何必那么认真呢？抬抬手让我过去算了。"说着从兜里掏出了300元钱。我心想："这钱来得太容易了，都赶上我一个月工资了。"此时，我想到了爸爸常常告诫我的一句话："喝凉酒，花赃钱，早晚是病。"在这没有硝烟的战场上，让这点炮弹把我撂倒了，多丢人哪！

演讲者并未口号式宣传自己的高尚之举，而是坦陈心路动机和复杂的心理，展现那种常人也能达到的、并非高不可攀的向高尚攀缘的过程。这种有血有肉的真实才令人佩服。

4. 思路清晰明了

演讲稿的结构，一般有开头、中间、结尾三个部分。开头，是给听众的第一印象，要先声夺人营造一种气氛，一开始就把听众的情感把握住。开头一般有这样几种方法：从标题谈起；揭示中心或概述内容；从寓言故事、典故、名言警句、个人经历等说起。不管哪种方法，演讲者都要找好演讲的切入点，这样才能使演讲内容新鲜，构成独特的视角。例如，在一次以"党在我心中"为主题的演讲中，一个选手以《镰刀和锤子下畅想》为标题，从党旗上的镰刀和锤子的象征意义入手，通过镰刀和锤子结合在一起并镶在鲜艳的红旗上暗示我们党始终与人民群众心连心，然后列举事例烘托主题，既达到了歌颂党的目的，又避免了口号式的空洞。

中间部分则要紧承开头，应用真实感人的材料，或抒情或叙事或议论，切忌装腔作势，不着边际，虚多实少。同时，主体部分一定要体现出活泼新鲜有力的文风，否则易使听众感到演讲内容枯燥无味，从而产生厌烦情绪。结尾，要给听众留下鲜明难忘的印象，切勿草率收场。常见的结尾方法有总结全文，强调演讲主题；用哲理性的语言，画龙点睛，耐人寻味；用风趣的语言再次制造气氛，让听众在轻松中受到感染；用充满激情的语句，给人以鼓舞。

演讲稿的构建并无固定的格式，但其核心要素可归纳为以下四类：

（1）标题：演讲稿的标题起到画龙点睛的作用，一般可分为四类：

① 揭示主题型：直接点明演讲的核心主题，让听众一目了然；

② 揭示内容型：概述演讲的主要内容，帮助听众预知演讲要点；

③ 提出问题型：通过提问引发听众思考，激发演讲兴趣；

④ 思考问题型：强调演讲者对某一问题的深度思考，引导听众共同探讨。

（2）称呼：在首行顶格处加上冒号，并根据听众对象和演讲内容选择恰当的称呼。常见的有"同学们""同志们""朋友们"等，也可加上定语以增强气氛，如"亲爱的同学们"等。

（3）正文：正文由开头语、主体和结语三部分组成。

① 开头语：其使命在于吸引听众，为后续内容做铺垫主要有六种形式：A. 从背景和问候、感谢语开始；B. 概括讲演内容或揭示中心论点；C. 从讲演题目入手；D. 阐述讲演缘起；E. 以其他事件为引子；F. 提出引人深思的问题。

② 主体：即演讲的核心内容。通常可分为三类：A. 记叙性讲演稿，以人物事件叙述和生活画面描绘为主；B. 议论性讲演稿，以典型事例和理论为论据，采用逻辑论证方式，观点说服听众；C. 抒情性讲演稿，运用热情洋溢的语言表达观点，以情感人，寓情于事、寓情于理、寓情于物。

③ 结语：总结全文，揭示主题；抒发情感，鼓舞人心；展望未来，鼓舞斗志；富含哲理，引人深思。

演讲稿在演讲过程中具有举足轻重的地位，其主要作用如下：

（1）整理演讲者的思路、提示演讲内容、控制演讲速度；

（2）引导听众，帮助其更好地理解演讲内容；

（3）通过对语言的推敲，提高语言的表现力，增强感染力。

掌握了演讲稿的基本结构，就等于为演讲的成功奠定了坚实基础。

5.1.2　演讲的语言技巧

5.1.2.1　开场白

一个优秀的演讲开场白能够吸引听众的注意力，为接下来的演讲内容打下坚实的基

5 语言表达的应用

础。在设计开场白时,演讲者应力求简洁明了,直击主题,同时具备趣味性和引人入胜的特点。通过开场白,演讲者可以向听众传达演讲的主题和目的,引发听众的兴趣和好奇心,使他们愿意聆听接下来的内容。

开场白有以下技巧:

(1)运用故事、悬念或趣事来引发听众兴趣。

(2)引用权威数据或名人名言,增加演讲的说服力。

(3)利用幽默或讽刺元素,使演讲更具吸引力。

(4)紧密结合听众的需求和利益,让听众感受到演讲的价值。

5.1.2.2 肢体语言

肢体语言是演讲中不可或缺的一部分,它包括手势、面部表情、身体姿势等。恰当的肢体语言能够增强演讲的感染力,使演讲更具吸引力。演讲者应充分重视肢体语言的运用,使之与演讲内容相辅相成,为听众带来更好的演讲体验。

(1)手势:手势是肢体语言中最直接的表现方式。演讲者应掌握丰富多样的手势,如指示、强调、欢迎等,使演讲更具表现力。

(2)面部表情:面部表情可以传递情感和情绪,影响听众对演讲的感受。演讲者应学会根据演讲内容调整面部表情,如微笑、严肃、惊讶等。

(3)身体姿势:身体姿势包括站立、坐下等,演讲者应保持端正的站立姿势,避免不必要的动作,以免分散听众注意力。

(4)目光交流:与听众保持目光交流,让听众感受到演讲者的关注和诚意。同时,避免眼神闪烁,增强演讲的自信和说服力。

5.1.2.3 声音控制

在演讲中,声音的控制至关重要。一个清晰、有力的声音能够增强演讲的吸引力和说服力,而一个虚弱、模糊的声音则可能导致听众的注意力下降。关于声音控制,又涉及以下几个要点建议:

(1)呼吸控制:呼吸是声音的基础,正确的呼吸能够帮助演讲者保持稳定的声音。演讲者在演讲前应进行深呼吸,以放松声带和喉咙肌肉。在演讲过程中,注意不要憋气或咳嗽,以免影响声音的质量。

(2)语速与语调:演讲者应根据演讲内容和场景调整语速和语调。语速过快可能导致听众听不懂,过慢则可能让人感觉无聊。语调则需要富有变化,以突出重点和表达情感。

(3)音量与音质:演讲者应确保声音足够大,以便让最后一排的听众也能听清楚。同时,注意音质的饱满与清晰,避免沙哑或颤抖的声音。

(4)适应场合:在不同的场合,如会议室、礼堂或户外,演讲者需要调整声音的大小和传播方式,以适应环境的差异。

5.1.2.4 观众互动

观众互动是演讲过程中非常重要的一环,它能够帮助演讲者了解观众的反应,同时提高观众的参与度和兴趣。

(1)目光交流:演讲者应与观众保持充分的目光交流,让观众感受到被重视和尊重。同时,目光交流有助于演讲者观察观众的反应,从而调整演讲内容和节奏。

(2)提问与回答:在演讲过程中,适时地向观众提问,然后邀请他们回答。这样既能调动观众的积极性,又能帮助演讲者了解观众对演讲内容的理解程度。

(3)肢体语言:演讲者的肢体语言也是与观众互动的重要方式。通过丰富的肢体语言,演讲者可以表达更强烈的情感,同时让观众更容易理解演讲内容。

(4)鼓励观众参与:在演讲中,鼓励观众参与互动,如鼓掌、回应问题等。这样可以增强观众对演讲的认同感和参与感。

5.1.2.5 如何应对紧张情绪

许多人在面对演讲时,往往会感到紧张不安,甚至影响到演讲效果。紧张情绪是演讲过程中常见的心理现象,适当的紧张有助于提高注意力,但过度的紧张则可能影响演讲效果。以下是一些建议,可以帮助我们应对紧张情绪:

首先,充分准备是克服紧张的关键。一场成功的演讲离不开充分的准备。从内容、PPT 到舞台表现,都需要精心策划和练习。通过多次排练,熟悉演讲流程,增强自信心,从而降低紧张感。此外,还可以提前了解演讲场地、设备等情况,以确保演讲顺利进行。

其次,正确认识紧张情绪。紧张并非全然坏事,适度的紧张有助于提高注意力,提升表现。然而,过度的紧张则会影响演讲效果。我们要学会调整心态,看待紧张情绪。不必过分担忧,更不必将其视为敌人。正确对待紧张,才能在演讲时保持平和的心态。

我们可以尝试运用呼吸和放松技巧。在演讲前进行深呼吸和放松练习,以缓解紧张情绪。通过深呼吸,调整气息,使自己的声音更加稳定。同时,放松身体,尤其是面部、颈部和肩膀,让身体进入舒适的状态。这样在演讲时,就能更加从容应对。

建立自信的形象也是很重要的。在演讲过程中,保持微笑、眼神交流和良好的肢体语言,可以让观众感受到你的自信和魅力。同时,着装得体、仪态端庄,也有助于提升自信心。记住,自信的形象是成功演讲的基石。

进行一些积极的自我暗示也有助于缓解紧张情绪。演讲者可以给自己一些积极的暗示,如"我已经做好了充分的准备","我能够应对一切挑战",从而提高自信心,减轻紧张情绪。

再次,还可以通过聚焦注意力,将注意力集中在演讲内容和观众上,避免过多关注自己的表现以此降低紧张感,提高演讲效果。

最后,总结经验,不断进步。每次演讲结束后,都要认真总结自己的表现,分析哪些地方做得好,哪些地方需要改进。通过不断积累经验,提高自己的演讲能力,从而降低紧张情绪。

5 语言表达的应用

总之,克服演讲时的紧张情绪,展现自信的风采,需要充分准备、正确认识紧张、运用呼吸和放松技巧、建立自信的形象、寻求支持和鼓励以及总结经验,不断进步。只要我们勇敢面对,积极应对,相信每个人都能成为出色的演讲者。

【实例分析】

稿件一

尊敬的各位领导、专家、嘉宾朋友们,亲爱的老师们、同学们:

大家晚上好!

今晚学校五光徘徊、宾朋满座。今晚在这里,我们共同迎来广元市文旅集团演艺公司与我校联合制作的四川省艺术基金资助项目——音乐剧《乡村好声音》的汇报演出。在此,我代表我个人向学院全体师生,向拨冗莅临今天活动的各位领导、各位新朋旧友表示热烈的欢迎和衷心的感谢!

一直以来学校党委高度重视美育工作,始终坚持以习近平新时代中国特色社会主义思想为指导,全面贯彻党的教育方针,以立德树人为根本,以社会主义核心价值观为引领,以培养学生强健体魄和审美人文素养为核心,充分发挥专业艺术教育引领作用,不断完善课程教学、实践活动、校园文化、艺术展演"四位一体"的艺术教育推进机制,形成"院院有活动,人人都参与"的生动育人局面。

近年来,学校美育育人导向更加凸显,活动项目更加丰富,成效进展更加可喜。我们持续涵养校园文化品牌,大力推进美育教育的日常化、多样化、特色化发展,形成了高雅艺术进校园、"五四"文艺展演、新生达体舞比赛、沧浪演讲比赛、"一二·九"合唱比赛、迎新晚会、毕业晚会、师生书画摄影作品展等一批美育品牌活动,在全国全省大学生艺术展演、少数民族文化艺术节等品牌赛事的展演中更是硕果累累、名列前茅。

十天前,我们在这里迎来举办了学校"邛之韵"第十届大学生艺术节的开幕,在人人都要"唱一首歌、跳一次舞、绘一幅画、颂一首诗、做一次设计、当一次艺术观众"的艺术节号召中,学校格调高雅、富有美感、充满朝气的校园文化氛围愈发浓厚。今晚上演的音乐剧《乡村好声音》是一个以"乡村振兴"为主题,融入了非遗传承元素与地方特色于一体的中国故事,展现了新时代农民积极向上的精神面貌和乡村振兴给农民带来的巨大变化,是艺术教育为时代留影、为时代画像、为时代讴歌的生动体现;是学校突出学科专业特色"以剧带训、以训带育"的一次新尝试;是深化校地、校企协同育人的一次新探索;是学校深化教育教学改革,打造实践育人新模式的一次新实践。

参加今晚《乡村好声音》演出的有专业剧团的演员,但大部分演职人员是我们的在校同学,他们尚处于专业的学习吸收阶段,演出中可能会有一些不完美、尚显稚嫩的地方,请各位专家、老师同学们给他们多提宝贵的意见和建议,相信在这样砥砺奋进的过程中,他们的演出一定会越来越好。

希望学校各单位在今天《乡村好声音》先行先试的带动引领下,结合学科专业特点,在遵循美育特点和学生身心成长规律的基础上,深化构建多方联动、开放高效、富有活力的美育新格局，坚持以美育人、以美化人、以美培元，在弘扬中华优秀传统文化，继承弘扬革命文化，传播社会主义先进文化中，引导学生树立正确的世界观、人生观、价值观与健康观审美观；用有质量的美育教育，引导学生强化服务社会的意识，提升服务社会的能力。

最后，预祝《乡村好声音》首场汇报演出取得圆满成功！

谢谢大家！

这篇演讲稿的主旨在于欢迎各位领导、嘉宾和师生参加广元市文旅集团演艺公司与该校联合制作的四川省艺术基金资助项目——音乐剧《乡村好声音》的汇报演出。演讲稿详细介绍了学校美育工作的重视程度、取得的成果以及音乐剧《乡村好声音》的意义，表达了学校以美育人、弘扬中华优秀传统文化的信念。

该演讲稿的优点如下：

（1）结构紧凑：演讲稿按照欢迎致辞、学校美育工作介绍、音乐剧《乡村好声音》意义和期望、结尾的祝福语的顺序展开，结构紧凑，内容连贯。

（2）表达诚挚：演讲稿中多次表达了对各位领导、嘉宾和师生的诚挚感谢，展示了热情好客的氛围。

（3）实例丰富：演讲稿通过列举学校美育教育的各项活动和成果，展示了学校在美育工作方面的扎实基础。

（4）主题突出：演讲稿紧紧围绕音乐剧《乡村好声音》的汇报演出，强调了乡村振兴、非遗传承等主题，彰显了文化自信。

（5）鼓励参与：演讲稿鼓励师生积极参与美育活动，发挥专业艺术教育引领作用，提升自身审美素养。

（6）倡导协同育人：演讲稿强调了校地、校企业协同育人的重要性，以实现实践育人新模式。

总之，这篇演讲稿通过诚挚的表达、丰富的实例、突出的主题和紧凑的结构，成功地传达了演讲者的心声，为音乐剧《乡村好声音》的汇报演出营造了浓厚的氛围。同时，演讲稿鼓舞了听众积极参与美育活动，为实现校地、校企业协同育人和弘扬中华优秀传统文化贡献力量。

稿件二

尊敬的各位来宾，各位专家，老师们，同学们：

大家晚上好！

今天，站在这里，我感慨万千。这四个多月，我仿佛手捧一块璞玉，看着它历经雕琢终于散发光彩，又好像是陪伴一个孩子，带着他从牙牙学语到长大成人。而这一天终于到来了，不只对我个人，这一天对我们整个公司来说，都意义非凡。我非常高兴能够来到现场亲眼见证、参加这次验收演出活动，也惊喜于现场来了这么多的观众朋友们。请允许我代表公司全体员工向你们表示最真挚的感谢！

"西蜀称天府，由来擅沃饶"，四川历史悠久，底蕴深厚，独特优美的自然环境与浓厚的历史文化底蕴为其文艺创作提供了沃土。一直以来，我时刻谨记着作为一个文艺工作者所应该具备的基本素质，那就是要坚持文艺为人民、为社会主义服务的方向，自觉践行社会主义核心价值观，弘扬主旋律，做有信仰、有情怀、有担当的新时代文艺工作者。这也是我们公司上上下下工作人员的情怀与初心。所以，打造一系列有着浓厚四川文化特色，同时又鲜明地反映新时代的文艺精品，以此成为公司走出广元，走出四川，面向世界的金字招牌，向世界讲述中国故事，就成为了我们公司集体成员的夙愿。

或许，有坚定梦想的人，全世界都会为他让路。机缘巧合下，我司和学院达成了合作，并成功获得了"四川艺术基金2022年度大型舞台艺术创作资助项目立项资助"。正是因为有了省艺术基金的帮助，今天《乡村好声音》才能够完整地呈现在大家面前，我们才能在这里相遇，一系列更多的剧目才能够有条不紊地继续创作下去，我司的梦想才有了实现的机会。我已无法用言语表达我的感激，只能向今天到场的各位省艺术基金专家们表达我深重的谢意，感谢你们！欢迎你们的到来！

同时，我也要感谢学院及其师生们，特别是要感谢"互联网+"项目凡剧社同学们付出的宝贵时间精力和贵校领导们的支持厚爱！和贵校的合作不仅非常顺利愉快，贵校的老师和培养出的学生也在态度、能力上给予我惊喜，大家不仅能力出众，还都十分尽心负责。这几个月，剧组里的成员们为了《乡村好声音》的最佳呈现，不敢有丝毫松懈，所有人都是从早到晚忙前忙后，为这部剧尽心竭力，各位校领导也十分支持和关心这部剧，经常与我交流沟通，我深受感动。我相信，未来与贵校开展的有关实践教学基地的深度合作，会更默契，更顺利。

最后，再次感谢各位专家能够前来指导我们的工作，你们的指导与建议对我们来说至关重要。再次感谢学校为我们提供的支持，感谢同学们的辛苦付出！希望今晚我们能将《乡村好声音》最好的一面呈现在舞台上，向所有人交出一份满意的答卷。

谢谢大家！

这篇发言稿的主旨在于表达对公司与学院合作成果的感谢，以及对未来合作的期待。发言稿详细介绍了《乡村好声音》音乐剧的创作背景、意义以及获得的资助，表达了公司对文艺工作者应具备的基本素质和情怀，以及对四川文化的热爱。

该发言稿的优点与具体分析如下：

（1）结构清晰：发言稿按照开场白、对合作方表示感谢、对文艺工作者素质的强调、对四川文化的热爱、对指导的期待以及结束语的顺序展开，结构清晰，内容连贯。

（2）表达诚挚：发言稿中多次表达了对各位来宾、专家、老师和同学们的诚挚感谢，展示了热情好客的氛围。

（3）主题突出：发言稿紧紧围绕《乡村好声音》音乐剧的创作和演出，强调了四川文化、文艺工作者素质等主题，彰显了文化自信。

（4）感恩态度：发言稿对省艺术基金、学院及其师生表示了深深的感谢，体现出公司的感恩态度和敬业精神。

（5）期待合作：发言稿对与学院开展的实践教学基地的深度合作表示了期待，展示了公司的合作愿景。

（6）鼓励团队：发言稿鼓励剧组成员为《乡村好声音》的最佳呈现付出更多努力，展现出对团队的关心和鼓励。

总之，这篇发言稿通过诚挚的表达、突出的主题和清晰的结构，成功地传达了演讲者的心声，为《乡村好声音》音乐剧的演出营造了浓厚的氛围。同时，发言稿鼓舞了听众积极参与文艺创作，为实现弘扬四川文化、传播中国故事贡献力量。

稿件三

尊敬的各位专家，各位评委：

大家好！

作为导演和编剧，我很荣幸能代表音乐剧《乡村好声音》做答辩陈述。我的陈述分为两个部分。

第一部分：关于剧目

一、剧目简介

《乡村好声音》是一部乡村振兴题材的流行音乐剧，主要讲述青山村大学毕业生谷有根同绿水村首富田有为的女儿田小满，在驻村第一书记马丹及村民们的帮助下，在乡村稻田之上完成一场困难重重的演出的故事。

《乡村好声音》采用起承转合、草蛇灰线等中国传统叙事手法和大团圆的故事结局，符合中国观众口味。另外，剧目通过借鉴好莱坞经典叙事结构和电影式转场手法，加上多元音乐风格组合、生活化服装舞美设计、青春化舞台形象呈现、传统戏剧表演风格，都让它显得独树一帜。

二、艺术价值

中国究竟需要什么样风格的音乐剧？在前期大量调研中我们发现，在相当一部分普通观众的心目中，一说到音乐剧，他们的第一反应是：央视春晚上那些含有音乐元素的经典小品。我们在创作《乡村好声音》时确立了创作方向——符合中国传统戏剧审美的故事、接地气的人物和对白、轻松明快不唯难度的唱段、以服务主演为目的的伴舞、风格上接近春晚音乐小品的"中国音乐剧"。值得欣慰的是，这些最初的展望，最后的成品都做到了。

三、思想价值

《乡村好声音》的主题，是乡村振兴，我们整个故事从农村到县城又回到农村，一切都与农村环环相扣，可以看出城乡差别已经越来越小。四条线索最后问题的解决都回到了乡村——隐喻了乡村是中国人的根。《乡村好声音》的思想价值，我想正在于此。

第二部分：关于巡演

关于巡演，我想从《乡村好声音》的诞生说起。

小的时候，父母会带着我们到各个乡村大院，观看由村民自导自演的各种戏剧选段，记忆中，有京剧《沙家浜》《智取威虎山》、川剧《燕燕》《邱旺告贫》等，长大后我知道了，好多戏都是当时的知青们带过去的。虽然那时看不懂，只是图热闹，但30多年过去了，这种乡村戏剧的场景，却一直印在我脑海里，而且还神奇地引领我走上了戏剧的道路。遗憾的是,这种情景已经很多年没有出现了。中国农村之大,却似乎已经到了容不下广场舞之外的其他任何舞台艺术形式的地步了。乡村,物质生活好了,精神生活反而匮乏了。

我们当然可以把责任推给越来越快速的城镇化,越来越新奇的娱乐方式,但行业自身的问题和误区也不容回避,比如,追求豪华的舞美、昂贵的设备、庞大的阵容,导致相对落后的乡村无法迎接高大上的戏剧下乡。文化下乡,道路曲折。

国有企业有义务身先士卒。于是,广元演艺联合校企合作单位西昌学院及相关合作企业,一起做了这部乡村振兴题材的音乐剧。而且很幸运,我们获得了四川艺术基金2022年度大型舞台项目的资助资金30万,《乡村好声音》终于在今年4月18日首演,当晚,现场座无虚席,近千名观众见证了现场的火爆。

《乡村好声音》带给我们最大的惊喜还不只是首演的火爆。依托西昌学院暑期社会实践三下乡、挑战杯红色专项赛道等活动,《乡村好声音》主要班底——西昌学院凡剧社把我们的戏带到了凉山州的基层农村。

农村条件有限,我们就创造条件。没有全频音响,我们就用拉杆音响;道具不好运输,我们就就地取材;晚上灯光不够,我们就自带LED灯。虽然条件简陋,但我们终于实现了戏中台词所描述的景象——找到了最淳朴的观众:中国农民;登上了最广阔的舞台:中国农村;也唱响了中国大地上最嘹亮的《乡村好声音》。

截至上个月底,《乡村好声音》已陆续在西昌、成都、宜宾、喜德等地累计演出16场,观看人数达近万人次,被中央电视台、中央人民广播电台、"学习强国"、新华网、人民网、四川卫视等多家媒体的报道20余次,其中央视更是用大篇幅的报道对此给予了肯定。

参加完11月底在中国戏剧摇篮宜宾江安举行的四川大学生校园戏剧大赛、并获得包括最佳剧目、最佳编剧和最佳音乐等3个最佳在内的全场6项大奖之后,《乡村好声音》今年的巡演也就暂时告一段落了,明年的"百乡千村行"计划也提上日程。

具体实施计划是:依托西昌学院及凡剧社资源,分AB两个组,利用周末和暑假进行巡演,平时以西昌及附近郊县为主,暑期以凉山、阿坝、眉山、巴中四地为主,演够100场、辐射100个乡镇(街道)、影响1000个乡村,实现"到乡村去,演乡村戏"的初衷。

《乡村好声音》,是中国传统戏剧润物无声埋下的一粒种子,是四川艺术基金精心孵化破土而出的一株幼苗,是校企创新合作研究盛开的美丽花朵,并必将在戏剧界各位前辈领导专家的帮助下长成参天大树,在中国广袤乡村大地的滋养下结出累累硕果!

衷心感谢各位专家、评委!

这篇稿件充分体现了稿件撰写的针对性原则、语言活泼生动、材料真实可信、主题鲜明突出、材料真实可信这几个要点:

(1)针对性原则:稿件针对音乐剧《乡村好声音》的特点和价值进行了详细阐述,

包括剧目简介、艺术价值、思想价值等方面,紧扣评审关注的焦点,展现了作品的独特魅力。

（2）语言活泼生动：稿件使用生动的语言描述了音乐剧的故事情节、创作背景和巡演过程,使评审能够更加直观地感受到作品的魅力,例如"农村条件有限,我们就创造条件。没有全频音响,我们就用拉杆音响;道具不好运输,我们就就地取材;晚上灯光不够,我们就自带 LED 灯"。

（3）材料真实可信：稿件提供了音乐剧《乡村好声音》的实际演出情况、观众反馈和媒体报道等数据,充分证明了该剧在市场上的成功和影响力。例如,"截至上个月底,《乡村好声音》已陆续在西昌、成都、宜宾、喜德等地累计演出 16 场,观看人数达近万人次。"

（4）主题鲜明突出：稿件以乡村振兴为主题,展现了音乐剧在推动乡村文化振兴方面的积极探索和实践,凸显了作品的社会价值。

（5）材料真实可信：稿件提及了《乡村好声音》在各类比赛和活动中取得的优异成绩,如"参加完 11 月底在中国戏剧摇篮宜宾江安举行的四川大学生校园戏剧大赛、并获得包括最佳剧目、最佳编剧和最佳音乐等 3 个最佳在内的全场 6 项大奖"。这些真实的事例进一步证明了音乐剧的高品质。

通过以上分析,可以看出这篇稿件在针对性、语言活泼生动、材料真实可信、主题鲜明突出等方面都做得非常好,充分展示了音乐剧《乡村好声音》的优势和价值。

【练习稿件】

一、请针对以下主题撰写一篇演讲稿,要求包括开场白、主题陈述、论据阐述、结论和结束语。

主题：珍惜水资源,保护地球家园

二、请分析三种提高演讲效果的技巧,例如语言表达、肢体语言、PPT 制作等,并说明在实际演讲中如何运用这些技巧。

三、请列举三种在演讲中有效沟通的方法,并分析为什么这些方法有助于传达信息和说服听众。

四、请分享三种在面临演讲时减轻焦虑的方法,并解释它们是如何帮助你克服紧张情绪的。

五、请从以下三个选项中选择一个,分析如何运用修辞手法（如比喻、拟人、排比等）使其更加生动有趣。

a. 描述一个人在雨中漫步

b. 介绍一位具有创新精神的社会人物

c. 报告一次环保公益活动

六、请结合自身经历,分享一次演讲的实践经历,包括准备过程、实际演讲和听众反馈,并总结这次经历对你未来演讲和报告的启示。

七、请针对某个主题进行演讲的实践操作,并邀请同学或老师进行评价和反馈。

5 语言表达的应用

八、朗读以下稿件，分析其行文逻辑与体现的感情。

稿件一

用镜头记录温情，用影像见证发展。尊敬的各位老师，我带来的项目名为"拾忆馆"。

我的家乡是距离四川足足有两千多公里的河南。在上大学前我没来过四川，更没来过大凉山。对大凉山的了解仅限于互联网上的众说纷纭。直到我真正走进大凉山，在一次次深入基层的下乡经历中，才感受到这片土地真实的样子，我才领悟到不能只是听说凉山，更要听凉山说。

在深入走访凉山各个村落的过程中，我们也发现了一些拍摄于过去的老照片，这些照片反映出的大凉山的变化可谓是天差地别。然而，遗憾的是，由于过去缺乏记录的条件与意识，这些拍摄记录都非常零散，内容也缺乏系统整理，展现不了乡村发展、百姓生活进步的过程。于是，拾忆馆项目应运而生，我们致力于通过照片和视频，全方位、系统性地长期记录下大凉山乡村的变迁和人民幸福生活的点滴发展，向世界展示真实的凉山和中国，成为乡村振兴的记录者、家庭幸福的见证者以及个人回忆的守护者。

一开始，我们将每次拍摄的作品保存在硬盘中，但随着数据量的增长，存储成为难题。于是我们集思广益，创新性地提出"成相归档"模式，将照片分类存档，实现一村一大档、一户一中档、一人一小档。以独家"成相归档"模式进行系统化、模块化整理，真正赋予乡村人、景、物以数字生命，推动乡村振兴。

为进一步优化"成相归档"模式，更好服务人民群众，项目利用互联网大数据存储功能，开发了同名小程序。这不仅方便了数据的存储与用户的使用，也成为我们招募志愿者的渠道之一。目前，我们已在央广总台对口帮扶乡村振兴的喜德中坝村试点拍摄，为400户家庭拍摄幸福全家福，为1000余人建立专属成相档案。他们都可以通过小程序查看自己的美好回忆。项目将定期回访记录过的村镇，持续拍摄，直观展示乡村的变迁。我们的目标是将"拾忆馆"打造成农村发展的档案库、人民奋斗的回忆录、乡村振兴的博物馆，助力农村社会经济的全面发展。

本项目为学校培养了许多摄影人才和优秀大学生志愿者。通过人员支持、学校支持、政府支持以及我们的精准数据库形成了可持续发展的运营模式。

在一次次的下乡过程中，我们将看到、听到、感受到的不同故事，用影像记录下来。看到这群孩子们，我都会打心底开心，每次离开唯一的情绪就是不舍，我常常会想吉布伍支小朋友在舞台上翩翩起舞的模样，何木牛小同学长高了几厘米？吉尔伍沙小朋友还记不记得七月份带我摘蘑菇的约定……

未来，我们计划走到大凉山每一个村落，帮扶更多的人。为1000户以上家庭拍摄全家福，为上万人建立专属档案。推广拾忆馆小程序，让更多人了解凉山，感受乡村振兴给人民生活带来的切实改变。

拾忆馆立志成为温情记录的先锋员，乡村振兴的见证者。我们手握相机，以小程序为笔，描绘大凉山深处的蜕变与力量。

稿件二

尊敬的各位评委老师好，很荣幸今天能向大家介绍我们的项目《慧乡益》。

作为一名来自大凉山的彝族女孩，我的家乡一直是党和社会深深牵挂着的地方。我仍然清楚地记得，当时还在昭觉县读小学的我，就与到这里的许多支教团队的大哥哥大姐姐们打成了一片。他们在假期里免费为我们讲授语文、数学等知识，但随着越来越多支教团队的到来，我发现虽然他们来自不同的地方与团队，但带来的课程内容似乎相差无几。

当时的我虽然心有疑惑，却无法探寻这背后深层次的原因。直到上了大学后，随着我自己数次深入基层的下乡活动，我渐渐意识到当前下乡志愿服务的困境。原来，这些问题不仅曾困扰着过去的我，还困扰着现在无数提供志愿服务的团队与大凉山深处的每一个人民。由此，慧乡益团队应运而生。为解决当前行业的这些痛点问题，团队以拥有自主知识产权的小程序平台为核心，打造出慧乡益志愿服务智慧平台，致力于成为"志愿服务双方之间的信息桥梁"。

在长期实践中，团队总结出了"一村一库"的运营模式，整合服务资源，实现"资源精准灌溉，服务公开透明"。以喜德县中坝村为例，团队在多次实地调研中，发现该地主要需要的服务集中在教育、地质领域上。当地小学在语文、数学等学科上师资力量其实并不薄弱，但在音乐、美术等艺术教育上仍存在着空白；且中坝村地处康藏高原东缘，为横断山脉的一部分，易发生滑坡、泥石流等地质灾害，造成严重经济损失。鉴于中坝村的实际情况，我们于慧乡益小程序上发布专项任务，成功对接西昌学院，为中坝村带来艺术支教团队和地质帮扶团队。慧乡益的核心优势在于，通过构建大凉山村落数据库和发布明确任务，使志愿服务方能够精准了解被服务方的需求，并根据自身特点选择合适的服务项目。同时，通过实时跟进与效果评估，确保志愿服务的实际效果，让爱心真正落到实处。

无疑，慧乡益小程序的持续运营需依赖一定的资金支持。为了实现长期公益的目标，我们急需一种可持续的运营模式。因此，平台针对服务方推出了"会员制"，加入会员的服务团队们享受专员对接、文稿撰写、专属方案定制、服务时间优先等增值服务。但此"会员制"与市面上的常规做法还有所不同，我们会结合被服务方反馈，根据服务方开展志愿服务的质量和完成度制定了一套公平公正、公开透明的评分标准。在服务团队质量和数量均达标的情况下，我们将提供来年会员免费或一定折扣的优惠。

不忘初心、牢记使命。截至2024年1月，慧乡益平台注册用户已突破5000人，累计浏览量超2万次，已为凉山地区34个村落和57支志愿服务团队提供了服务，完成了一百余次的精准服务；平台受到了中央广播电视台、"学习强国"、四川卫视、新华网等媒体的广泛报道；受到多家基金会的10万余元的资金支持，加上会员制收入，2024年，预计能有40万资金为后续的服务提供支撑。今年暑假，慧乡益平台成功对接了来自央视、宁波大学、西南民族大学的志愿服务团队。带领着他们走进大凉山，通过开设心理工作坊，为贫困地区的孩子们打开心灵之窗，带去了关爱与心理辅导。

初心不忘，未来可期。接下来，我们计划继续优化和完善慧乡益平台，提升用户体验，扩大服务范围，在深化与各类高校、基金会和社会组织合作的同时，将凉山、甘孜、阿坝等地作为源头地发散至西南地区，再向东部地区进行辐射，连点成线、由线铺面，成为大凉山乃至全国的志愿服务对接平台，让更多的志愿者和需要帮助的人们得以对接。我们相信，通过科技的力量，我们可以打破地域和资源的限制，让爱心和关怀真正落到实处，让更多的人关注和参与到志愿服务中来，让希望的种子播撒在我们每一个人的心中！

5.2 采访与报道

在当今信息时代，采访与报道已成为新闻传播、社会研究等领域的重要手段。本节将围绕语言表达基础及其应用，探讨采访与报道的基本概念、技巧及实践中应注意的问题。通过本节的学习，读者将能够了解采访与报道的基本流程，提高语言组织与表达能力，为日后从事相关工作奠定基础。

5.2.1 采访与报道的基本概念

1. 采 访

采访是一种搜集新闻、资料、信息的方式，通过与被采访者进行交流，挖掘有价值的信息。采访是新闻报道的基础，是记者与被采访者之间的一种互动过程。

2. 报 道

报道是对采访所获得的信息进行整理、分析和呈现的过程。报道要求真实、客观、全面地反映事件或现象，以满足读者、观众的需求。

5.2.2 采访与报道的语言技巧

1. 准备工作

在进行采访前，要充分了解被采访者的背景信息、采访主题及相关领域知识，做好提问提纲，确保采访过程顺利进行。例如，在采访一位知名企业家之前，记者需要了解其公司背景、业务领域、业绩表现等，以便在采访过程中提出有针对性的问题。

如果进行的是深度报道，记者除了要对信息掌握进行全面与深入的掌握，还要对于所涉及的行业背景有全面的了解，比如行业的历史、现状，宏观大局、微观细节，这样才能判断出新闻的行业价值，才能把问题问到点子上，掌握与专家、学者的对话权，才能把报道写得一针见血。

为了搞懂行业，需要记者向同事请教，向书本请教，向网络请教，向相关专家请教。比如，在采访图书出版行业相关稿件时，笔者不但力求对行业历史、现状和宏观大局的了解，还搞清了图书的选题策划、编辑加工、校对、装帧设计等重点、难点，对于开本、尺寸、印张、印数等十分专业的知识，也能较好地掌握。

2. 提问技巧

提问要简洁、明确，避免使用模糊、歧义的表达。善于倾听，关注被采访者的回答，适时进行追问，以获取更详细的信息。

3. 沟通技巧

尊重被采访者，以诚恳、礼貌的态度进行交流。善于运用同理心，与被采访者建立信任，使其更愿意敞开心扉。

4. 报道结构安排

报道应具备清晰的结构，包括导语、正文、背景、结语等部分。导语要简洁明了，吸引读者继续阅读；正文要真实、客观、全面地呈现事实；背景部分要对事件进行深入分析，提供相关背景信息；结语要总结全文，留下深刻印象。例如，在《成凉工业园区油橄榄加工基地预计年底建成》的新闻报道里，导语为"凉山州和西昌市的重点项目成凉工业园区油橄榄加工基地建设正加快推进，预计年底建成"，简洁明了。

5. 语言运用

报道语言要准确、简练、生动，力求用通俗易懂的文字表达复杂的概念。同时，注重修辞手法运用，提高文章的可读性。

6. 事实核实

在报道过程中，要严谨对待每一个信息来源，核实事实真实性，遵循新闻报道的基本原则。

7. 实践中应注意的问题

遵守法律法规：在采访与报道过程中，要严格遵守国家法律法规，不得涉及国家安全、社会稳定等方面的敏感话题。

保护受访者隐私：尊重受访者意愿，不泄露其隐私信息。在必要时，要对受访者进行匿名处理。

注重舆论导向：报道要积极引导社会舆论，传播正能量，树立正确价值观。

【实例分析】

阅读以下新闻报道，感受其语言组织与行文逻辑并完成练习稿件。

稿件一
成凉工业园区油橄榄加工基地预计年底建成

【导语】凉山州和西昌市的重点项目成凉工业园区油橄榄加工基地建设正加快推进，预计年底建成。

【正文】占地 39.97 亩、投资 1.87 亿元的成凉工业园油橄榄加工基地属于凉山州农产品加工产业园一期项目，2022 年年底开始建设，新建一期项目为成凉工业园油橄榄加

5 语言表达的应用

工基地,建成后将成为油橄榄产品展览展示、橄榄油生产包装、产品仓储冷链物流为一体的示范性综合性园区。

【同期声】成凉工业园区油橄榄加工基地项目业主代表黎启富:

现在我们的工程进度基本上已经完成了40%,冷链物流和厂房这一边在6月1号钢结构就进场,计划工期是在8月30号之前完成所有的建设投入使用,我们一号楼办公楼这边预计是在12月30号之前完成。

【正文】项目建成后,将以"公司+集体合作社+农户"的合作模式,带动当地群众就业,助力乡村振兴,并利用我州已形成的27 500亩可提供生产的油橄榄原料基地,发展新兴产业园,形成凉山油橄榄发展产业链,为全州油橄榄发展起到示范带头作用。

稿件二

冕宁:安宁河流域水资源水生态司法保护实践基地揭牌

【导语】29日上午,冕宁县举行安宁河流域水资源水生态司法保护实践基地揭牌仪式暨增殖放流活动。揭牌仪式上,安宁河流域水资源水生态司法保护实践基地共建单位签订了共建协议。

【正文】近年来,安宁河流域非法捕捞等违法犯罪行为多发,导致河湖生态和渔业资源遭到破坏,为此必须加强生态环境和渔业资源保护。"安宁河流域水资源水生态司法保护实践基地"由冕宁县人民法院、检察院、公安局、自然资源局、生态环境局、水利局、县农业农村局等8家单位联合建立,基地集生态理念传播、法治宣传教育、生态涵养、增殖放流、公益劳动于一体,包括宣传教育区、增殖放流区、公益劳动区等功能区。

【同期声】冕宁县人民法院刑事审判庭庭长李陆云

对生态的保护应该是全人类共同的事。作为国家机关更要履行职责,肩负起生态保护的职责。基地运行有很多内容,一个是我们履行职责,包括行政执法和司法联结,还有打击力度,同时也包括向人民群众宣传生态保护意识。

【正文】

冕宁县人民法院表示,下一步,他们在做好生态环境司法保护的同时,该基地还将逐步融入修复成果展示、环保法治宣传、生态文明教育等功能,提升全民生态保护意识、提升生态环境保护执法司法力度、提升生态环境保护水平。揭牌仪式结束后,还在安宁河水域进行了增殖放流。当天增殖放流活动共放生短须裂腹鱼154.3斤,9103尾,所投放鱼类的购置经费来源于违法人员缴纳的生态修复费用。

稿件三

西昌太安村:稳粮增产出奇招 大棚水稻插秧忙

【导语】5月中旬以来,西昌市各乡镇抓紧水稻插秧,确保秋粮丰收。在太和镇太安村,粮经轮作的大棚水稻田里也是一派忙碌的景象。

【正文】去年开始,西昌市太和镇太安村在蔬菜丰收后利用蔬菜大棚种植水稻,探索一地两用、粮食蔬菜轮种发展的新模式。

【同期声】西昌市太和镇太安村党委副书记陈如平：

我们村3组有100多亩土地是承包给种植户种藤藤菜，冬天种了以后就有几个月的空闲时间。村两委带头就在藤藤菜大棚里面试种水稻，去年我们种了68亩，谷子收成还是可以。根据去年的经验，今年又继续在这个大棚里边进行种水稻实验。

【正文】据介绍，这种粮经轮作模式还可以利用水稻发达的根系来改良净化大棚土壤。而大棚地里肥力足，栽种水稻不需另外施肥，稻谷秸秆还可还田，为下一季蔬菜种植打下良好基础。经过一年的试验测产成效明显。

【同期声】西昌市太和镇太安村党委副书记陈如平：

我们考虑到收割上的问题，专门到成都采购了一台小型的收割机。亩产（量）有部分地在1000多斤，有部分就是八九百斤。一亩地增收在2000多元到3000元。

稿件四
四川省人民医院与川投西昌医院联合开展义诊活动

【导语】2月26日，四川省人民医院与四川省人民医院医疗集团川投西昌医院在西昌开展了联合义诊活动，为当地的广大群众送医送健康。

【正文】在川投西昌医院义诊现场，来自四川省人民医院的急诊外科、呼吸内科、呼吸与重症医学等科室的11名专家和川投西昌医院神经内科、肝胆外科、骨科、肾内科等科室的15名专家精心义诊服务，最大限度满足群众的看病需求。

【同期声】川投西昌医院院长金鸿：

省人民医院托管的川投西昌医院，把我们省医院的优质医疗资源带到了我们西昌，使得我们以后的广大的患者，如果遇到疑难杂症，不用出州就能得到比较好的解决，也是想向广大群众知道，我们川投西昌医院在城西这个位置，竭诚为广大的患者服务，提供更加好的优质的医疗服务。

【正文】通过现场义诊，让群众在家门口就能享受到省级优质的医疗资源，实现了医疗服务便民利民。

【同期声】西昌市民罗桂丽：

给我们这边的广大市民带来很多便捷，像我爸爸，我看到这个义诊的通知后，我就让他从会理赶过来，我觉得非常有意义，非常方便广大市民。

【同期声】西昌市民杨华：

肝上有点问题，这个义诊我觉得今天往这里来看，还是比较可以，在家门口找到专家看病就比较方便。

【正文】2021年，西昌市民邓莎在四川省人民医院住院期间，因身处孕期，加上病情复杂严重，属于妊娠高危复杂病例。在ICU治疗期间，该院李春玲医师从身体和心理上都对邓莎照顾有加，为她后期成功手术打下了很好的基础，最终让邓莎母女平安出院。听说李春玲医师这次来西昌义诊，邓莎来到义诊现场，为李春玲医师送来鲜花以表谢意。

【送花现场声】

"你现在挺好的吧？""挺好挺好。""娃娃好吗？""我现在恢复挺好的，娃娃也好。"

【同期声】市民邓莎：

我老公刷抖音，看到李主任她们要过来这边义诊，我就过来看一下李主任，我们平时很少有机会能看到她们，所以就借这个机会过来看一下李主任。因为我当时在ICU住的时候，后期情绪比较不太好，也有一次比较危急，呼吸不上来，是李主任当时给我做的急救，把我抢救过来了，相当于把我从死亡线拉回来了，所以我觉得很感谢她们。

稿件五
西昌老年大学：迎来春季新学期"上新"一大波实用课程

【导语】2月20日，西昌市老年大学举行2023年春季开学仪式并正式恢复行课，校园内，新老学员欢聚一堂，畅聊新课程、漫谈新规划。

【正文】走进老年大学教学楼，这里的音乐声、唱歌声，声声入耳；书画、舞蹈，样样都精彩。据悉，为了满足老年人群体的需求，今年春季学期开学后，学校"上新"了7门实用课程。

【同期声】西昌市老年大学副校长马永芬：

我们春季班总共开设了7个专业，比如合唱、电子琴、手风琴、舞蹈、太极拳和走秀班，每个班目前学员情况都是超出了一定的人数，但是为了满足所有学员的学习情况，只要来报名我们都报名，都满足大家的学习需求。

【正文】随着学校复课，各类课程精彩呈现，老师们认真讲解，学员们仔细聆听。今年春季学期西昌市老年大学共招收了350名学生，上课时间为每周一至周五。

【同期声】西昌市老年大学副校长马永芬：

为了结合老年人的实际需求，我们的课程设置主要是以上午为主，就是每个班上课时间都安排在上午，就是从9：00至11：00，每天上课就是两个课时。本学期我们的课程安排准备到7月中旬左右。

【正文】西昌老年大学自成立以来，始终秉承"老有所学，老有所为、老有所乐"的办学宗旨，让更多的老年人得到就近学习的机会。

【同期声】西昌市老年大学合唱班学员冉晓萍：

老年大学给我们老年人带来了欢快轻松，又学到了知识，又有凝聚力。我都是这个学校的老学员了，五年来老年大学组织了很多学习方式的合唱团演出，而且也取得了非常优异的成绩，所以我们老年大学的朋友、离退休的老同志都非常期盼这学期的开学，听到开学大家都非常喜悦，也非常激动。

【练习稿件】

一、请列举至少五种在采访前需要了解的被采访者背景信息，并说明为什么这些信息对采访至关重要。

二、请分析三个不同类型的采访问题（事实性问题、分析性问题、开放性问题），并说明在什么情况下使用哪种问题。

三、请列举三种在采访过程中表现尊重被采访者的方法，并说明为什么这些方法有助于建立信任关系。

四、请为一个新闻事件设计一个完整的报道结构，包括导语、正文、背景、结语等部分，并说明每个部分的作用和重要性。

五、请从以下三个选项中选择一个，并分析如何运用修辞手法（如比喻、拟人、排比等）使其更加生动有趣。

  A. 描述一个晴朗的夏日午后

  B. 介绍一位具有影响力的社会人物

  C. 报道一个环保公益活动

六、请列举三种核实事实真实性的方法，并说明在新闻报道中为什么事实核实至关重要。

七、请从遵守法律法规、保护受访者隐私、注重舆论导向三个方面，各举一个实际案例，说明在采访与报道过程中如何遵循这些原则。

八、请选择一个新闻事件，根据所学知识进行采访与报道的实践操作，并邀请同学或老师进行评价和反馈。

九、为以下新闻报道写一句导语。

普格："火辣"产业别样红 螺髻山下采"椒"忙

  产业兴旺是乡村振兴的基石，最重要的是要找好发展着力点。近年来，普格县螺髻山镇庙子湾村聚焦发展新思路，积极探索有效路径，因地制宜，引进辣椒新品种进行种植，立志于带领群众增收致富，走出一条符合自身实际、产业兴旺的路子。

  眼下，正值辣椒苗移栽的最佳时节，记者走进螺髻山镇庙子湾村，映入眼帘的是一派繁忙的景象。一条条银色的地膜成带状整齐地铺在地里，村民们忙得不亦乐乎。他们弯着腰，轻轻扶着辣椒苗，为它盖上泥土，不一会儿，嫩绿的身姿就在一块块田地里落地安家，一幅动人的辣椒产业发展画卷徐徐展开。

  "这个小辣椒有望成为我们村增收致富的'金辣椒'呢！我们村大部分年轻人都出去务工了，身后的这些都是留在家里的，（今天）全部都在这个辣椒基地里面务工，他们也能有一定收入。"庙子湾村党支部书记见支尔土告诉记者。

  据介绍，现在在家门口每天就可收入80~100元，大部分村民还可以拿到每亩1200元的土地流转费，这大大增加了他们的收入。种植的这段时间，合作社每天用工接近80人，劳务支出每日可达6000元。

  "我一天在这里能挣到80块钱，一个月能来20天左右，还是有一笔不小的收入来补贴家用，屋里的娃娃想买点啥子就可以买，我们还是很感谢他们的。"村民乃姑尔说。

  一人富了不算富，大家都富才算富。一个好产业就是一条致富路。下一步，普格县螺髻山镇将紧盯辣椒产业，形成"公司+合作社+农户+村集体经济"发展模式，继续盘活闲置土地资源，让越来越多的村民，从在这里打工，到自己成为合作社的种植户，一起致富奔小康，真正以特色产业发展推动乡村振兴。

5.3 戏剧与影视

戏剧与影视是语言表达的重要艺术形式，它们通过语言的力量塑造角色、讲述故事、传达情感。本节将探讨戏剧与影视中的语言表达，分析其在剧本创作和表演中的应用，并通过实例分析与练习，帮助读者理解和掌握戏剧与影视语言表达的技巧。

5.3.1 戏剧与影视中的语言表达

5.3.1.1 戏剧对话与对白的设计

一戏一别离，一生一悲喜，戏剧舞台这一方小小的天地，演绎着金戈铁马的壮丽史诗、生死相依的倾世爱恋、风雨同舟的家国情怀、家长里短的市井百态……讲述的是至情至真的故事，浓缩的是悲欢离合的人生。

莎士比亚曾说过："有戏剧以来，它的目的始终是反映人生，显示善恶的本来面目，给它的时代看看它自己演变发展的模型。"而在戏剧创作中，对话与对白是构建剧情、展现角色性格和传递情感的关键要素。精妙的对话和对白设计能够使角色之间的互动更加真实、有趣，同时也能凸显剧本的主题和思想深度。这些经典的台词跨越了地域，跨越了时光，跨越了肤色、文字、语言，从绵延了千百年的历史中鲜活生动地流转开来，那些栩栩如生的人物、丰富的情感、隽永的话语也由此走进我们的内心。是《牡丹亭》中的"情不知所起，一往而深，生者可以死，死可以生"，《西厢记》中的"碧云天，黄花地，西风紧。北雁南飞。晓来谁染霜林醉？总是离人泪"，《桃花扇》中的"眼见他起高楼，眼见他宴宾客，眼见他楼塌了"；也是《哈姆雷特》里的"生存还是毁灭，这是一个问题"，《奥赛罗》中的"虚荣是一件无聊的骗人的东西。得到它的人，未必有什么功德；失去它的人，也未必有什么过失"，《俄狄浦斯王》里的"偶然控制着我们，未来的事又看不清楚，我们为什么惧怕呢？最好尽可能随随便便地生活"……

在戏剧创作过程中，编剧需注意以下几点

1. 个性化

为每个角色设计独特的语言风格，体现其性格特点、教育背景、地域文化等元素，使角色形象更加丰满。

2. 真实性

戏剧对话应贴近生活，符合角色之间的情感逻辑和思维方式，避免过于夸张或做作的表达。

3. 冲突性

通过对话和对白展现角色之间的观点碰撞、价值观差异，增强戏剧冲突，推动剧情发展。

4. 节奏感

在对话和对白中运用节奏变化,如长短句、停顿、急缓等,使台词更具韵律感,与戏剧节奏相协调。

【课堂练习】

阅读以下资料,以这些经典台词为切入点,分析所属戏剧作品的语言风格。

1. 要一个骄傲的人看清他自己的嘴脸,只有用别人的骄傲给他做镜子。

——莎士比亚《李尔王》(1606 年)

《李尔王》是莎士比亚四大悲剧之一。故事发生在 8 世纪左右,讲述了年事已高的国王李尔王退位后,被大女儿和二女儿赶到荒郊野外,成为法兰西皇后的三女儿率军救父,却被杀死,李尔王伤心地死在她身旁。

2. 黑暗无论怎样悠长,白昼总会到来。

——莎士比亚《麦克白》(1606 年)

《麦克白》是英国剧作家莎士比亚创作于 1606 年的戏剧,与《哈姆雷特》《奥赛罗》《李尔王》被公认为是莎士比亚的"四大悲剧"。《麦克白》的故事大体根据古英格兰史学家拉斐尔·霍林献特的《苏格兰编年史》中的古老故事改编而成,讲述了利欲熏心的国王和王后对权力的贪婪和最后被推翻的过程。

3. 从今以后我不能一味相信大多数人说的话,也不能一味相信书本里说的话。什么事情我都要用自己的脑子想一想,把事情的道理弄明白。

——易卜生《玩偶之家》(1879 年)

《玩偶之家》是"现代戏剧之父"、19 世纪挪威戏剧家亨利克·易卜生的著名社会剧,创作于 1879 年。该戏剧是一部典型的社会问题剧,全剧人物刻画鲜明生动、戏剧情节严谨集中、戏剧张力丰富强烈,围绕过去被宠的女主人公娜拉的觉醒展开,最后以娜拉的出走结束全剧。该剧不仅对 19 世纪末到 20 世纪初的欧美戏剧产生了深远影响,也极大地推动了欧洲女权运动的发展。该剧自 1879 年于哥本哈根皇家剧院首演以来,已成为世界各国戏剧舞台上常演常新的经典作品。

4. 我毫无指望地等着我的戈多,这种等待注定是漫长的,我在深似地狱的没完没了的夜里等待,生怕在哪个没有星光的夜里就会迷失了方向,开始是等待,后来我发现等待成为了习惯。

——塞缪尔·贝克特《等待戈多》(1953 年)

《等待戈多》,是爱尔兰现代主义剧作家塞缪尔·贝克特的两幕悲喜剧,1953 年首演。《等待戈多》表现的是一个"什么也没有发生,谁也没有来,谁也没有去"的悲剧。作品着重表现人的心态、心理活动过程以及人的心理活动障碍。作品中的人物没有鲜明的性格,作品也没有连贯的故事情节。《等待戈多》是戏剧史上真正的革新,也是第一部演出成功的荒诞派戏剧。

5　语言表达的应用

5. 我念起人类是怎么样可怜的动物，带着踌躇满志的心情，仿佛自己来主宰自己的命运，而时常不能自己来主宰着。

——曹禺《雷雨》（1934年）

《雷雨》是剧作家曹禺创作的一部话剧，此剧以1925年前后的中国社会为背景，描写了一个带有浓厚封建色彩的资产阶级家庭的悲剧。剧中以两个家庭、八个人物、三十年的恩怨为主线，不论是家庭秘密还是身世秘密，所有的矛盾都在雷雨之夜爆发，在叙述家庭矛盾纠葛、怒斥封建家庭腐朽顽固的同时，反映了更为深层的社会及时代问题。该剧情节扣人心弦、语言精炼含蓄、人物各具特色，是"中国话剧现实主义的基石"，在中国现代话剧史上具有极其重大的意义，被公认为是中国现代话剧真正成熟的标志。

6. 我忍耐不下了，我渴望着一线阳光，我想太阳我多半不及见了，但我也愿望我这一生里能看到平地一声巨雷，把这群盘据在地上的魑魅魍魉击个糜烂，哪怕因而大陆便沉为海。

——曹禺《日出》（1935年）

《日出》是现代剧作家曹禺创作的戏剧，该剧以抗战前的天津社会为背景，以交际花陈白露为中心人物，以陈白露住的某大旅馆（惠中饭店）华丽的休息室和三等妓院（宝和下处翠喜的房间）为活动地点，写了黎明、黄昏、午夜、日出四幕，描写了20世纪30年代初期受到资本主义世界经济恐慌影响下的半殖民地半封建社会的都市里，日出之前，代表腐朽势力的上层社会在黑暗中"损不足以奉有余"的种种活动，以及下层社会的悲惨生活。该剧表达了作者对现实生活强烈的爱憎和迫切期待东方红日的心情。

7. 风！你咆哮吧！咆哮吧！尽力地咆哮吧！在这暗无天日的时候，一切都睡着了，都沉在梦里，都死了的时候，正是应该你咆哮的时候，应该你尽力咆哮的时候！

——郭沫若《屈原》（1942年）

《屈原》是郭沫若影响最大的、最震撼人心的剧作。他创作历史剧《屈原》时正值1942年1月，抗日战争处于相持阶段，"全中国进步的人们都感受着愤怒，因而我把时代的愤怒复活到屈原的时代里去了，换句话说，我是借了屈原的时代来象征我们当前的朝代"。他要达到的目的是鞭挞国民党反动派黑暗统治，表达人民心中的愤怒，借屈原的悲剧，展开光明与黑暗、正义与邪恶、卖国与爱国之间尖锐激烈的斗争，借古讽今。

8. 我爱咱们的国呀，可是谁爱我呢？

——老舍《茶馆》（1956年）

《茶馆》是现代文学家老舍于1956年创作的话剧，剧作展示了戊戌变法、军阀混战和新中国成立前夕三个阶段的社会风云变幻，通过一个叫裕泰的茶馆揭示了近半个世纪中国社会的黑暗腐败、光怪陆离，以及社会中的芸芸众生。剧作在国内外多次演出，赢得了较高的评价，是中国当代戏剧创作的经典作品。

9. 一切都停止了，这夜晚停止了，那月亮停止了，那街灯，这个秋千，你和我，一切都停止了。

——赖声川《暗恋桃花源》（1986年）

《暗恋桃花源》一剧以奇特的戏剧结构和悲喜交错的观看效果闻名于世，讲述一个奇特的故事："暗恋"和"桃花源"是两个不相干的剧组，他们都与剧场签订了当晚彩排的合约，双方争执不下，谁也不肯相让。由于演出在即，他们不得不同时在剧场中彩排，遂成就了一出古今悲喜交错的舞台奇观。

5.3.1.2 影视剧本的叙事与描绘

在影视创作中，剧本的叙事与描绘是构建故事情节、展现角色形象和传达导演创作意图的基础。一个优秀的影视剧本应具备以下特点：

1. 清晰的故事线

剧本需具备明确的故事主线，以及合理的剧情发展脉络，使观众能够跟随剧情发展沉浸于故事情境中。

2. 生动的角色描绘

通过细腻的心理描绘和行为表现，展现角色性格特点、成长经历和内心世界，使角色形象鲜明、立体。

3. 情感深度

剧本应具备一定的情感深度，通过角色之间的情感纠葛、矛盾冲突等，引发观众共鸣。

4. 富有张力的场景设置

通过富有张力的场景描绘，增强影视作品的观赏性，同时为角色之间的情感表达提供合适的背景。

5. 独特的叙事手法

运用独特的叙事手法，如非线性叙事、倒叙、插叙等，为观众带来新颖的观影体验。

总之，语言表达在戏剧与影视创作中具有重要意义。通过精妙的对话和对白设计，富有深度的叙事与描绘，可以使作品更具观赏性、情感表达更加真挚，从而引发观众的共鸣，实现戏剧与影视的艺术价值。

5.3.1.3 语言表达与角色性格塑造

影视与戏剧作为一种艺术形式，角色是其灵魂所在。而角色性格的塑造则离不开语言表达这一重要手段。从古至今，众多经典角色的塑造都离不开巧妙的语言表达。

1. 语言表达在角色性格塑造中的作用

（1）凸显角色性格特点。语言是表达角色内心世界和性格特点的重要工具。在影视与戏剧中，角色的话语、语气、措辞等都能反映出人物的性格特点。例如，在莎士比亚的《哈姆雷特》中，哈姆雷特的经典台词"生存还是毁灭，这是一个问题"揭示了其矛盾、纠结的性格特点。而在我国经典戏剧《雷雨》中，繁漪的语言表达则凸显了她泼辣、尖锐的性格特点。

（2）丰富角色形象。语言表达不仅能够展现角色性格特点，还能够丰富角色形象。在影视与戏剧中，角色之间的对话、内心独白以及旁白等，都能够使角色形象更加立体、丰满。例如，在电影《红楼梦》中，贾宝玉的内心独白使观众得以深入了解他的思想感情，也使角色形象更加丰富。

（3）增强观众共鸣。语言表达在角色性格塑造中还具有增强观众共鸣的作用。巧妙地运用语言表达能使观众更容易沉浸在剧情中，感受到角色的喜怒哀乐。例如，在电影《泰坦尼克号》中，杰克与罗丝的真挚爱情感动了无数观众，这离不开他们之间真挚、深情的语言表达。

2. 影视与戏剧中语言表达的多样性

（1）方言的表达效果。在我国的影视与戏剧作品中，方言的使用具有独特的表达效果。例如，在电影《让子弹飞》中，张麻子的方言表达不仅突出了其个性，还让观众感受到了四川地区的地域特色。同样，在戏剧《茶馆》中，老舍先生巧妙地运用了北京方言，使角色形象更加鲜明，也使观众更容易产生共鸣。

（2）语言节奏与音调。在影视与戏剧中，语言的节奏与音调也是表达角色性格的重要手段。例如，在电影《疯狂的石头》中，主人公快速、急促的语言表达，展现了其焦躁不安的性格特点。在戏剧《雷雨》中，繁漪低沉、缓慢的语言节奏，凸显了她内心的挣扎与无奈。

（3）语言修辞手法。在影视与戏剧作品中，语言修辞手法也是丰富角色性格的重要手段。例如，在电影《阿甘正传》中，阿甘简单、直接的语言表达，展现了他纯真、善良的性格特点。在戏剧《哈姆雷特》中，哈姆雷特的语言修辞手法丰富多样，如比喻、拟人等，展现了其复杂的内心世界。

3. 影视与戏剧中语言表达的个性化

（1）个性化的人物语言。在影视与戏剧作品中，每个角色都有其独特的语言表达方式。例如，在电影《喜剧之王》中，主人公幽默、自嘲的语言表达，展现了其乐观、坚韧的性格特点。在戏剧《罗密欧与朱丽叶》中，罗密欧与朱丽叶的语言表达充满了浪漫与激情，使观众感受到了他们之间深厚的爱情。

（2）个性化的人物语调。在影视与戏剧作品中，每个角色的语调也是其性格特点的重要表现。例如，在电影《无间道》中，梁朝伟饰演的卧底角色，其低沉、压抑的语调，展现了其内心的挣扎与纠结。在戏剧《哈姆雷特》中，哈姆雷特的语调时而高亢激昂，时而低沉忧郁，展现了其复杂的内心世界。

综上所述，语言表达在影视与戏剧中的作用是多方面的，包括凸显角色的性格特点、丰富角色形象、增强观众共鸣等。在创作过程中，创作者应注重语言表达的多样性与个性化，以实现更丰富、更深入的角色刻画。同时，观众在欣赏影视与戏剧作品时，也应关注语言表达的艺术魅力，从而更好地领略作品的精髓。

5.3.2 语言表达在戏剧与影视表演中的实践与应用

5.3.2.1 语音语调的控制与把握

在戏剧与影视表演中，演员需要精准地控制语音语调，使之与角色性格、情感状态以及剧情发展相契合。通过对语音语调的把握，演员可以展现角色的个性特点，增强戏剧冲突和情感表达。例如，在表现愤怒、悲伤或喜悦等强烈情感时，演员可以通过提高音量、加快语速、强调关键词等方式，使角色的情感更加鲜明。此外，不同地域、年龄、性别的人物角色，其语音语调也有所不同，演员需根据角色设定进行调整。

5.3.2.2 语言节奏与气息的掌握

语言节奏在戏剧与影视表演中至关重要，它与角色的情感、思维及动作紧密相连。演员需要掌握语言节奏，使台词的韵律与角色的内心世界相吻合。在表演过程中，演员应注重气息的运用，通过气息的调控来把握台词的节奏感。稳定的气息有助于演员在长时间的表演中保持良好的状态，同时也有利于情感的传递。通过对语言节奏与气息的掌握，演员可以更好地呈现剧情，使观众沉浸于戏剧情境之中。

5.3.2.3 情感传递与氛围营造

戏剧与影视表演中，演员需通过语言表达传递角色的情感，并营造相应的氛围。演员应深入理解剧本，挖掘角色的内心世界，使自己的情感与角色情感相融合。在表演过程中，演员通过语气、语调、肢体语言等方式，展现角色的情感变化，引发观众共鸣。此外，演员还需注意与同台演员的默契配合，共同营造戏剧氛围。情感传递与氛围营造是戏剧影视表演中至关重要的环节，演员需不断实践与提升这方面的能力。

总之，在戏剧与影视表演中，语言表达是演员塑造角色、传递情感、营造氛围的重要手段。演员需通过精湛的语言技艺，使角色形象更加鲜明，情感更加真挚，氛围更加饱满，从而引发观众的共鸣，达到戏剧与影视的艺术效果。

【实例分析】

《国企的力量》是2023年出演的一部大型舞台剧，该剧以一本书的形式来逐一缓缓开启广元国企走过的岁月蹉跎，舞台剧的每一篇章用党课主讲人的情景融入式宣讲引出表演内容，同时与大屏视频互补共同建构"序、奉献、担当、责任、未来"五部分，最大限度地满足观众在审美上的视听需求，并力求实现多时空的交错、无缝连接、一气呵成。以下将以这部剧的剧本为例，详细分析其语言表达。

序

【开场钟声，关闭场灯】

【字幕：国有企业是中国特色社会主义的重要物质基础和政治基础，是党执政兴国的重要支柱和依靠力量，必须做强做优做大。——习近平】

5　语言表达的应用

　　【年轻的女老师手拿红皮封面的讲义夹上台】
　　老师：尊敬的各位领导，各位来宾，同志们，大家下午好，广元市国资委《舞台上的党课》今天又开讲啦。下面我们先点名……
　　【老师点名（名单提前准备，要有单位和名字，这样互动效果更好，例如：市投发集团李某某）】
　　老师：市演艺公司郭小强，郭小强……（无人应答）这个郭小强，怎么又没来？
　　郭小强：（一边回答一边跑上场）来啦，来啦，老……师，我来啦……（然后又面向观众敬礼致歉）……不好意思，不好意思……
　　老师：今天党课的主题是《国企的力量》……
　　郭小强：（一边下台一边嘟囔）国企的力量，国企的力量，国企有什么力量，一天到晚都是些脏活累活……
　　老师：郭小强！
　　郭小强：（刚摸到座位边）到……怎么了？
　　老师：你刚才说什么？
　　郭小强：我……没……没说什么。
　　老师：你说国企没有力量！
　　郭小强：……我，没说……
　　老师：那就是你有疑问，国企有什么力量？（沉思片刻）郭小强，既然你不喜欢听，那今天就特许你，你可以不听！
　　郭小强：（兴奋地跳起来）耶！（旋即发现不对）不不不，我要听，我要听。
　　老师：郭小强，请你上台。（小强不情愿地上台）我允许你不听……但，我需要你来讲。（递过讲义夹）今天，就由你这个国企新人来给我们这帮老国企人讲。（问观众）大家欢不欢迎？（观众反应）讲完了，你的疑问自然就有答案了。
　　【郭小强惴惴不安地接过讲义夹，缓缓打开】
　　【大屏：随着郭小强的动作，一本厚厚的红色封面写着《国企的力量》的书籍也缓缓打开，出现一张大华纱厂老照片，并配"第一篇章　奉献"字样】
　　这段剧情作为序幕，虽字数有限，却生动地描绘出了年轻女老师的严谨认真、善于引导的性格，以及郭小强活泼略带叛逆的性格。首先，老师的开场台词："尊敬的各位领导，各位来宾，同志们，大家下午好，广元市国资委《舞台上的党课》今天又开讲啦。下面我们先点名……"一方面点明了场景，一方面展现了女老师热情洋溢、认真负责的性格，以及她对待党课的严谨态度。"这个郭小强，怎么又没来？"引出了人物郭小强，同时点出了他的随意散漫，为后文郭小强的话语做了铺垫。紧接着，以郭小强对国企的质疑"国企的力量，国企的力量，国企有什么力量，一天到晚都是些脏活累活……"反映出他年轻气盛、心浮气躁的心态。接下来，剧情通过女老师的引导和郭小强的回应，逐步深入探讨国企的力量这一主题。女老师机智地回应："郭小强，你既然不喜欢听，那今天就特许你，你可以不听！"这既表现了她善于引导、关注学生个体差异的教育理念，也暗示了她对国企事业的热情和尊重。

在接下来的语言中，郭小强从最初的抵触到后来的兴奋，"不不不，我要听，我要听"。表现出他内心的好奇和对知识的追求，与他之前的抵触情绪形成鲜明对比。人物情感的变化通过语言和动作表现得淋漓尽致。这个过程实际上也象征他对国企认识逐步深化的过程。而红色封面的讲义夹、厚重的《国企的力量》书籍，以及大华纱厂的老照片等元素，都为观众呈现了一幅国企辉煌历程的画卷，引发了人们对国企力量的思考。

这段剧情作为序幕，以生动的语言表达和丰富的人物性格描绘，为后续剧情发展奠定了基础。在接下来的剧情中，女老师和郭小强将一同探寻国企力量的真正含义，带领观众感受国企的辉煌历程和肩负的责任。

第一篇章 奉献

郭小强：（声音一开始有些小，慢慢就大了）1939年，抗日战争进入战略相持阶段，为躲避日本帝国主义对我敌后战略供给设施设备的疯狂轰炸，西安大华纱厂决定转移至广元建立分厂。从此，民族工业的种子在广元生根发芽。

【大屏：敌机轰鸣，爆炸声四起。逐渐隐去后变化为纱厂车间】

老师：（很自然地接过话）从西安转移出的设备和人员，冒着敌人的炮火，车轮滚滚，人潮涌动，一路踏上奔赴广元的征途……（黑屏，偶尔出爆炸及枪林弹雨特效）。

表演1：情景舞蹈《大华1939》

时间：1939年

场景：大华1939厂房

人物：纱厂劳工10余人

服装：劳工服装、如背带裤、汗马褂等。

剧情概述：大华纱厂搬到广元。

表演2：女子群舞《纺织姑娘》

时间：50年代

场景：大华纱厂纺织厂区

人物：纺织姑娘及技术工人10余人

服装：白帽子、白围裙、蓝花衣服，蓝色裤子。

剧情概述：纺织厂欣欣向荣。

老师：60年代中期，国际形势风起云涌，党中央毛主席英明决策，将工业转移至长城以南，京广铁路以西等的第三条战线内，史称"三线建设"。

郭小强：按照靠山、分散、隐蔽的选址要求，广元开始建设以生产火控雷达为产业的基地，代号081，也称为081基地。一时间，一大批来自祖国四面八方的热血青年和科技领域尖端人才汇聚广元。

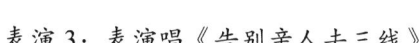

表演3：表演唱《告别亲人去三线》

时间：60年代

场景：北京一家。

人物：三线建设者，妻子，母亲，妹妹

服装：当时的服装。

剧情概述：好男儿告别家庭去三线。

【大屏：北京一家。音乐传来三线建设的宣传广播】

【建设者正在收拾行李背包，妻子带着母亲、弟弟、妹妹进来】

母亲：这又是要去哪里啊？

建设者：妈，你们……怎么来了。

妻子：（走到建设者身边）厂里大喇叭天天宣传三线建设，瞒不住。

建设者：妈，你听广播，好人好马上三线，备战备荒为人民。我是厂里的技术骨干，我不去，谁去！

母亲：（拿了两双棉鞋）听说四川冬天没有暖气，带上它，冬天脚不冷。

【建设者愣了一下，慢慢接过来，狠心背起背包，叮嘱妹妹"照顾好妈"，转身就要走】

妻子：（跟上来）到了来电报。

妹妹：（紧跟上来）哥哥，不去不行吗？

建设者：

（唱）我从小就生长在这里，

马路宽阔，厂房林立。

开开心心上班来，

平平安安回家去。

我从小就生长在这里，

这里有我的姐妹兄弟。

慈祥的妈妈，天真的孩子，

小伙坚强，姑娘美丽。

但我的理想它却不在这里，

我要到遥远的三线去。

祖国需要我，人民需要我，

不管去南北或东西。

这片新生共和国的土地，

这片我深爱着的土地。

要用智慧和汗水，

把她变得更加美丽。

轻轻地说一声谢谢你，

谢谢你我的父母妻子。
你们就是土地，给我力量，
让我在这大地上站起。
轻轻地说一声谢谢你，
谢谢你我的姐妹兄弟。
谢谢你，谢谢你，谢谢你，
建好三线我们再相聚。
【大屏变黑，灯光收】

这段剧情以生动的方式展现了国企历史中的奉献精神。首先，通过郭小强的讲述，观众了解到1939年大华纱厂转移至广元的历程，感受到了民族工业在逆境中求生存的勇气。随后，情景舞蹈《大华1939》和女子群舞《纺织姑娘》将观众带回到那个时代，感受到纱厂劳工和纺织姑娘们的辛勤付出。

接着，剧情转向20世纪60年代中期的"三线建设"。郭小强描述了广元081基地的建设过程，展现了我国在那个特殊时期，如何集中力量进行战略部署。"我不去，谁去？"诸如此类的台词展现了当时一大批热血青年和科技领域尖端人才义无反顾地投身三线建设的精神风貌。

《告别亲人去三线》更是将这种奉献精神推向高潮。歌曲描绘了三线建设者离别亲人，义无反顾地去为祖国建设献身的感人场景。他们舍小家顾大家，勇敢地承担起历史赋予的责任。这段剧情通过细腻的情感描绘，让观众深刻感受到国企发展历程中无数英雄人物的无私奉献。

总的来说，这段剧情以丰富的故事情节和生动的人物形象，展现了国企历史上的奉献精神。它传递了一个理念：国企的发展离不开一代又一代人的辛勤付出和无私奉献。这种精神既是国企的宝贵财富，也是我国社会主义建设事业不断前进的动力源泉。这段剧情为后续剧情发展奠定了情感基础，预示着女老师和郭小强将继续探寻国企力量的真谛，带领观众感受国企的辉煌历程和肩负的责任。

请你用同样的方式分析后文。注意人物台词体现的人物情感，并试着读一读。

第二篇章　担当

老师：好个三线建设者，献了青春献子孙。就像无数的三线人一样，这位平凡不知名的三线建设者，和他的青春一起，被定格在了广元081基地。

郭小强：而三线人用青春和热血铸成的三线精神，也将永远闪耀在广元这片热土，成为广元国企镌刻在骨子里的基因，流淌在血液中的灵魂！

【郭小强翻开红色讲义夹，大屏随着翻动变成第二篇章的字幕】

老师：从1965年三线建设为广元国企带来火种，到1985年广元建市的新生，再到2005年市国资委成立后的跨越，广元国企一路摸索，一路蹒跚，一路成长。

郭小强：坚持以市场为导向，以发展为中心，不断焕发创新活力，在市委市政府的正确领导下，国资国企成长一日千里，广元城市发展日新月异！

表演4：说唱《最广元》

时间：1985—2005年
场景：广元老照片、国资委老照片
人物：说唱者。
服装：蓝色调为主的街舞服装。
剧情概述：1985年广元建市，2005年国资委成立后广元发生的第一波变化。
唱：
剑门长歌吟诵蜀道难，
女儿河眷恋千古心愿。
南北之间，浪漫缠绵，
最是倾心，画卷广元。
说唱：
今天的广元天天都在改变，
城市乡村处处都是新颜。
每一个广场，
每一个公园，
大人娃儿笑嘻了。
摆条的摆条，遛弯的遛弯。
每一幢高楼都饱含万家灯火的温暖，
每一滴甘泉都来自绿水青山，
每一份健康都是层层把关，
每一台表演咿咿呀呀都精彩无限。
那些纵横交错的交通网络，
上天入地那叫一个方便。
那些城市的犄角旮旯，
每一次蜕变都是没日没夜地默默奉献。
嗨，我的城市我做主。
家里的宝贝多得够你数。
来，到广元耍到嗨。
来，到广元我陪你逛街。
宽敞的马路横起走，
商城里面要啥啥都有。
萝卜青菜，各人所爱。
你爱来不来，你爱来不来。
剑门蜀道，女皇故里，
周游世界不如来广元耍起。

迷恋这里的烟火，
就来一起搭伙。
南来的，北往的，
这里才是巴适的。
最广元，巴适得板。

唱：

剑门长歌吟诵蜀道难，
女儿河眷恋千古心愿。
南北之间，浪漫缠绵，
最是倾心，画卷广元。

表演5：系列表演《国企的担当》

时间：2008年、2017年、2019年

场景：抗震救灾、水污染、连心桥

人物：不同国企职工

服装：各色志愿者服装。

剧情概述：2008汶川大地震，青川灾情严重，广元国企临危受命，奔赴抗震救灾一线，体现国企的担当。

老师：国企姓国，他是中国特色社会主义的重要物质基础和政治基础，是党执政兴国的重要支柱和依靠力量，在重大历史关键时刻，广元国企始终发挥着应有的作用和担当！

郭小强：2008汶川大地震，2017嘉陵江水污染事件，2018青川暴雨洪涝灾害，哪里有灾情，哪里就有国企人的身影！

1. 汶川地震篇

【大屏及音乐：山崩地裂】

【字幕：2008年5月12日 14:28:04 中国汶川】

【党员志愿者突击队都着工装，整装待发】

队员甲：报告书记，广元国资国企党员突击队和志愿服务队集合完毕，请您指示！

队长：战友们，灾情形势严峻，我们将逆行而上，奔赴抗震救灾最前线，发扬广元国企"责任、担当、奉献"的精神，抗震救灾，重建家园！

众人：抗震救灾，重建家园！

队长：全体立正，向党旗宣誓！

众人：（全体立正、握拳，齐声向党旗宣誓）我志愿加入中国共产党，拥护党的纲领，遵守党的章程，履行党员义务，执行党的决定，严守党的纪律，保守党的秘密，对党忠诚，积极工作，为共产主义奋斗终身，随时准备为党和人民牺牲一切，永不叛党。

宣誓人：广元国企人！（誓词由三支队伍分别说一段，具体导演根据现场情况分解）

队长：同志们，出发！

唱与诵:
出自己的力,流自己的汗,
自己的事情自己干,
有手有脚有条命,
天大的困难能战胜……

【大屏:推出当时新闻照片】

甲:报告队长,第一小队搜救工作完成,请指示!

乙:报告队长,第二小队搜救工作完成,请指示!

丙:报告队长,第三小队搜救工作完成,请指示!

所有人:召之即来,来之能战,战则必胜,我们是光荣的广元国企人!我们为国家创造财富,我们为人民保障福祉,我们为党旗增光添彩!请国家放心,请人民放心,请党放心!国企在,国家强!国企在,人民安!国企在,江山稳!国企在,江山稳!

2. 嘉陵江水污染篇

【字幕:2017年5月5日 18:00 中国 广元 嘉陵江入川处 环境监测中心站】

值守:报告书记,根据监测数据,西湾水厂水源地水质铊元素超标4.6倍,对百姓用水安全造成严重危害,需要启动紧急预案!

众:启动紧急预案!

书记:立即采取净水处理、泄洪、加密监测,启动城市应急供水!

值守:报告书记,全部各就各位!

书记:同志们,考验我们供排水人的时刻到了,是共产党员的出列!

甲:我是共产党员!

乙:我是共产党员!

丙:我是共产党员!

众:我是……我是……我是……

书记:全体共产党员都有!

众:(齐呼)到!

书记:我们要身先士卒,以身作则,让党旗高高飘扬在应急抢险的一线,让党委政府放心,让老百姓放心!

众:身先士卒,以身作则,请党和人民放心!

队长:全体立正,向党旗宣誓!

众人:(全体立正、握拳,齐声向党旗宣誓)我志愿加入中国共产党,拥护党的纲领,遵守党的章程,履行党员义务,执行党的决定,严守党的纪律,保守党的秘密,对党忠诚,积极工作,为共产主义奋斗终身,随时准备为党和人民牺牲一切,永不叛党。

宣誓人:广元国企人!(誓词由三支队伍分别说一段,具体导演根据现场情况分解)

队长:同志们,出发!

【造型:灯光定点造型】

【音乐:不断传来的情况报告,急促】

甲：1号监测点报告指挥部……千佛崖及上游断面水质铊浓度超标 2.4 倍；

乙：2号监测点报告指挥部……昭化古镇断面凌晨 3 点监测面数据为 0.000 06 mg/L；

丙：3 号监测点报告指挥部……川陕界入境水质已经稳定达标，上游暂无新的污染源输入！

所有人：召之即来，来之能战，战则必胜，我们是光荣的广元国企人！我们为国家创造财富，我们为人民保障福祉，我们为党旗增光添彩！请国家放心，请人民放心，请党放心！国企在，国家强！国企在，人民安！国企在，江山稳！国企在，江山稳！

3. 青川洪灾篇

【字幕：2018 年 8 月 10 日 21：34 广元市青川县马鹿镇菜溪村】

【大屏：雷电大作，风雨交加，急促的音乐声中伴随着风声、雨声、雷鸣闪电声，孤独的菜溪村在狂风暴雨中挣扎着】

【舞台上，筑桥工人紧急驰援】

队长：同志们，在河的对岸，700 余村民他们正在眼巴巴盼着我们，我们不只是在修桥，我们是在救人，我们一定要发扬广元国企精神，为党和人民交上的一份满意的答卷！

合：坚决完成任务！

队长：全体立正，向党旗宣誓！

众人（全体立正、握拳，齐声向党旗宣誓）：我志愿加入中国共产党，拥护党的纲领，遵守党的章程，履行党员义务，执行党的决定，严守党的纪律，保守党的秘密，对党忠诚，积极工作，为共产主义奋斗终身，随时准备为党和人民牺牲一切，永不叛党。

宣誓人：广元国企人！

队长：同志们，出发！

【音乐起，川北民歌《抬工号子》起】

众人：嘿咗嘿咗嘿咗……

领：天上明晃晃啊

众人：嘿咗嘿咗嘿咗……

众人：地下水凼凼啊，嘿咗咗嘿咗……

领：前面支字拐啊

众人：嘿咗嘿咗嘿咗……

众人：后面甩两甩啊，嘿咗咗嘿咗……

领：前面又是坡啊

众人：谨防往下梭啊，嘿咗咗嘿咗……

甲：报告队长，菜溪村第一村民小村村民已全部安全转移！

乙：报告队长，菜溪村第二村民小村村民已全部安全转移！

丙：报告队长，菜溪村第三村民小村村民已全部安全转移！

所有人：召之即来，来之能战，战则必胜，我们是光荣的广元国企人！我们为国家创造财富,我们为人民保障福祉,我们为党旗增光添彩!请国家放心,请人民放心,请党放心!国企在,国家强!国企在,人民安!国企在,江山稳!国企在,江山稳!

第三篇章 责任

【郭小强翻开红色讲义夹,大屏随着翻动变成第三篇章的字幕】

【字幕:2018年,广元开始"转企改制"】

老师:2018年,为更好地适应时代的发展,让国资更活,国企更强,广元市委市政府高瞻远瞩,吹响转企改制的号角,部分生产经营类事业单位积极投入市场的怀抱。

郭小强:以前的事业编、公务员,甚至领导干部纷纷放下铁饭碗,多劳多得、能进能出、能上能下的国企序列迎来了新一批的弄潮儿,广元城乡建设再次迈上新台阶!

【起光,师父在办公桌前收拾资料图纸,徒弟背着背包上】

徒弟:师父!

师父:都收拾好了?

徒弟:收拾好了。师父,您这是……有新项目?

师父:(一边收拾一边说)忘了跟你说了,我也转企了,整理一下,重新出发。

徒弟:啊!师父,您这是何苦呢?您这么大把年纪,单位再待几年就退休了,还来企业折腾啥啊。

师父:怎么着?允许徒弟主动转编制去企业,还驻村扶贫,就不允许他的师父觉悟跟他一样?跟你说,要不是年纪大了组织不让去,我照样跟你一样去艰苦地方去。

徒弟(帮忙收拾东西):是是是,知道你是党员,觉悟高。不过就像您教我那样,不管是企业还是事业,人只要能干自己喜欢的,做对社会有用的人,我就满足了。

师父(停下手中活,端详徒弟):我的徒弟,长大了。(给徒弟整理一下衣帽)行了,这儿用不着帮忙,去你该去的地方接班吧,记住,别丢建筑人的脸,别丢咱国企的脸。

表演6:歌曲表演《新的起点》

时间:2018年

场景:建筑工地

人物:新进国企的师徒二人,可以加舞蹈演员。

服装:行业制服(自备)

剧情概述:2018年,公务员、事业单位转企改制师徒两人双双选择了转企,徒弟还主动报名去驻村扶贫。

徒弟:

背上行囊,奔赴崭新的起点。

历经沧桑,我不再是懦弱少年。

无所畏惧,我们勇往直前。

走过岁月,人民利益 在我心间。

师傅:

有过累,也尝过成败滋味,

坚定的信念我们不曾后悔。
老当益壮，我们年老有为，
平凡的伟大，我们，奋力去追。
合唱：
走过千山万水，走过时光如水，
挥洒青春泪水汗水。
挥洒汗水只为这座城市，
城市灯火更美。
走过千山万水，走过时光如水。
挥洒青春泪水汗水，
无悔走上新的工作岗位，
只为工作的人最美。

表演7：表演唱《驻村工作队之歌》

时间：现代
场景：广元国资
人物：驻村工作队4人左右，乡亲若干。
服装：各企业工作服，乡亲服装（自备）
剧情概述：国企扶贫工作和乡村振兴工作。
（画外）村民：喂，你们是广元国企吗？
（画外）队员：哎，是，我们是广元国企驻村工作队！
走过千重山，越过万重水，
美丽的村寨迎来了驻村工作队。
修通致富路，引来幸福水，
建起新房一座座，互联网上当掌柜。
吃过多少苦，受过多少累，
眼见乡亲露笑颜，我就心里美。
不是不留恋，城市的繁华，
村村寨寨需要我，咱不去还有谁。
合唱：
一天又一天，山村变了样，
驻村队员也变得又土又黑。
一年又一年，他乡当故乡，
驻村岁月永难忘，青春永无悔。

老师：在脱贫攻坚、乡村振兴的时代工程中，广元市国资委，市属国企利用行业优势，因势利导，支持农村大力发展支柱产业，大力发展集体经济，创新采取"党支部+公司+农户"、捐赠资金代贫困户入股等的方式，全力帮扶农户脱贫。（这里可以增加一组数据）

郭小强：广元国企也在发展中逐步构建成布局合理、功能齐全、主业突出、运营规范的国有经济体系，成为广元经济社会发展的中流砥柱和核心动力。

5 语言表达的应用

表演8：音乐快板《国资国企铸辉煌》

时间：现代

场景：广元新貌

人物：爷爷、司机、售票员、游客、市民若干。

服装：符合角色的服装。

剧情概述：转企改制后广元在城市面貌方面发生的第二波变化。

合：

嘉陵碧波欢歌唱，

广元国企斗志扬。

筚路蓝缕谋发展，

贡献担当有力量。

四女：

有担当，树形象，

不忘初心心向党。

四女：

拼搏奉献责任强，

国资国企铸辉煌。

合：对，国资国企铸——辉——煌。

四女：

促改革，惠民生，

追高逐新砥砺前行。

孺子牛，老黄牛，拓荒牛，

"三牛精神"咱国企人。

一女：工业新型化。

一女：农业现代化。

一女：第三产业多元化。

四女：一二三产业发发发。

二女：

这边看，高楼林立数不完，

城市建设大变脸。

二女：

那边瞧，市政建设大发展，

就像走进了上海滩。

一女：（贯口）你看那，广南、广陕、广甘、绕城高速、兰渝铁路、西成客专、高铁物流港、广元港、广元集团、公交公司、铝产业、家居城、三江新区、万源新区、黑石坡、万达广场还有那个碧桂园。

一女：道路变宽了。

一女：城市变靓了。

一女：产业兴旺了。

一女：生活变美了。

四女：
男女老少乐开了花，
齐夸国企的贡献大。

合：对！国资国企贡献大！

一女（白）：我给你们说，国企派驻了帮扶人，
不仅管脱贫，还帮我们"乡村振兴"。

众：那你们村，现在到底怎么样？

一女：
大变样！
基础设施覆地翻天，
鸡鸭成群猪牛满圈，
房前屋后果树成行，
腰包鼓鼓全是百零卷。（骄傲地拍拍腰包）

一女（急转）：哎呀！糟糕！

众：怎么啦？

一女：我得走了，不然赶不上三路公交车啰！

众：别急，别急，看，三路公交来啦！

【一位爷爷带着孙女也来赶公交，穿戴整齐的公交服务员、驾驶员上】

孙女：爷爷，这是广元城市的新风景，女子公交"巾帼号"！

爷爷：国企？！

孙女：交旅集团的，抢答正确，加十分！

【爷孙俩击掌】

爷爷：
纯电动节约能源，
这个公交不一般。

孙女：
清一色美女好养眼，
女人能顶半边天。

合：对！我们女人能顶半边天。

四女：
风雨无阻，寒来暑往，
大街小巷公交忙。

一车连通千万家,
便民惠民有担当。
一女:巾帼号。
一女:青年文明号。
一女:工人先锋号。
一女:敬老文明号。
……
一女:请大家站稳扶牢,注意安全!
一女:先生,公交车上禁止吸烟,请您遵守规定!
一女:奶奶,这是您的专座,您请入座。
一女:叔叔,这是您的包吧,把它收好啰!
……
二女:
起早贪黑服务市民,
我们是甘于奉献的公交人。
众:对,我们是甘于奉献的公交人。
孙女:爷爷,快看,那是三江新区。
四女:
短短的时间才4年,
三江新区覆地翻天。
尚德务实,创新敬业,
咱国企改革的典范。
孙女:爷爷,这边,是广元港。
二女:
内陆最西的水码头,
国家级的交通枢纽。
二女:
千里嘉陵第一港,
经济强市重要保障。
孙女:爷爷,前面,是农发集团。
四女:
服务"三农"振兴乡村,
发展农业守住根本。
四女:
保护耕地生命线,
端稳自己的饭碗。

粮食储备，优质优价。

民生工程大于天。

爷爷：这个好！总书记不是说了，咱们中国人要把饭碗牢牢地端在自己手里，而且要装自己的粮食！

众：对！（鼓掌）

四女：

担当奉献有责任，

国资国企抖精神，

同心共圆中国梦，

携手奋进新征程。

众：

同心共圆中国梦，

携手奋进新——征——程。

【收光，转场】

第四篇章　逐梦

老师：2023年6月16日，广元市委市政府安排部署市属国有企业优化重组工作，强调要深入贯彻习近平总书记关于国有企业改革发展和党的建设的重要论述，认真落实党中央和省委有关决策部署，着力推动市属国有企业优化重组，切实构建分工明确、专业化水平高的组织架构和监管体系，不断提升市属国有企业经营效益和发展质量。

郭小强：要抓紧抓实抓细各项重点工作，坚持以重组优化国资布局、激发发展动能、优化治理体系、实现人岗相适，确保高质量完成优化重组任务。

老师：这又是一场顺应时代需求的变革，其最终目标，和历次变革一样，都是为了促进国有企业的发展，促进广元社会经济的发展。

郭小强：能力越大，责任就越大。市属国企服务社会生活的方方面面，从农业到工业，从交通到环境，从道路到桥梁，从饮水到食品。国企越改越强，实力越来越大，服务社会的能力也就越来越大。

老师：春江水暖鸭先知，最先感受到变化的，是灵敏的他们……

表演9：童话音乐小品《绿水青山里的对话》

时间：2023年

场景：有代表性的广元山水景色，如唐家河、月坝等

人物：熊猫、金丝猴、蝴蝶等一群动物。

服装：动物人偶服

剧情概述：响应"两山"理论，国企在建设的同时更加注重环保，广元一片绿水青山，动物们感受最为明显，他们在一起唱响美好生活。

【随着鸟叫虫鸣，大屏幕上第四篇章启幕】

【灯光亮，随着歌曲前奏，动植物们从梦中苏醒，从各个方向走上舞台，并开始演唱】

5 语言表达的应用

红花绿树蓝的天，
广元是座大花园。
太阳八点我七点，
我比太阳勤快点。
绿水青山就是金山银山，
这里有快乐的童年，
绿水青山就是金山银山，
这里是幸福的乐园。
啦啦啦，快快来。
啦啦啦，小伙伴，
这里是幸福的乐园。
这里是幸福的乐园，
这里是幸福的乐园。

金丝猴：哎，熊猫儿诶，你咋这么慢呢。

熊猫（一边耍手机一边慢慢地上台）：最近吃得太好了，天天都是大竹大笋的，胃下垂都给我吃出来了。

金丝猴：你那是天天刷短视频刷出来的，天天坐在那里一动不动，像个熊猫一样。……诺诺诺，你看，熊猫眼都熬出来了。

德高望重的动物A：好了好了，我们这儿最贵的都到了，活动可以开始了。"我的城市我的窝"演讲比赛现在开始！有请第一位选手——蝴蝶！

蝴蝶：我最近从农村搬到了城里，就住在利州广场，算是市中心，广元国企的城市建设者把我这儿打造得像花园大别墅一样，空气跟农村一样新鲜，我天天就唱唱歌，跳跳舞，别提多惬意了。

乌龟：要说环境，还得窝在水里好，广元供排水集团把我们的全广元的水搞得清澈透亮，我这个千年的王八估计也可以健健康康地活成万年的龟喽。

金丝猴：现在他们讲绿水青山就是金山银山，搞文旅，搞康养，人和自然、和动物越来越近了，我随时都到人类的民宿去找东西吃。

熊猫：你一天就知道吃，吃了那么多，还不是瘦得跟猴一样。

A：那熊哥你说说呗。

熊猫：我比较烦恼，他们广元交发这几年修了不少路，越来越多的自驾游，你们知道，这些天南地北世界各地的游客，主要还是来看我的，对吧……我这个真人秀工作啊，还是辛苦啊……

全体：切！

A：该植物界代表了，有请柏树爷爷。

柏树：我住在翠云廊，这里可以说是山明水秀，人民都很保护我们，还立法保护我们，今年习近平总书记还专门来看我们呢。

【大伙儿鼓掌欢呼】

A：茶仙子，该你了。

茶仙子：我住在茶山上，广元国企的建设者在这里建设了智慧化、数字化现代农业园区，我就算是打个喷嚏，他们都能立马知道我是不是感冒了。

金丝猴：哟，那真是衣来伸手，药来张口，我们的茶仙子是真的过上神仙日子了。

茶仙子：咦，说曹操，曹操到，他们好像来了。

金丝猴：哎哟，我去看看，看会不会有啥新东西。

A：别走啊，我们的演讲比赛还没完呢。

金丝猴：改天继续。走喽！

其他：那我们也一起去，走走走！

表演10：舞蹈《爱在茶乡》

时间：2023 年

场景：茶山

人物：采茶姑娘、国企勘测队员 2 人以上。

服装：采茶服装，国企劳保服装（自备）

剧情概述：经过 2018 转企改制，2019 整合重组之后，2023 广元国企再次优化重组，建设现代茶园的建设者和投发集团的采茶姑娘在茶山上相遇了……

男建设者：你好，我们是广元城发集团的，来扩建茶叶基地，提前先做勘测的，请问……

采茶女：这里就是广元投发集团茶业公司的基地了。

建设者：那我们开始勘测吧！

采茶女：那师傅们要勘测多久啊？

建设者：不久不久，就一天。

采茶女：（面露难色）噢哟，还说今天采一波新茶，看来又得再等一天了，只是这茶叶多一天就老一天，这口感……

建设者：不怕不怕，你采你的，我测我的，互不干扰。

采茶女：可是我们人多，不影响吗？

建设者：人多，有多少？

采茶女：有……这么多……（招手示意，采茶队伍上台）

建设者：哦……是有点多，不怕不怕，人多力量大，早点喝好茶。那，弟兄们，我们开始勘测。

采茶女：那，姐妹们，我们动手采茶！

【舞蹈表演。结束后收光转场】

表演11：歌舞《国企的力量》

时间：2023 年

场景：广元

人物：五大集团代表

服装：各自服装（自备）

剧情概述：一开始两个主讲人通过大屏幕集中展示近年来广元国企取得的成绩。开始演唱之前要提前逐一展现从1939年以来的国企精神。

老师：进入全面贯彻党的二十大精神开局之年的2023年，带着如何奋力书写好中国式现代化广元篇章这一时代之问，广元人民在广元市委市政府"1345"发展战略的指引下，又开始了新的征程，把广元加快建设成为川陕甘接合部现代化中心城市这一宏伟目标，成为300万广元人民心之所向。

郭小强：在市委市政府的坚强领导下，广元市属国企顺利完成优化重组，发展集团、投发集团、交发集团、城发集团、文发集团，五大国企集团犹如五根矫健的手指，握成一个强劲有力的拳头，助力广元实现打造中国绿色铝都、建设大蜀道国际文化旅游目的地和康养度假胜地、建设脱贫地区特色产业高质量发展引领区、打造全国性综合交通枢纽和成渝地区北向重要门户枢纽、建设践行绿水青山就是金山银山理念典范城市"五项目标"。

【随着两人旁白，近年来国企所取得的成就通过VCR背景视频的方式一一展现】

【VCR播放结束之后光线变亮】

老师：怎么样？郭小强同志，通过今天的党课，对我们广元的国企刮目相看了吧？在家乡一样可以锻炼自己，实现自己的理想抱负，不会再吵着到外面去了吧。

郭小强：我们广元国企好是好，就是不够……

老师：不够什么？

郭小强：不够……不够洋盘。你看嘛，我们都是干些修桥补路、蚕桑粮油、自来水管、煤气管道的活儿……

老师：这叫国计民生好不好？

郭小强：反正不像人家外面那些企业，耐克，JUST DO IT，淘宝，淘你喜欢，李宁，一切皆有可能，阿迪达斯，没有什么不可能。多洋盘，多提气！你看我们，连个SLOGAN都没有，就像这人啊，没有灵魂一样！

老师：郭小强同志，你说什么！

郭小强：我说，没有灵魂……

老师：没有灵魂，没有灵魂……那你还记得，1939年冒着日寇炮火千里奔驰的大华纱厂工人吗！

【大华纱厂工人扛着道具冲上舞台，定住造型】

纱厂工人、纺织姑娘：恢复生产、支援前线，打倒日本帝国主义！

老师：你还记得，从祖国四面八方汇聚广元、扎根广元、建设081的三线建设者吗？

【三线建设者背着背包雄赳赳气昂昂地走上舞台，定住造型】

建设者：好人好马上三线，备战备荒为人民！

老师：你还记得，灾害面前冲锋向前、决不退缩的广元国企党员先锋队吗？

【三个救援队带着道具代表冲上舞台，定住造型】

建设者：广元国企，召之即来，来之能战，战则必胜！

老师：你还记得，转企改制中放下铁饭碗，走上扶贫一线的国企驻村扶贫队吗？

【扶贫队员背着背包冲上舞台，定住造型】

建设者：脱贫攻坚，乡村振兴，广元国企，全力以赴！

老师：你还记得，优化重组后五大国企集团欣欣向荣、奋勇争先的斗志昂扬吗？

【五大集团手持红色大队旗和彩旗冲上舞台，定住造型】

五大集团：（分别）我们是广元发展集团，我们是广元市投资发展集团，我们是广元市交通发展集团，我们是广元市城市发展集团，我们是广元市文化旅游康养发展集团！

老师：小强，党课开始的时候，你不是有疑问吗？我就请他们来回答你，什么是国企的力量。

舞台上全体：责任、担当、奉献，我们都是广元国企人！我们是国家的力量，人民的力量，党和国家最可信赖的依靠力量！

【同时出字幕："2016年10月，习近平总书记在全国国有企业党的建设工作会议上指出，要将国有企业建设成为这六种力量：一是成为党和国家最可信赖的依靠力量；二是成为坚决贯彻执行党中央决策部署的重要力量；三是成为贯彻新发展理念、全面深化改革的重要力量；四是成为实施'走出去'战略、'一带一路'建设等重大战略的重要力量；五是成为壮大综合国力、促进经济社会发展、保障和改善民生的重要力量，六是成为我们党赢得具有许多新的历史特点的伟大斗争胜利的重要力量。"】

全体合唱：
拥抱梦想，春风浩荡。
破土的种子，积蓄力量。
幸福的时光，激情在飞扬，
我们是奋进的时代希望。
打开尘封的过往，
来路方显九曲回肠。
那些峥嵘的岁月啊，
点燃了多少青春的生命之光。
叩响时代的乐章，
勇敢的心乘风破浪。
赶考路上的风雨啊，
催开这方热土的百花齐放。
你的奉献，你的担当，
扬帆风清远国之大者的脊梁。
我们共建，我们共享，
千言万语诗丰碑自在人心上。

【歌舞表演结束后收光】

谢幕曲：《歌唱祖国》

【歌词叠印大屏幕上，方便全场合唱】

【练习稿件】

一、挑选一部戏剧或影视作品，关注其中的语言表达，分析它如何揭示角色性格、情感变化和剧情发展，从剧本、表演、导演等角度进行深入剖析，探讨语言表达在戏剧与影视创作中的重要性。

二、发挥你的想象力，编写一个戏剧或电影剧本，重点关注角色之间的对话、内心独白以及场景描述等语言表达。剧本应包含一定的戏剧冲突、情感波折，以展现语言表达在戏剧与影视创作中的魅力。

三、组织一个戏剧或影视表演练习，扮演不同角色，运用适当的语言表达来展现角色性格和情感。在表演过程中，注意语音、语调、语气等方面的处理，以实现良好的舞台或银幕效果。

四、观看一部戏剧或影视作品后，撰写一篇评论文章，重点分析作品中语言表达的优点和不足，从剧情、角色、导演、演员等方面展开论述，提出自己的观点和建议。

五、在课堂上与同学们交流你发现的优秀语言表达案例，阐述案例的具体内容、优点以及对你的启示，以促进大家之间的学习与交流。

六、选取一部经典戏剧或影视作品，根据作品内容进行改编，将原有的故事背景、角色设定等进行调整，以展现不同的语言表达风格。改编后的作品应具有新的创意和审美价值。

七、发挥你的创意，创作一部戏剧或影视短片，重点关注语言表达在作品中的运用。通过独特的叙事手法和人物塑造来展现语言表达的实践与应用。

八、挑选一个戏剧或影视角色，对其进行深入分析，包括角色性格、成长背景、情感变化等。从语言表达的角度探讨角色塑造的方法和技巧，以及如何通过语言表达来展现角色的内心世界。

九、阅读《校歌英雄》剧本，分析该剧是怎么通过语言塑造其主要人物的。

序

画面：历史视频及照片。

旁白：1939年，在抗战烽火中，李书田博士率西北联合大学60名教职工，艰苦跋涉，南下川康，在西昌创建国立西康技艺专科学校。西昌地处安宁河平原，地势平坦，土地肥沃，气候温和，水源充足，物产丰富，自古以来为西南重镇，加之泸山、邛海风景秀丽，是建校办学的好地方。

第一幕

【国立西康技艺专科学校创立者李书田博士站在亭子中拉琴，一曲完毕，旁边坐着的一位宿儒起身鼓掌】

宿儒：不愧是思鹤先生的曲子，真是一唱三叹，柔中带刚啊。

李书田：那我这几下三脚猫功夫如何啊？

宿儒：耕砚兄虽工理科，但文艺之修为亦有大家风范啊。假以时日，思鹤先生也要另眼相看啦。

李书田：你这马屁拍得，不着调。

宿儒：不过还是有遗憾。

李书田：哦？说来听听。

宿儒：此曲旋律虽美，但毕竟乃北洋大学之校歌，配上歌词，在康专传唱，就颇不协和了。耕砚兄，何不效仿古人填词之法，给这首校歌来个脱胎换骨。

李书田远望邛泸美景，仿佛若有所思。半晌，自言自语地半说半唱起来。

李书田：泸山崔嵬、邛海烟涛，巍巍学府康专高……

【画外合唱淡入（校歌）】

第二幕

【宋晓建费事地抱着行李走出场，抬头望向学校。

大门口非常热闹，到处是迎新的横幅、海报、帐篷等，这是新生开学季。

帐篷下，宋晓建递上录取通知书，接待新生的同学看了一下："同学，您走错了，音乐学院是在南校区，这边是北校区。"

宋晓建出场。

宋晓建走后的北校区大门口，时光流逝换场景。

在人潮中，唐晓煜吃力地提着大箱子，穿着虽不名贵却干净合身的连衣裙前来报到。一位老生接待了她，男生帮她提箱子，两人走在去注册的路上】

唐晓煜：同学，请问，音乐学院的琴房是在哪里？

同学：哦，音乐学院在南校区。

唐晓煜：（有些失望）哦，这样啊，那远吗？

同学：还蛮远的。

【出场散步，宋小建和胡鹏、苟友、易秋鹤分别做自我介绍】

宋晓建：（突然叫住三人）走，走，快，快，我们去校门口，晚了来不及了。

胡鹏：咋子？

宋晓建：接新生嘛。

三人：（齐说）我们就是新生。

宋晓建：男生，有啥子资格享受新生待遇哦，我说的是新女生。走，快走，晚了就没得搞了。

【罗娜背着书包出现在四人的视野中，唇红齿白，眼波流动，长发披肩，衣袂飘飘，明艳照人】

宋晓建：看我给你们打个样。

宋晓建：（冲到罗娜跟前）同学哪个专业？舞蹈的吧？一看就是，气质就摆在那里。

5 语言表达的应用

猜对了吧？（看罗娜不置可否的表情）不对，那就是音乐学院，而且还是学声乐的（做一个起范儿的姿势），亭亭玉立，不像那些器乐专业的，勾腰驼背，手上还都是老茧。

罗娜：（笑了笑）不好意思，我学的是钢琴，你猜错了。

宋晓建：你看，被我诈出来了吧，哈哈哈！实话告诉你吧，我也是大一的，器乐专业，说明咱们是一个班。

罗娜：不好意思，我大二的。

【此时的唐晓煜着急地看表，一连串准确的动作，提着背包奔向校门口。唐晓煜出现在一家西餐厅门口。西餐厅内，唐晓煜认真服务客人，看看时间，取下围裙，奔向厅外，又来到南校区校门口，急匆匆地跑进校园】

第三幕

【唐晓煜来到钢琴教室，门没锁，她走进去坐下，准备打开钢琴，却发现钢琴也上了锁，不是不严，她吃力地掀开用一本书垫起一个缝，手勉强伸进去，认真地弹奏起来。

阳光落在她身上。

兰若男手上拿着一大圈钥匙走过来，站在窗外听她演奏】

唐晓煜：
我多想和那些女孩不一样，
扎个马尾，画一个淡妆。
我多想和那些女孩不一样，
自信满满，微笑在脸上。
再见名牌的包包，再见奢侈的衣裳，
我要坚守我自己，就是不一样。
管他是什么星座，管他是什么长相，
要把命运和未来，握在我手上。
我多想能够做自己的太阳，
发一分热，照出千分光。
忧郁好像挂在天上的月亮，
有圆有缺，别害怕姑娘。

【一曲弹罢，唐晓煜看到了墙上的影子，猛回头一看，兰若男面无表情地向她走过来】

唐晓煜：（有些惊慌）对不起，老师，我看门没关，就……

兰若男：（严肃）门没关？可我钢琴是关着的。

唐晓煜：……有个……缝。

兰若男：你哪个班的？

唐晓煜：我……北校区的，今天过来，刚好看到门开着。

兰若男：北校区哪个专业？

唐晓煜：汽车工程。

兰若男：学汽车工程还这么会弹琴？

唐晓煜：我……小时候练过……

兰若男：（立马变了态度）那有没有兴趣加入我们学生乐团？
唐晓煜：（有些犹豫）怕没时间。
兰若男：不会很耽误时间，主要周末排练。
唐晓煜：我周末要去餐厅打工……
兰若男：那你可以到南校区这边勤工俭学啊，这样就方便了。
唐晓煜：（开心）是吗？老师，怎么称呼您……
兰若男：我姓兰，兰若男。
唐晓煜：兰老师。
兰若男：那说定了，我带你去认识一下其他团员。

【场景到另一个时空的钢琴教室，罗娜正在里面练习弹琴。

阳光洒在她身上，就像刚才洒在唐晓煜身上一样。

一曲弹毕，一个身影一边鼓掌一边走过来。

罗娜回头一看，正是宋晓建。

宋晓建一边走向罗娜，一边有节奏地拍手，和着拍手的节奏还一边说着类似 rap 的对白】

宋晓建：这位同学，弹得实在棒，堪称中国的巴赫，现代的肖邦，周杰伦见到你也会叫你偶像。什么什么郎朗，你一根指头就能把他打趴在地上。从今以后中国歌坛就看我们俩，四手联弹，摇滚交响！冲出亚洲，走向世界就看我们俩。

【宋晓建一边唱一边坐在罗娜身边弹奏，之前罗娜可能还没搞清楚状况，但很快就融入了宋晓建营造的音乐氛围，开始四手联弹起来。

接着胡鹏、苟友、易秋鹤各自操着乐器，宋晓建挎上了电吉他，五个人疯狂地摇滚起来，合唱《不一样的女孩》】

宋晓建：你跟她们那些女孩不一样。

【唐晓煜跨时空加入合唱】

唐晓煜：扎个马尾，画一个淡妆。
宋晓建：你跟她们那些女孩不一样。
唐晓煜：自信满满，微笑在脸上。
宋晓建：再见名牌的包包，再见奢侈的衣裳。
唐晓煜：我要坚守我自己，就是不一样。
宋晓建：管他是什么星座，管他是什么长相。
唐晓煜：要把命运和未来，握在我手上。
唐晓煜：我多想能够做自己的太阳。
宋晓建：发一分热，照出千分光。
唐晓煜：忧郁好像挂在天上的月亮。
宋晓建：有圆有缺，别害怕姑娘。

【演唱完毕，兰若男拿着一串钥匙过来敲了敲敲开的大门，用手指了指手表，对五人说道：对不起，各位客官，本店要打烊了】

第四幕

胡鹏：校歌英雄，全称"校园原创歌手英雄榜"，是本市为了促进原创音乐的发展专门针对学生推出的原创音乐大赛，每年一届。

苟友：参赛作品，体裁不限，形式不限，人数不限，只要是原创歌曲就行。

易秋鹤：比赛分为海选、复赛和总决赛，总决赛冠军将获得神秘大奖。

【5人坐在一排】

宋晓建：神秘什么大奖，搞得跟商城促销一样。奖励啥子嘛？牙膏，牙刷，毛巾？

苟友：我听说可以推荐到北京甚至海外深造呢。

宋晓建：海外有啥子嘛。我就是不想去海外，才报的这儿。

胡鹏：你娃又吹牛。

宋晓建：我爹是干建筑的，硬是要喊我去澳大利亚学建筑，回来继承家业，我不想去，就想专门选个落后点的地方，气一下我爹。没想到这儿跟大城市没啥区别，到处都是高楼大厦。

胡鹏：现在全国都扶贫，哪里还会有穷的地方，何况这是省会。

宋晓建：不说了，现在我们开始写歌吧。

易秋鹤：那我们参赛的歌曲编排就交给你咯！

宋晓建：交给谁呀？

罗娜四人异口同声：你啊！

罗娜：你平时不是老是吹嘘自己嘛，到你表现咯，可别让我们失望。

宋晓建：那你们干什么？

苟友：我们当然有自己的事情咯，加油！

第五幕

宋晓建：爸……

宋父：儿子，你终于肯跟爸爸打电话了。事情你都知道了？

宋晓建：啊？

宋父：你没去澳大利亚也好，要不然老爸还真供不起你了。不过你放心，在那边好好读书就是了，有什么困难先找你刘叔，他会帮你的。哎，你刘叔也是，管不住嘴，公司破产的事，我都让他别告诉你了。不过你放心，老爸不会跑路，我要重新回工地，从底层干起，哪里跌倒就从哪里爬起，要不了多久，老爸就会重回巅峰的。儿子，你能主动跟老爸打电话，老爸很开心，你在那边一定要好好学，要有志气，听见了吗？哦，对了你找女朋友了吗？肯定找了是不是？她漂不漂亮？其实漂不漂亮不重要，最重要是不能太瘦。要好好对人家，听见没有！儿子，儿子……

【听着父亲的电话，宋晓建表情逐渐变得更加难过了】

【在县城的小医院内，唐晓煜妈妈闭着眼躺在病床上准备手术。旁边站了一些亲戚很难过地看着病床上的妈妈，很明显，唐晓煜是单亲家庭，爸爸不在】

唐晓煜：（穿着服务员衣服冲进来，伏到床边）妈，妈，……

妈妈：（憔悴地微微睁开眼）你怎么来了，不要影响学习。

唐晓煜：妈，我不上学了，我现在就出去打工给你治病。

妈妈：妈妈对不起你，没能力让你学音乐，上不了音乐学院，你不要怪妈。

唐晓煜：（哭）妈，我不学了，我什么都不学了。

妈妈：你以后要好好学，还要自己照顾好自己。

唐晓煜：不，妈。我要回来照顾你。

妈妈：我的晓煜长大了，妈妈放心了。

护士：（在外喊）病人家属，过来签一下字。

【医院走廊内，医生难过地对亲属们说：拖得太久了，我们已经尽力了】

唐晓煜最后反应过来，过来扭着医生：求求你了医生，救救我妈妈！

【医生站着，无话可说，亲属们过来拉开唐晓煜】

第六幕

【唐晓煜在一间教室内弹吉他创作歌曲，一边弹，一边啦啦啦地唱。隔壁教室，罗一茹带领团队正在排练，反复唱着一句】

众人：刘大哥讲话理太偏，

谁说女子不如男？

【隔壁教室回声大，罗一茹感觉被干扰了，她忍无可忍，转身跑到隔壁教室】

罗一茹：同学，不好意思，我们在排练，你能不能换个地方？

唐晓煜：可是其他教室还在晚自习，就这里……

【其他同学也过来围观，一下子热闹起来】

罗一茹没办法，想了想：那你声音能不能小点，这样我们没法排了。

唐晓煜：我的声音已经很小了。

罗一茹：同学，我们排练歌曲是要参加校歌英雄比赛，事关学校荣誉的……

唐晓煜：（倔强地）我也是排练参加校歌英雄比赛的。

【其中一个人拿起桌上的草稿纸念："青春的剪影……当长发的年纪已成遥远的回忆，当深秋的黄叶飘在潇潇的风里……"唐晓煜伸手去抢，但是都抢不到。稿纸在几人手中传来传去，歌词被他们大声朗读出来：当我送出最后的圣诞卡，当褪色的照片逃出古老的影集……哈哈，动力火车吗？（其中一人学动力火车唱起《当》）】

唐晓煜：（大吼）你们够了！仗着人多欺负人，算什么本事！

【众人停下】

罗一茹：（看了看唐）很拽哦，哪个专业的，大几的？

同学A：（对罗一茹）我想起了，工学院大一汽修专业的。

同学B：好像还在二食堂勤工俭学呢。

同学C：哦，怪不得眼熟。那你以后可别少打菜给我。

唐晓煜：我不打菜，我只洗碗。

罗一茹：（冷冷地看着唐）打菜，洗碗，了不起，了不起！

唐晓煜：是了不起，我不仅在二食堂，还在餐厅打工，我每个月生活费都是自己挣，学费也是国家补贴，我上大学不花家里一分钱。如果家里有钱，我也会报艺术学院，就会单独去琴房练琴，就不会在这里弹吉他吵到你们。你有钱，有钱你去包个KTV练啊，跟我这种没钱的在这里争什么争？

罗一茹：（理亏）好好好，劳动人民，伟大，了不起，我们舞台上见。

【众人嬉闹嘲笑着离开了。唐晓煜继续弹唱，但很明显旁边的教室加大了音量，她练不下去了，只好收拾好小提琴，离开教室。另一个场景中宋小建正一筹莫展，编排的曲稿洒落了一地】

第七幕

【唐晓煜正在拉琴，台下有人直勾勾地盯着看。一曲拉毕】

小地痞：（端着酒杯上来）来，我大哥敬你的。

唐晓煜：对不起，我不会喝酒。

地痞：那就喝一口。

唐晓煜：我真的不会喝。

地痞：我这酒已经举起来了，你不喝，我多没面子。

领班：（过来）先生，我帮她喝吧，她还是学生。

地痞（回头看看桌子上其他人）：嘿，还是学生妹呢。哈哈！（对领班）你让开，你算老几，我跟学生妹妹说话。来吧，学生妹妹，这么辛苦出来挣钱，不如跟我，你一天挣多少我给你10倍。来来来，大家欢迎学生妹妹！

【一帮小地痞起哄，开始动手拽。一只手坚定地抓住小地痞头目的手臂，地痞一怒回头】

地痞：你哪个哟！

罗一茹：工程学院水利工程学三年级学生罗一茹，熟点的朋友有时候也喊我马坪坝罗三姐。

3个跟班：（纷纷表明身份）"制胜天师！""暗夜行者！""双刀玉罗刹！"

地痞：不好意思，原来是罗三姐。

【一群小地痞悻悻离去】

地痞A：哪个罗三姐哦？

头目：我也不晓得，看样子估计是操社会的，多一事不如少一事。

【另一桌上，罗一茹她们一行4人吃着牛排】

唐晓煜：（端一杯水敬众人）今天谢谢你们……

罗一茹：（举杯）别客气，记得欠我一次情，下次还我就是。

第八幕

唐晓煜：兰老师，我不想再学音乐了。

兰若男：学音乐是很难，所以你就改报了车辆工程专业的志愿？

唐晓煜：学汽修学费少，好找工作。

兰若男：晓煜，劳动没有贵贱之分，可是劳动价值有大小之别啊。

唐晓煜：可是音乐这条路真的很难走。

兰若男：其实你现在的状态虽然辛苦，但是也挺好啊，一边学专业课，一边发展自己的兴趣，进可攻，退可守，完全没必要放弃。

唐晓煜：可是对手真的太强了，兰老师，我也真的没那么好。

兰若男：（取下耳朵上的助听器）你知道这是什么吗？助听器。但就算戴上它，我也只能达到正常人听力的一半。一次演出完带学生过马路的时候，为了保护学生，和你父亲一样，遇到了车祸，从此几乎丧失了听力，再也进不了专业院团了。可是你看我放弃了吗？你的父亲放弃了吗？

唐晓煜：（拨弄手中破旧的练习琴）可是，兰老师，你知道吗，他们的设备真的太好了，还有制作人、摄影师……

兰若男：艺术，从来都是跟钱没有关系的。贝多芬值多少钱？多少钱又可以写出一首流传千古的经典？相反，诗必穷而后工，贫寒和困境有时候反而能造就出伟大的艺术家。

【平行时空转宋晓建】

兰若男：你应该没来过这里吧？

宋晓建：（左右环顾）平时只是路过。

兰若男：害怕吗？

宋晓建：有点。

兰若男：正常人都会害怕。可是五年前有个女孩子一直在这里勤工俭学。

宋晓建：她胆子真大。

兰若男：其实她也怕。但是她家庭条件不好，需要这份工作。

【宋晓建不知道如何回答，只好去看看那些标本】

兰若男：你为什么想放弃音乐？

【宋再次不知道如何回答】

兰若男：因为你怕！你怕输。这个勤工俭学的女孩，自己热爱音乐，却因为家庭条件不好只能上汽修专业。可是她没有放弃，仍然通过各种努力接近自己的梦想。你有天赋，有条件，能上到自己喜欢的专业，还有什么比这更好的。你本可以通过自己努力勇敢地的去争取那份荣耀，可是你却选择了最懦弱的做法。

宋晓建：兰老师，您别说了，我知道该怎么做了。

【宋晓建一边说一边转身离去】

兰若男：那你该怎么做？

宋晓建：坚持下去，努力地做出曲子。（转过身来）那个女生，她叫什么名字？

兰若男：唐晓煜。

第九幕

【唐晓煜回寝室的路上，罗一茹叫住了她】

罗一茹：想跟你说个事。

唐晓煜：怎么了？

罗一茹：看你水平还不错，所以真诚地想让你加入我们。

　【唐晓煜没有回答】

　　罗一茹：如果你还对之前的事情有所介怀，我跟你道歉，但是这次我们很用心希望你能加入我们。

　　唐晓煜：我欠你一次，我还你！

　　罗一茹：其实，我也拉小提琴，可我怎么会是那块料啊。就我这阿卡贝拉的头头，都特么是用钱和拳头抢来的。但是这一次我希望我们能把尊严抢回来！

　【罗一茹说完爽快地离开了】

　　唐晓煜：（大声）罗三姐！

　　罗一茹：怎么了？

　　唐晓煜：我们，加油！

　　罗一茹：加油！

　【异时空同时】

　【宋晓建想了个办法，携三人来到民乐团将校歌的谱子递给民乐团的团长】

　　宋晓建：我们合作一下怎么样？

　【镜头切到乐器的特写。民乐团其他人都坐到座位上，台上只剩下欧阳、宋晓建、易秋鹤和古筝女。四人表演了一场电吉他、二胡、古筝、中国鼓合奏版的校歌。表演完毕，全场鼓掌】

　　宋晓建：（站出来）各位学长，校歌英雄比赛不能没有艺术学院的各位，更不能没得民乐团，我提议我们组成一个中西结合的团，一起去参加总决赛，好不好！

　【全场鼓掌并大声喊着"好"，罗娜也从外面一边鼓掌一边冲进来拥抱宋晓建；苟友痞着去拉古筝女，古筝先装不高兴，接着也笑了；易秋鹤笑了，看见易秋鹤不会笑，踢了他一脚，易秋鹤露出一个比哭还难看的笑容；宋晓建回头看欧阳招，欧阳还是没笑，但也伸手，跟宋晓建紧紧握在一起】

第十幕

　【画外音：首届校歌英雄榜冠军是由工商学院联合选送的《兰》，有请获奖唐晓煜发表获奖感言】

　　唐晓煜：谢谢大家，我要特别感谢我的学校、我的老师。我中学的时候，家里条件不太好，但老师们非常照顾我，来到大学，我读到了一个并不太适合我但是省钱的专业，我的兰若男老师，想尽一切办法，把我转到了音乐专业。所以我写了这首《兰》，是送给兰老师的，更是送给千千万万个老师的。还要感谢跟我合作的乐队小伙伴，谢谢你们！

　【唐晓煜上台发表完获奖感言，与此同时灯光变暗，换装穿越到宋晓建的时空】

　　宋晓建：兰老师告诉我，五年前站在这里代表毕业生发言的，是我们的优秀校友唐晓煜。她的发言题目是《美丽中国》。我写不出更好的题目，也写不好更好的发言稿，我也讲不出更好的演讲。所以，我就唱出来。

　【乐队们早已准备就绪，开始歌唱。唐晓煜跨时空也加入了合唱】

参考文献

[1] 李思娴,张静. 新媒体时代播音主持的语言创新路径研究[J]. 新闻研究导刊,2024(2):46-49.

[2] 杜骏. 新媒体播音主持的语言艺术发展研究[J]. 新闻文化建设,2024(1):157-159.

[3] 吴婷婷,冯正. 声音即力量:新闻播音主持创作样态发展[J]. 新闻文化建设,2023(21):101-103.

[4] 王巍. 融媒体时代播音主持的风格创新研究[J]. 西部广播电视,2023(20):192-195.

[5] 王蒙华. 播音主持语言交际及情感表达策略研究[J]. 新闻传播,2023(20):111-112.

[6] 崔博. 新媒体时代播音主持语言艺术分析[J]. 艺术品鉴,2023(32):189-192.

[7] 张燕. 新媒体语境下播音主持语言艺术性研究[J]. 记者观察,2023(24):105-107.

[8] 章薇. 浅谈新媒体背景下广播电视播音主持语言创新[J]. 新闻传播,2023(14):139-141.

[9] 霍楚. 文艺节目播音主持的语言美感及艺术探讨[J]. 采写编,2023(6):60-62.

[10] 路扬. 新媒体时代播音主持语言艺术[J]. 文化产业,2023(15):105-107.

[11] 秦翼,徐晏. 当今语境下播音主持语言艺术探析[J]. 大观,2023(3):118-120.

[12] 徐晓盈. 新媒体时代下广播播音主持语言表达存在的问题及改善策略[J]. 采写编,2023(2):72-74.

[13] 王巍. 广播电视播音主持语言表达规范研究[J]. 中国广播电视学刊,2022(7):79-82.